第四辑

南亚东南亚研究

潘远洋 龚益波·主 编

时事出版社
北京

图书在版编目（CIP）数据

南亚东南亚研究．第4辑/潘远洋，龚益波主编．—北京：时事出版社，2018.12
ISBN 978-7-5195-0247-8

Ⅰ.①南… Ⅱ.①潘… ②龚… Ⅲ.①南亚—文集 ②东南亚—文集 Ⅳ.①D73－53

中国版本图书馆CIP数据核字（2018）第233643号

出版发行：时事出版社
地　　址：北京市海淀区万寿寺甲2号
邮　　编：100081
发行热线：（010）88547590　88547591
读者服务部：（010）88547595
传　　真：（010）88547592
电子邮箱：shishichubanshe@sina.com
网　　址：www.shishishe.com
印　　刷：北京朝阳印刷厂有限责任公司

开本：787×1092　1/16　印张：17.25　字数：220千字
2018年12月第1版　2018年12月第1次印刷
定价：98.00元

目　　录

历史与国情研究

战略与外交研究

语言文学与文化研究

学科建设与教学研究

历史与国情研究

泰国政府对南部穆斯林民族政治整合评述

龚益波

【摘　要】泰国南部的穆斯林在宗教、民族、语言和生活方式等方面与泰国其他地区以佛教文化为主体的泰族人存在着明显的差异，一直对泰国缺乏认同感。泰国政府长期以来对南部穆斯林进行政治整合，但是由于推行的政策措施不当，加上地方行政官员的推诿、阻碍，导致民族间的政治整合进程一度不顺。本文尝试从民族认同、经济帮扶及政治参与等角度，探讨推进泰国主体民族与南部穆斯林之间的政治整合，消弭民族间的不信任感，缩小民族间的经济差距，扩大民族间的政治共识，以期建立一个完整、稳定、繁荣的泰国。

【关键词】泰国　南部　穆斯林　民族　整合

泰国是一个多民族国家，全国共有 30 多个民族。90% 的民众信奉上座部佛教，主体民族泰族约占全国 6820 万（截止到 2017 年）总人口的 40%，其他少数民族有老挝族、马来族、高棉族。此外，还有苗、瑶、桂、汶、克伦、掸等山地民族，主要分布在北部及东北各府。泰国的马来族约有 200 万，其中与马来西亚接壤的北大年、惹拉、陶公和沙敦四府聚居着约 100 多万马来穆斯林，占到当地人口的 70% 以上。近年来，随着东南亚地区伊斯兰激进主义的兴起和极端主义的扩散，曾一度趋于平息的泰南分离主义运动再次抬头并愈演愈烈。与以往相比，当前的泰南分离主义运动具有很强的宗教色彩，并开始超出寻求民族自治的国内运动范畴，正在成为地区恐怖主义的组成部分。

一、泰国政府对南部穆斯林民族政治整合进程

（一）民族认同整合

泰国南部的穆斯林在宗教、民族、语言和生活方式等方面，与泰国其他地区以佛教文化为主体的泰族人存在着明显的差异，他们固守其传统的马来文化，信奉伊斯兰教，讲马来语，使得泰国南部的穆斯林长期以来一直对泰国缺乏认同感。

泰国政府对南部穆斯林的民族认同整合包括教育、语言整合和宗教、习俗整合两个方面。在教育、语言整合方面，1921 年，当时的暹罗王国通过法案，要求泰国南部地区的所有儿童进入政府开办并使用泰语授课的学校上学，以接受世俗化教育，同时关闭了当地的伊斯兰教初级学校。根据 1961 年制定的教育部规章和 1966 年的内阁决议，马来族伊斯兰教学校——“波罗”，不仅禁止新设，而且必须按照有关规定在教育部备案，而允许注册的必要条件是“波罗”必须增加泰语和其他世俗课程。而公立学校不教马来语，甚至不把马来语作为第二语言。[①] 南部穆斯林对此十分反对，许多穆斯林将其子女送往马来西亚或中东留学，也有一些穆斯林干脆就不让孩子上学。泰国政府从 20 世纪 80 年代开始，对南部穆斯林采取比较温和的整合政策，不再强制要求国民一体化。1981 年出台了一项新政

---

① 许利平．亚洲极端势力．北京：社会科学文献出版社，2007. 146.

策，即泰南地区的中小学课程使用泰语教学，但教师必须由精通泰语并系统接受过伊斯兰教培训的穆斯林担任，并由政府聘用。与此同时，泰国政府也开始重视伊斯兰教和马来语教育，规定到1986年，在泰南的1500所学校中，要有约1100所开设伊斯兰教和马来语课程。[①] 2001年，他信·西那瓦上台，实行民粹主义的草根惠民政策，南部农村和农民也同样受惠。在教育方面，对向政府登记备案的伊斯兰教宗教学校给予资助，并增加世俗教育，尤其是职业技术技能方面的课程，以提高伊斯兰宗教学校学生的就业率。[②]

在宗教、习俗整合方面，泰国政府首先使用泰国的法律代替南部穆斯林地区的伊斯兰教法和传统习俗，要求该地区的人民遵守泰族人的法律，而不是其传统的伊斯兰教法。1938年，激进的泰族民族主义者披汶·颂堪出任政府总理之后，在泰国南部推行民族同化政策，试图将北大年、惹拉、陶公等府的穆斯林马来人融入到泰国社会之中。同时颁布了《泰人习俗条例》，禁止南部穆斯林马来人穿自己的民族服装，取马来式姓名，讲马来语。此外，披汶政府还把佛教提高到前所未有的高度，将信奉佛教与爱国主义等同起来，并以辞退为手段强制南部地区的公务员信奉佛教，强行同化北大年地区的穆斯林马来人。这些带有“大泰族主义”色彩的政策不仅引起了泰国南部马来穆斯林王公贵族的强烈不满，而且引起了普通穆斯林马来人对政府的仇恨情绪，再加上马来贵族的鼓动和英属马来亚的马来民族主义者的支持，泰国南部的民族分离主义运动达到了一个高潮。面对这一现状，为了缓和民族矛盾，战后初期的泰国文官政府放弃了披汶政府过激的民族同化政策，转而采取较为温和的民族政策，在1946年宪法中提出实行宗教和文化自由政策，并撤销了

① 何平．泰国南部的马来族问题和政府的政策．东南亚，1990（2）：59.

② 黄静云．发展与稳定——反思东南亚国家现代化．北京：时事出版社，2011. 199.

对穆斯林婚嫁、继承等传统习俗的禁令。进入20世纪80年代后，泰国政府不再把同化放在首位，不触及马来穆斯林的敏感处，做出尊重穆斯林的文化和宗教的姿态，并加强中部与南部这两个地区的穆斯林之间的交流，允许他们重新穿上马来人的民族服装，政府提供资金修建清真寺，在曼谷建立了伊斯兰教交流中心，在宋卡大学和北大年大学设立伊斯兰教研究中心。①

（二）经济整合

泰国南部各府以山地为主，没有适宜机械化生产的大面积平原或低地，导致南部地区无法从事大规模的农业生产，只能从事与当地的地形、地理条件相适应的农业生产工作以及充分利用当地的矿产资源发展地方经济，例如从事橡胶种植、海洋渔业等。② 而橡胶、矿产资源的价格极易受国际市场供求关系的影响，因此当地大部分的穆斯林马来人生活十分贫困。泰国政府从20世纪60年代就已经开始对南部地区进行经济开发，其中最主要的措施有两个："修筑南方公路计划"和"橡胶改植计划"。同时还在南部实施了农村电气化和水利灌溉计划、投资修建政府医院和保健所等，以促进当地经济、社会的发展。70年代建立了南部各府之间以及南部与内地公路，南部各城镇、城乡、乡村之间的公路网也初见成效。针对南部开发过程中的某些失误，泰国政府从第五个国民经济和社会发展计划（1977—1981年）起强调实现社会公平。1981年出台的《乡村开发十年规划》把泰国南部地区列为重点扶持对象之一，致力解决其

---

① 刘稚．马来人在泰国与新加坡民族关系中地位的比较．东南亚，1999（3）：52.

② M. Ladd Thomas. Political Violence in the Muslim Provinces of Southern Thailand. Occasional Paper No. 28. Singapore：Institute of Southeast Asian Studies，April 1975：p. 2.

基本生活问题、卫生问题和提高农民的收入。[①] 1989 年，泰国政府指示“维护国内安全南部分部指挥部”负责实施南部“新发展计划”（1996 年更名为“南部发展计划”），强调提高南部穆斯林地区人民的生活水平，共同解决各种社会和经济问题。[②] 他信·西那瓦执政期间，泰国南部地区连续发生暴乱，泰国政府采取了多项应对措施，其中一项就是大力发展泰南经济，安抚穆斯林。政府在 2004 年 3 月拨款 120 亿泰铢在泰国南部推行特别发展计划，允许在南部地区投资者可享有 3 年免税、政府提供低息贷款、收费低廉的公用事业服务等优惠待遇，并且计划在偏远的泰南乡村建设各类基础设施，设立一个特别工业区。后因南部地区的局势持续恶化，暂停了该地区的特别发展计划。[③] 2009 年泰国政府提出“泰国强健计划”，计划在之后的三年内投入约 1157 万亿泰铢来刺激经济，以确保经济平稳快速增长。力图推动经济增长 5%，创造 160 万个就业机会，在 2010 首个财年（2009 年 10 月至 2010 年 9 月）内，“泰国强健计划”的首期投资资金达到 2000 亿泰铢，其中 1000 亿泰铢用于改善社区及南部地区项目。[④] 泰国政府力图通过这些政策彻底改变南部穆斯林地区穷困落后的面貌，希望通过刺激当地经济的发展来缩小民族之间的贫富差距，弥合民族矛盾。

（三）政治参与整合

在 20 世纪前，泰国南部北大年地区的基本社会单位是以家庭为中心。社会和政治关系更多地体现在个人之间的关系上，而非强制

---

① 许利平．当代东南亚伊斯兰：发展与挑战．北京：时事出版社，2008. 79—80.

② 中国现代国际关系研究所民族与宗教研究中心．周边地区民族宗教问题透视．北京：时事出版社，2002. 372—373.

③ 许利平．当代东南亚伊斯兰：发展与挑战．北京：时事出版社，2008. 82—83.

④ 陈红升．泰国：2008—2009 年回顾与展望．东南亚纵横，2009（3）.

性的法律关系。整个社会运作的组织建立在宗教、个人关系及传统文化的基础之上。当地的穆斯林长老扮演着非常重要的角色，既是一个部落团体的领袖，也是保持当地穆斯林社会正常运作的关键所在。虽然数个世纪以来，暹罗王国一直享有对南部众多马来人苏丹王国的宗主权，但暹罗王国采取的是不干预其内部事务的政策。自1832年被暹罗征服后，曼谷王朝的统治者改变了以往的统治模式，首次任命一名泰人为北大年国王，指派大量泰族人担任各级行政体系的官员，掌管北大年等府的内部事务，剥夺了当地人参政的权利，牢牢掌握着南部地区的行政大权，以取代原先享有特权的穆斯林马来人贵族王公，这些做法引起了南部穆斯林马来人的强烈不满。

1932—1948年是泰国政治制度的转型时期，当时的泰国政府无暇干涉泰南穆斯林马来人的内部事务，再加上泰国的政治制度改为君主立宪制。通过选举，北大年等南部各府均有穆斯林马来人代表入选为国会议员。尽管选举并不能完全满足当地穆斯林马来人的参政要求，但这毕竟有了自己的代表在国会中表达本民族的心声。此外，泰国政府于1945年颁布了《伊斯兰教保护法》。根据该法的授权，政府成立了一个国家伊斯兰教事务委员会（NCIA），同时南部穆斯林人口占多数的各府也分别成立了伊斯兰教事务委员会。1947年8月，伊斯兰教事务委员会向泰国政府提出了有关自治权利的7项要求，其主要内容包括泰国政府应指定一名高级官员管理北大年、惹拉、陶公和沙敦四府，此人应为在这四府之一出生的穆斯林马来人并由当地的居民选举产生，泰南四府80%的公务员应为穆斯林马来人等，但这些要求遭到了泰国政府的拒绝。

随着南部穆斯林马来人一再强烈要求提高他们在当地政府中的地位和作用，泰国政府也采取了一些积极措施。从20世纪60年代中期开始明确规定到泰国南部诸府任职的官员必须精通伊斯兰教，同时也对穆斯林民众进入泰国官僚体系参政议政提供机会。进入80

年代，泰国政府进一步扩大穆斯林的参政权。1981 年，泰国政府在南部穆斯林地区设立南部边境地区事务管理中心，并使其成为南部诸府的最高行政机关。在这个中心，很多职务由穆斯林官员担任，同时这个中心还承担着训练赴南部任职官员的任务。1980 年，北大年、惹拉、陶公三府的 573 名行政负责人中，有 170 名为当地人。[①] 1983 年，上述三府的国会议员候选人 70% 以上是穆斯林，当选者半数以上是穆斯林；府一级议会的议员绝大多数是穆斯林，更不用说一些市议会的议长和议员了。[②] 穆斯林官员的增加，逐渐改变了“官员 = 佛教徒”的观念，为政府与穆斯林之间的相互交流架起了桥梁。

进入 21 世纪，泰国政局进入了民主化以来最为动荡的时期，内阁频繁更迭，对南部问题处理未能形成明确的、具有连贯性的政策。2002 年初，政府裁撤了南部边境地区事务中心，导致穆斯林民众即使对政府官吏有诸多不满也无法直接投诉，让本来就对政府行政缺乏信任感的穆斯林马来人更加不满，影响一些愿意接受泰族政府管理的穆斯林马来人的政治参与热情与信心。2006 年 11 月，素拉育政府恢复了该中心的工作，政府每 3 个月对南部局势进行一次评估，旨在“为泰国南部催生和平、和解及发展，以便让动乱的泰南三府的民众和当地官员拥有一个更好的讨论及解决问题的管道”。

二、泰国政府对南部穆斯林民族政治整合的政策失误

泰国政府几十年来对南部穆斯林做出了一系列有意义的让步，对宗教多元主义更宽容，改善南部的教育和社会经济发展水平，提

---

① 韦红．东南亚五国民族问题研究．北京：民族出版社，2002. 204.

② 庄礼伟．亚洲的高度．广州：广东旅游出版社，1999. 138.

高吸纳穆斯林进入国家行政系统的比例。但是多年来“官员 = 泰人”的思想依然在许多泰国人的观念中根深蒂固，尊重和保障穆斯林参政议政的力度不是很大。泰国政府并没有密切关注穆斯林的政治诉求，没有表现出把自治作为解决民族分离主义运动的方案的意向，甚至拒绝贯彻 1997 年的宪法条款——将政权移交给当地，并向各府提供“宗教大自由”。泰国政府对泰南穆斯林所做的让步仅仅是手段上的，其目的是保持政府对泰南局势的有效控制，这并不能让泰南穆斯林感受到政府解决问题的诚意。①

泰国南部民族分离主义的恐怖活动始终对国家的安全与稳定构成威胁。泰国政府虽然为南部问题的解决采取了相应的措施，确实取得了一定的成效，但却无法彻底铲除恐怖主义赖以滋生的土壤。“9·11”事件之后，泰国南部恐怖活动事态有进一步蔓延之势。尤其在 2004 年，频频发生大规模的暴力恐怖事端，为泰南历史少见。进而说明泰国政府以往的系列应对措施有其不足之处，没有达到标本兼治的功效，表现为以下几个方面。

（一）没有充分考虑宗教和文化的差异

文化是维系着一个民族认同的典型身份标志，泰南穆斯林的精神生活、社会生活与伊斯兰教密切相关，他们生活在保守传统的伊斯兰教社会中，研读《古兰经》，笃信伊斯兰教。长期以来，伊斯兰教作为一种生活方式和宗教信仰已深深地扎根于他们的心中，与泰国主流的佛教文化格格不入。不同的意识形态、文化传统、价值取向、民族精神、宗教传统、生活方式的存在使民族分离主义情绪进一步凸显。而政府对泰南地区的文化融合基本上是失败的，泰南地

---

① 许利平．亚洲极端势力．北京：社会科学文献出版社，2007. 157.

区有很多宗教学校，根据泰国教育部2004年的统计数据表明：泰国截止到2004年底前，在泰南共有500多所私人伊斯兰学校，除大多数正式注册的外，还有不少未经注册的非法宗教学校。虽然历届政府都在泰南进行教育改革，但伊斯兰学校并未能纳入国家教育体制，泰南绝大部分穆斯林不愿意到公立学校读书，拒绝学习泰语。这种文化上的差异和隔阂使泰南穆斯林对泰国缺乏认同感，使泰国政府无论采取什么样的慎重方式，都无法在短期内消除佛教徒与穆斯林之间围绕宗教和文化产生的分歧和纠纷。

（二）没有充分考虑官僚体制的执行力问题

政府派往泰南的官员素质普遍不高，不懂当地的传统、文化、习俗和语言，很难能与当地的穆斯林进行有效的沟通与交流，制定的不少发展措施并没有考虑到当地的实际情况，有些甚至与伊斯兰教教义相冲突，因而他们制定的一些政策得不到当地穆斯林的支持而难以实施，效果不佳。如“乡村发展项目”的低息贷款与穆斯林不吃利息的教规相冲突，博彩合法化甚至用博彩基金向穆斯林学生发放奖学金自然遭到了穆斯林的拒绝。不少官员自认为在泰南是“天高皇帝远”，无视中央政府所制定的法律法规，徇私舞弊、贪污腐败成风，将发展基金中饱私囊，甚至参与武器走私，严重损害了政府及政府官员在泰南穆斯林心中的形象，使他们产生了普遍的不满。

（三）没有充分落实南部经济发展战略

泰国政府解决南部问题的核心战略是加强该地区的经济发展，消除贫穷与落后，防止社会不满情绪的滋生、蔓延与积聚。然而，南部总体发展战略规划的推行和实施却至少要耗费10年的时间，其中关键的是泰南经济发展的好处并没有落入穷人的手中。目前泰南经济仍以农业为主，只有少量的橡胶、棕榈和渔业初级加工厂，几乎没有现代化工业设施。1997年东亚金融危机爆发后，泰南穆斯林的生活更加困难，对中央政府的不满情绪日趋严重。根据泰国政府的统计，2001—2002年度，泰南每户家庭月收入10914铢（合260美元）消费支出9597铢（合228.5美元），低于同期全国每户家庭月收入12185铢（合290美元），消费支出10025铢（合238.7美元）的水平，更低于较发达的中部和东部地区。① 由于地少人多，多数家庭处于贫困线以下，泰南地区始终保持较高的失业率和辍学率。长期贫困导致当地民众不满情绪增多，极端势力的分离言论和暴力路线大有市场。另据统计，泰南地区6—24岁的学龄人群中，有38%的人没有接受教育也没有工作，在社会上游荡。这些人群极易受到犯罪团伙、黑社会和极端势力的教唆引诱，参与暴力犯罪活动，成为极端势力随时可吸纳的"生力军"。

通过对不同时期泰国政府处理南部地区民族问题的方式进行分析，我们可以看出，20世纪80年代及90年代是泰国民族关系最为融洽的时期，说明当时政府针对南部穆斯林马来人的政策取得了非常好的效果。虽然从某种意义上说，这与当时泰国的经济繁荣有一定的关系，但最主要的原因在于政府吸取了以往的经验教训，以缓和为原则，通过各种针对性的政策解决南部地区民众与政府官员之间的矛盾，这为泰国政府解决南部地区的民族问题指出了一条非常现实的途径。因此可以说，实行强制性的同化政策无法消除民族之间的矛盾，也不是解决民族问题的根本途径。允许南部地区的少数民族在国家机构享有更多的代表权、制订发展南部地区经济的计划、

---

① 《泰国银行季报》（2001/2002年）.

尊重少数民族的传统和利益，使得南部穆斯林马来人形成对国家的归属感，才是泰国政府加强国家与少数民族融合的有效出路。

三、泰国政府对南部穆斯林民族政治整合的途径探索

在当今的国际体系中，许多国家都饱受内部民族冲突的困扰，国家主体民族与其境内少数民族的关系是否和睦，一直是各国政府保持社会稳定的重要因素。一个国家内部必定存在一些无法完全被主体民族所同化的少数民族，但一些国家在民族团结方面所取得的成功不应被视作民族完全融为一体，而应是在国家主体民族与少数民族之间的关系方面，国家（即中央政府）的整体实力与少数民族的力量在某种程度上取得了平衡。[①] 这种平衡可能以享有参政权以及自由表达民族认同感等形式体现出来，使得少数民族能够满足自己独特的需要，从而使得少数民族能够与主体民族和睦相处，国家才能够保持社会稳定。主体民族的力量越强大，就越需要有制衡主体民族的力量，以避免少数民族的被边缘化，从而维持国家的社会稳定，否则两个宗教信仰完全不同的民族之间可能会产生不愉快的冲突，甚至发展为某个民族的分离主义倾向。否则，即便两个民族达到了完全融为一体的状态，那么这种状态也只是短暂的。总之，一个国家在处理民族关系时必须极为小心谨慎，如果处理不当，则会给国家的政治、经济、社会等方面带来严重的负面影响。[②]

---

① Linda J True. Balancing Minorities：A Study of Southern Thailand. Working Paper Series of School ofAdvanced International Studies. Washington：The Johns Hopkins University，February 2004：p. 2.

② Ibid.，p. 3.

（一）努力争取少数民族对国家的认同

影响泰族与南部穆斯林关系主要有四个因素：（1）政府政策中民族身份认同所扮演的角色，即政府对南部穆斯林认同感的接受程度和敏感度，它不仅指政府对少数民族的同化政策，而且指国家尊重少数民族的传统文化并与其和平共处的意愿程度。（2）中央政府与所属各府在相互依存、高压政治统治及相互信任方面的关系，即中央政府与南部各府在政治、经济、社会和历史方面的相互依存情况，这主要取决于国家针对少数民族地区采取的是开发性或是掠夺性政策、少数民族地区与国家整体的社会经济差距、少数民族地区受到孤立的程度、少数民族要求并入邻国的跨边界运动以及少数民族对中央政府的整体依赖情况。（3）国家的法律体系和经济状况，即要求少数民族遵守的国家法律。泰国穆斯林马来人长期以来通过伊斯兰教法维持整个社会秩序，不愿按照中央政府制订的法律来处理日常事务。如果没有这些法律，少数民族会通过政府规定以外的方式追求自我利益，这很容易导致分离主义运动的产生。（4）国家承认少数民族团体及其利益的情况，就像少数民族必须愿意与国家合作一样，国家也必须愿意与少数民族合作，这要求国家承认少数民族的利益及其组织。国家越是承认少数民族的利益，那么少数民族与主体民族的关系就越和睦。[①] 因此，这四个因素对于任何一个国家处理民族关系来说都是至关重要，如果能够处理好这四个因素，国家便能够保持一个和平安定的局面。

主体民族泰族与南部穆斯林在文化上存在一定的差异性，由于

---

① Linda J True. Balancing Minorities: A Study of Southern Thailand. Working Paper Series of School ofAdvanced International Studies. Washington: The Johns Hopkins University, February 2004: p. 6.

民族特性和宗教信仰不同，南部穆斯林容易形成对自己民族文化的认同，产生较强烈的民族意识。因此，政府需要在尊重民族文化的多元性的基础上，通过有效的制度整合形成统一的全民族文化认同。首先要培养各民族共同的命运感，发挥国家的吸引力和号召力，同时加强各民族的身份认同，国家应实行多元文化政策，促使建立一个"泛泰族"的文化认同，淡化对佛教文化的过分宣传，尊重南部穆斯林的民族文化。其次，还需要培育一些各民族可以共享的理论和话语，淡化过去提出的"一个民族一个宗教一个国家"的错误口号，努力扩大各民族的利益共识。

（二）必须制定适合少数民族特点的民族政策

数个世纪以来，泰国国家政治体系经历了从封建君主专制到君主立宪，再由军人主政到文官政府的演变过程。通常来说，在君主专制体制下，统治者，即国王具有无限的权力，一切权力属于国王，普通民众没有参政的权力。在军人主政的政治体系下，权力掌握在某一个精英人物或特定领导人手中。普通民众虽然有一定的参政权，但其力量普遍较弱。在文官政府的政治体系中，泰国表现为一个法治、分权的国家体系，公民的言论、集会、宗教自由和财产都受国家法律保护。因此，在不同的政治体系下，泰国南部民族分离主义的表现形式也各不相同。

泰国长期以来是一个深受佛教影响的国家，传统文化价值观对其政治体制产生了非常大的影响。延续数千年的等级、服从和崇尚权威等传统文化观念与泰国政治体系的变迁是一脉相承的。[①] 因此，在"家长制"观念非常浓厚的泰国，历史上大部分时期都处于君主

---

① 任一雄．传统文化的张力与泰国威权政治的前景．学术探索，2002（2）：118.

专制的政治体系之中，而且军人通过政变获取权力对泰国来说是司空见惯的事情。普通民众，特别是南部穆斯林马来人很少有机会参与国家政权的管理，这极大地影响了泰国中央政府处理与南部地区穆斯林的关系。处于强势地位的中央政府根据统治的需要而制订了不适合南部少数民族特点的政策必然会遭到南部地区民众的反对。①如果一国的政治制度没有照顾到少数民族的利益，那么国家为保持民族关系和谐、维护社会稳定的努力无法也得到少数民族的支持，就特别容易导致社会动荡的局面，少数民族便会以民族分离主义运动的方式表现出来。

“为避免这一困境的出现，多民族国家的政策制定者以及执行者需要提供一个为各方共同接受的解决冲突的原则，同时提供一个规范竞争的公平环境。政策和制度的稳定性和持久性的缺乏，政治整合很难在多元民族国家中取得良好进展。这样，民族之间的小矛盾就会导致彼此的猜忌、怀疑和不信任，引发民族间的冲突和暴力。国家将一直处理冲突中直到分裂。”② 因此，泰国只有通过制定合理的政策，处理好主体民族与南部穆斯林之间的差距，尊重南部穆斯林的民族特性，才能够消除彼此之间的矛盾，实现国家的高度统一。

（三）处理好主体民族与少数民族之间的互动关系

在特定的国家政治和主体民族与少数民族关系体系下，国家如果能够制定一种合适的民族政策，那么国家就可以在一个可持续时

---

① Moshe Yegar. Between Integration and Secession：The Muslim Communities ofthe Southern Philippines，Southern Thailand，and Western Burma/Myanmar. Lanham，Maryland：Lexington Books，2002：pp. 141－143.

② 王建娥．族际政治：20世纪的理论与实践．北京：社会科学文献出版社，2011. 65—77.

期内确保稳定的社会秩序。在泰国南部地区的民族冲突中，少数民族马来族与主体民族泰族具有完全不同的世界观和价值观，当两种文化交汇在一起时，往往会发生碰撞。[①] 泰国的民族问题很大程度上是因为中央政府推行主体民族的宗教为国教、主体民族的语言为国语，同时对少数民族的文化给予限制所引起的。

在泰国君主专制和军人主政的政治体制下，民族间表面上的"和睦"关系通过高压政治得以维持。虽然镇压手段有时在防止出现民族冲突方面非常有效，但完全通过高压政治的手段来防止民族冲突的产生不是长久之计。[②] 一旦国家走向衰落，少数民族便会制造叛乱活动并试图分离出该国家。如果少数民族享有某种程度的自治地位，那么国家良好的社会治安将可能会持续更长的时间。如果那些被剥夺了特权的阶层认为与其做一等的叛乱分子，还不如做一个二等公民，而且现状在其容忍范围之内，那么国家维持这种统治的效果则更为可靠。历史上，泰国中央政府与南部的北大年等府保持宗藩关系期间，藩属国保持相对独立地位，宗主国不过多干涉藩属国的内部事务，藩属国也可以自由决定其政策。在这种体制下，泰国与南部的北大年等府保持着一种相对稳定的关系。

少数民族参与国家政治事务管理的程度是主体民族与少数民族是否能够和谐相处的重要因素。但是如果少数民族的代表在国家政权机关享有充分的代表性，那么这个国家就存在政治不稳定的危险。第一，享有充分且与主体民族截然不同的代表权将强化少数民族的认同感，甚至可能发展为"我们与你们"的心态。第二，如果少数民族享有一定的权力，那么其将要求享有更多的政治权力。在极端的情形下，如果他们的要求未得到满足，那么他们可能会威胁要分

---

① 韦红．东南亚五国民族问题研究．北京：民族出版社，2003. 9.

② Linda J True. Balancing Minorities: A Study of Southern Thailand. Working Paper Series of School ofAdvanced International Studies. Washington: The Johns Hopkins University, February 2004: p. 8.

离出该国家。第三，如果国家通过满足不断提出各种要求的少数民族来保持稳定，那么主体民族就可能产生不满，觉得在自己的国家内就像二等公民一样。[①] 因此，如何处理主体民族与少数民族的互动关系对于解决民族之间的冲突至关重要。

（作者系解放军国防科技大学国际关系学院副教授）

① Jack Snyder. From Voting to Violence: Democratization and Nationalist Conflict. New York: W. W. Norton & Company, 2000: pp. 32 – 33.

“民地武”对中缅关系的影响研究

宁　威

【摘　要】本文中将“民地武”问题上升到影响中缅战略互信的层面来考量。从我国发展大战略出发，客观看待缅甸“民地武”问题为战略博弈杠杆的利弊，充分认识缅甸民族和解走向对我总体利益和长远发展战略的影响。短期来看，“民地武”确实能够成为牵制缅甸“投向”西方的重要因素。但长远看来，“民地武”问题不仅威胁我边境安全，更是造成中缅战略互疑，对中缅关系客观上造成冲击，缅甸民间对华不满情绪上升，中缅战略互疑使中国对缅甸在东盟、印度洋乃至整个地区的战略规划难以实施。边境的动荡也为美日等国插手我国边境事务提供了机会。因此，在看待“民地武”对中缅关系影响这个问题上，要结合我“一带一路”倡议和“命运共同体”国际观，树立大战略视角，加强顶层设计，积极推进缅甸和平进程，共同构建地区安全环境，着眼宏观战略发展，谋求长远利益共识。

【关键词】“民地武”　中缅关系

民主化进程给缅甸社会带来广泛而深刻的变化，缅甸的社会结构、族群关系、思想文化等都处于巨大的变动之中。这为缅甸政府推动民族和解，从根源上解决“民地武”问题带来了新的机遇与挑战。伴随着美国进一步对缅甸的解禁，缅甸成为中美在东南亚战略竞争的核心。“民地武”问题与缅甸内政外交及大国关系等因素交织互动，其影响日益外溢。从战略层面上看，“民地武”影响了中缅战略互信；就局部而言，缅北战事严重影响了我国边境地区安全和社会稳定，危害到我边民的人身安全和利益。过去一年中，缅甸军方与“民地武”的武装冲突误伤我公民的事件时有发生，而我方以威慑战略应对边境冲突不仅被动且容易擦枪走火，并加剧中缅双方猜忌。此外，“民地武”对中国“一带一路”及“孟中印缅经济走廊”等战略的实施、中缅输油管道的安全带来了严峻的挑战，对我维护周边安全、发展中缅关系及拓展战略利益均构成了严重影响。

一、“民地武”成为影响中缅战略互信的关键点

历史经验造就了缅甸决策者对他国的戒备与不信任，这种强烈的不安全感形成了缅甸对外高度警惕的战略判断。“民地武”的存在使缅甸对中国持有很深的疑虑和戒备。缅甸始终担忧中国有通过“民地武”控制缅甸的打算，即使是在中缅关系最为友好的时期，缅甸也从未打消这种疑虑，这种疑虑使中缅友好的种种努力效果大打折扣。缅甸为避免中国对缅影响力过大，积极发展与其他国家的关系，推行大国平衡外交，努力发展与美国、日本、印度、东盟、俄罗斯等国家和国家联盟的关系。缅甸从这些国家和东盟获得大量的援助和投资，减弱对中国的“依赖”，中国所能施加的影响力也越来越小。实际上，在登盛时期缅甸开启民主改革后，缅甸政府就有意拉开与中国关系，弱化军政府时期中缅特殊关系，将中缅关系同其他双边关系一道等距发展。现今民盟执政时期，从表面上看中缅关系走高，实际上基础并不牢靠，“民地武”问题仍是影响两国关系的重中之重。

（一）“民地武”造成中缅战略互疑

中缅两国山水相连，世代友好。独立后，中国与缅甸秉持和平共处五项原则，互不干涉内政。由于历史和客观原因，中缅边境的“民地武”与中国有着千丝万缕的联系，导致缅甸部分民众认为中国在幕后支持“民地武”对抗缅甸政府，缅北冲突也加深两国民众对彼此的误解与不满，严重损害了两国人民友好情感。究其原因，主要有以下几点：第一，由于中缅划界问题，使原本生活在中国境内的部分少数民族划到了缅甸地区。客观上，这些民族对缅甸中央政府缺乏民族认同感，向心力缺失。第二，国际共产主义运动时期，中共与缅共之间存在千丝万缕的联系。缅共解体前曾是缅甸政府最强大的劲敌，解体后转化为新兴武装力量继续活跃在缅北地区。1989 年缅共解体后，残余的武装组织发展为现在的果敢同盟军、佤联军、克钦新民主军和掸东军等十余支武装力量。我国政府对缅甸少数民族武装组织的态度也十分鲜明，即“在政治上不承认、军事上不支持，在不介入其内部事务的原则下，将缅北少数民族武装组织作为缅甸联邦一级地方政府看待，严格按照中缅两国政府达成的有关规定，规范和加强双方之间经贸往来与合作”。但缅甸政府对我国地方政府、企业与上述 4 股少数民族武装组织的正常经贸、文化交流仍有顾虑，多次对上述武装组织个别领导人进入我国境内探亲访友、查体就医表示不满。第三，中缅两国边境地形犬牙交错，跨境民族多、便道多，且边境线的缅方一侧分别由政府军与多支“民地武”控制，所以较难管控。缅北“民地武”夹在中缅之间，一旦缅甸政府军对其进行清剿，“民地武”武装分子往往逃窜至中国避难。引发了缅甸民众的误解，破坏了中国在缅甸的整体形象。

基于以上一些历史和现实原因，使缅甸对中国在“民地武”问题上充满了敌意，并造成了一些错误认识：第一，缅甸认为中国部分官员支持缅甸少数民族武装，阻碍了缅甸的民族和解和民主化进程，使缅甸政府军对“民地武”的打击制裁难以取得明显的效果。2015 年，缅甸军事情报机构声称“民地武”中的果敢武装有招募中国退役士兵充当雇佣兵和中国人参加指挥作战的情况。第二，缅甸乃至世界上不少国家都认为，中国对缅北“民地武”有很大的影响力，中国向“民地武”施压可使之放弃用武力对抗缅甸政府，而中国政府的沉默和不作为则是对“民地武”的支持。美国等西方国家故意渲染夸大中国对缅“民地武”影响力，以中国对缅甸有巨大影响力为由，企图胁迫中国干涉缅甸内政，对缅施压。若胁迫不成则借机抹黑中国，即所谓的“中国没有担负起大国责任，导致缅甸民族和解进展缓慢”。这实际上是捧杀中国的“中国责任论”表现之一种[①]，与他们在朝核问题上的做法如出一辙，我们对此需要提高警惕。事实上，以上两种观点都较为片面。首先，1989 年之后，在邓小平的指示下，中国已经断绝同缅共的联系，缅共也已经解体。中国认为缅甸“民地武”问题是缅甸内部事务，应主要由缅甸政府与人民自主协商解决。其次，中国不会阻碍缅甸的民主化，更希望能够推动缅甸民族和解进程。中国希望缅甸能够和平推进民族和解进程，但不是强力武统，以免造成中缅边境大规模动荡，大量难民涌入中国。一个国家的民主化最终还是要依赖内部条件的发育和成熟，一个符合缅甸国情的民主之路才是缅甸广大人民最需要的。[②] 第三，中国对缅甸“民地武”并不具备缅甸政府和美国等一些西方国家所声称的影响力。中国一直秉持和平共处五项原则，不主动干涉缅甸内政，避免与“民地武”首脑接触。“民地武”发动武装冲突往往

---

① 王琛，姚璐．冷战后美国对中缅关系的错误认知与中国的对策．郑州大学学报（哲学社会科学版），2011 年 5 月 25 日。

② 李志强．对缅甸迈向民主应予鼓励．光明日报，2008 年 2 月 25 日。

选择与中方邻近的边境地区，试图将战火引向中国，让缅甸政府军有所忌惮而无法对其全力打压。果敢一些“民地武”人员还在中方网站上发布帖子，大打感情牌，试图道德绑架中国，拉中国下水。中方对此一直十分被动，可以说是“民地武”与缅甸政府冲突的“受害者”。

（二）“民地武”降低两国战略合作意愿

当前缅甸民族和解进程缓慢，民族矛盾更趋尖锐复杂，“民地武”问题能否妥善解决，不仅决定了缅甸的和平与稳定，更关乎中缅关系的健康发展以及中缅两国对“一带一路”合作意愿。

缅政府始终把民族和解作为国家的重要任务，彻底解决“民地武”问题的意愿从未动摇。过去的一年，民盟政府虽然关注经济发展，但其中心任务是实现民族和解、推进和平进程，而“一带一路”倡议的主要目的是推动沿线国家的经济共同发展的问题，二者的出发点和政策完全不同；缅甸关注的重心是关乎国内和平的民族冲突问题，而“一带一路”倡议是推动区域经济发展问题，从这个角度上看，二者很难形成战略对接，在这种情况下“一带一路”倡议将难以有实质的推进。过去几年中，中缅两国推动“一带一路”合作缓慢也印证了这个观点。除了原则性的表示支持“一带一路”以外，缅甸并未把共建“一带一路”作为中心议题。2016 年昂山素季访华时虽然表示欢迎“一带一路”，但她更关心的是中国对缅甸民主和解的态度，并希望得到中国的支持。另外，中缅两国建立的“外交和国防 2 + 2”高级别的磋商会议机制，主要是用来处理缅甸和平进程问题及其引起的中缅边境形势不稳问题，而对于“一带一路”却没有在两个国家建立相应的推进机制。①

（三）“民地武”成为西方挑拨中缅关系的抓手

为争取亚太地区的战略主动权，遏制中国崛起对周边国家的辐射力，以美国为首的西方国家一直不遗余力地找机会干涉缅甸事务，民族问题就成了它们的借口之一。近年来，随着缅甸“民主化”进程推进，西方不断对缅解禁，增加对缅投入，并有意借“民地武”问题挑拨中缅关系。并拉拢中缅边境的“民地武”组织，企图在我国周边打入楔子，对我国周边安全稳定造成极大影响。

以美国为首的西方国家一直试图炒作缅甸“民地武”问题，使问题国际化，以便其趁机浑水摸鱼，堂而皇之地进行干涉从中牟利。早在2007年1月，美国为使缅甸民族问题国际化，就与英国一起以缅甸国内民族冲突威胁国际与地区和平安全为由，推动联合国安理会通过包括民族问题在内的缅甸问题决议。美英两国的提案虽然未获通过，但在缅甸国内外产生不小影响。2010年缅甸大选后，缅甸政治基本实现转型，与各少数民族武装也纷纷达成和解，缅甸民族问题的解决初现曙光，美国对此仍未完全满意。奥巴马曾表态说：“我们仍然对缅甸封闭的政治系统、其少数民族受到的对待、政治犯被关押以及它与朝鲜的关系感到关注。”② 民盟上台后，由于“罗兴亚”问题进一步恶化，受到国际社会的关注前所未有，甚至超过缅北问题。东盟的介入前所未有，有东盟外交官甚至公开发声，因为罗兴亚问题要把缅甸从东盟中开除。2016年12月19日，昂山素季被迫举行东盟外长特别会议，她表示解决穆斯林问题需要时间和空

---

① 《缅甸研究》编辑部．民心相通与中缅合作——首届中缅智库高端论坛综述．缅甸研究，2017（3）：98.

② 丁刚．在缅甸，西方的声音多过中国．环球时报，2011年11月29日。

间。可以说，“民地武”问题已经成为美国长期对缅甸政府进行施压的“王牌”。

美国及西方国家打着人权、自由、民主等旗号，对不同的“民地武”组织执行双重标准。对于有西方背景的少数民族武装，美国一直在暗中支持援助。缅甸军政府执政期间，美国为推翻所谓的“暴政前哨”“地区安全毒瘤”，一直暗中怂恿克伦民族联盟、掸邦联合革命军对抗缅甸军政府。“民地武”组织为实现其民族独立目标，也主动到美国等西方国家游说，寻求同情与支持。现任克钦独立军军委主席的实权人物恩板腊曾数次到西方寻求支持，建立以“文蚌民族独立国”为政治目标的“文蚌组织”。其在美国就有数处办事机构，其领导人大都拥有美国国籍，定居美国从事经商等活动。对于与中国有来往的少数民族武装，美国则实行截然不同的态度。例如佤联军，美国曾以毒品问题为由，将佤联军列为恐怖主义组织，并在全球通缉其主要领导人。

二、“民地武”使我国边境地区安全稳定受到威胁

缅甸政府和“民地武”组织间至今仍不时爆发武装冲突。缅北“民地武”组织更是缅甸政府渗透、控制和打击的主要对象。缅北冲突虽然发生在缅境内，但却经常波及与其接壤的云南边境地区，冲突导致流弹落入中国伤人的新闻常见诸报端，造成了中方人员伤亡和财产损失，直接对我国西南边境地区的安全稳定构成威胁。此外缅甸大量边民涌入我国境内，影响了当地的社会治安，引发非传统安全威胁。

（一）“民地武”威胁我国边境地区安全

1. 边境战火频发威胁我边境地区人民生命财产安全

缅北少数民族武装组织在缅甸的少数民族武装中实力较强，是缅甸政府打击的主要对象。自2009年缅甸强行收编“民地武”以来，政府军先后发动了对果敢、克钦等少数民族地方武装的袭击。2016年11月20日，缅北爆发大规模武装冲突，造成1万余名缅方边民、120余名武装人员进入我境内避难，有20余枚炮弹落入我境内，严重威胁我边境地区人民群众的生命财产安全，影响我国边境地区安全稳定。

中缅边境的武装冲突已经引起了中方高层的高度重视。中国国家主席习近平于2015年1月19日至1月21日在云南考察期间接见了当地的一些部队，对中缅边境局势做出重要指示。为保护我国边疆人民生命和财产安全，中国人民解放军根据部队年度训练计划，于2015年6月和2017年3月组织南部战区陆军、空军部队在中缅边境我方一侧进行了陆空联合实兵实弹演习。

2. 边境战火频发原因分析

为何尽管中国屡次抗议，缅甸作为一个小国却敢于在中缅边境安全问题上频频挑战中国？从国家利益的角度出发分析可窥见一斑。根据传统的权力理论，强国相比弱国在权力占有量上处于优势地位，强国的安全可以得到保障。但有时弱国挑战强国反而获胜，使后者的安全面临威胁。缅甸打击“民地武”对中缅边境安全造成威胁就是一个典型的例子。

从国家利益的角度来看，剿灭“民地武”对缅甸属于利益价值度极大的一项利益，关系到中央政权的稳定、国家统一。因此缅甸愿意为此承受对中缅关系产生的负面影响和摩擦的代价。在缅甸看来，缅北冲突仅会影响到中国的局部安全利益和经济利益，中国不会为此牺牲中缅友好的大局。因此，缅甸判断中国会采取容忍和退让策略，所以缅甸敢于频频挑战中缅边境安全，在中缅边境地区进行围剿，威胁中缅边境安全和造成经济损失。通过分析我们可以得出以下结论：第一，中缅边境战火仍将频频发生；第二，缅甸的道歉和保证也不可采信；第三，中国外交部的严正交涉和强烈抗议作用不大，关键在于中国使用武力的决心。

（二）"民地武"威胁我国边境地区非传统安全

持续的武装冲突带来了很多非传统安全问题，如难民问题、毒品问题、分裂势力影响等，对我国边疆地区稳定造成威胁。

每当缅北地区发生武装冲突就会有大批难民涌入我国西南边境，中国出于人道主义为这些难民提供临时避难场所，但难民成分复杂，不少犯罪分子混迹其中，难民涉及偷盗、杀人等案件时有发生。毒品问题更是屡禁不绝。缅北地区本身就处于"金三角"毒源地，"民地武"为筹措资金一直以毒养军，在其境内进行毒品生产和加工。毒品所能带来的巨大利益，刺激着贩毒者纷纷经云南出入境贩毒，我国边境不仅成为毒品的过境地，而且也是消费地。加之缅北地区战乱不断，毒品替代种植项目屡遭破坏，民众迫于生计不得不重操黄赌毒旧业。

值得注意的是，"民地武"战乱刺激了我国的分裂势力。中缅边境跨境民族众多，以佤族为例，在中国一方的称为景颇族，二者同族同源，语言相通。跨境民族看到自己的胞族身处战乱之中就会产生同情心理。这种心理很容易被敌对势力利用，煽动民族情绪，破坏我国边边境地区安定团结。果敢发生武装冲突期间，以彭家声为首的果敢同盟军大打"温情牌"，中国网络舆论上也出现了"支援果敢”“收复果敢”的呼声。事实的真相远非那么简单，彭家声也并非所谓的“亲华派”，而是不折不扣的军阀做派，彭家声主政果敢期间，黄赌毒源源不断地入侵中国。如果中国卷入“民地武”与缅军的冲突之中，将面临着重大的国际压力，得不偿失。

三、“民地武”阻碍中缅重大经济合作

缅甸位于东南亚、南亚通联的重要位置，同时是中国通往印度洋的重要枢纽。2013 年，习主席正式提出“一带一路”倡议，缅甸作为中国“21 世纪海上丝绸之路”和“丝绸之路经济带”的交汇国家，对我国“一带一路”倡议的顺利推行有着重要的价值和意义。安全稳定的投资环境对于中缅经济合作至关重要，然而“民地武”与政府军持续的武装冲突不但危及中缅重大合作项目，也给能源通道安全、“一带一路”建设带来了重大隐患。

（一）“民地武”危及中缅重大经济合作项目

近年来，“民地武”与中央政权之间的矛盾日益尖锐。从经济角度来看，发生冲突的根本原因在于“民地武”与中央政府资源利益分配不均。民盟政府上任后，缅甸少数民族政党在国会也拥有了一定的话语权，地方民族组织、政党对地方利益的支配能力增强。加之缅甸政府军与“民地武”冲突不断，对中国边境稳定和经贸发展造成严重影响，使缅甸投资环境恶化。

中国与缅甸政府达成的重大合作项目成为“民地武”与中央矛盾的新爆发点。按照国际惯例，中国直接与缅甸政府签署项目协议，但“民地武”强烈要求落地其管辖区内的项目必须对“民地武”上

供，且“民地武”现今更加重视维护自身利益，狮子大开口，若其要求未被满足，就对项目坚决抵制。这使中国与“民地武”打交道的难度随之加大。近年来，中国已经成为缅甸最大贸易伙伴国以及投资来源国，在缅投资的大都是大型工程性、资源类国有企业，主要集中在油气、水电、矿产资源开发等领域，由于缅北地区资源丰富，石油、天然气、玉石、铜、钨等矿藏种类繁多、储量丰富，因此投资项目多处于缅北地区。例如 2011 年 10 月密松水电项目被缅甸政府单方面宣布停止建设，其重要原因之一就是由于克钦独立军认为水电站项目影响当地环境，没有给当地民众带来看得见的利益，从而引起他们的激烈反对。

环保问题也是西方炒作的焦点之一。中国在缅项目大多与资源开发有关，环境问题被西方利用、放大已成常态。加之缅甸在民主化进程中取消了新闻审查，放宽言论自由，西方舆论的负面影响就更容易扩散。政府军与“民地武”的武装冲突对中国企业在“民地武”辖区投资的企业造成致命打击，中国企业到缅甸投资的积极性大大降低。密松水电站、莱比塘铜矿、太平江电站都是很典型的例子。缅甸的民族冲突不仅严重威胁着中国在缅投资安全，也给“一带一路”倡议的顺利实施带来了诸多隐患。

（二）能源通道建设与运行受阻

中缅油气管道是中国西南地区重要的能源战略通道，修建期间曾屡次因“民地武”与中央政府爆发战乱而受到干扰或停工。虽然现已修建完成并投入运行，但油气管道的安全仍是重中之重。“民地武”一直试图将中国拉入缅甸内战的泥淖，中缅油气管道也成为其攻击的目标之一，这给中缅油气管道运行带来隐患，威胁我国的能源安全。

中缅两国于2010年达成协议修建中缅油气管道，并于2013年建成，该管道设计规模2200万吨/年，以缅甸的马德岛为起点，经缅甸境内的若开邦、马圭省、曼德勒省和掸邦，由瑞丽进入中国云南，该管道对中国的能源安全来说有着重要价值。[①] 中缅油气管道油气双输，相比于中俄单石油管道和中亚单天然气管道来说，能够加大能源的输入量，在很大程度上缓解我国的能源危机，强化能源安全形势。一直以来，中国的能源运输必须经过马六甲海峡，打造中缅油气管道有利于我国摆脱“马六甲”困境，全面打造能源布局，同时有利于西南地区摆脱能源匮乏的局面，实现产业升级。虽然目前有舆论认为“缅气”价格过高，但从长远来看，对中国的油气安全战略意义十分重大。

中缅油气管道的铺设意味着中国的国家利益已经延伸至缅甸南部沿海地区，中缅安全相关度进一步提升，缅甸国内局势的稳定就成为影响我国能源通道畅通的重要因素。如果说此前中缅安全的利益攸关点局限于中缅边境沿线的话，中缅油气管道就将缅甸国内的安全稳定与中国能源安全紧紧地捆绑到了一起。“民地武”与政府军不时爆发的冲突成为影响中缅油气管道顺畅运营的重大隐患。

（三）阻碍“一带一路”战略建设

中缅两国山水相连，贸易往来频繁。随着“一带一路”建设持续推进，中缅双边经贸合作快速发展，两国经济联系日趋紧密。据缅甸投资公司管理局数据显示，截至2018年2月28日，中国（包括港澳地区）在缅甸外商直接投资（FDI）中排名第一，投资344

---

① 夏剑锋. 论中缅油气管道与中国石油安全. 云南民族大学学报（哲学社会科学版），2012（2）：110—111.

个项目，共达248.5亿美元，占批准外商投资总额的40.14%。

中缅两国经济结构互补，互为重要贸易伙伴。缅甸国内经济发展缓慢，基础设施建设落后，缺乏资金和技术，这刚好与中国过剩的产能和资本形成对接。中缅贸易额在1988—2017年期间增长了约2.2倍。中国在2016—2017年间占缅甸外资贸易额的40%。据中国商务部统计，2017年中缅双边贸易总额135.4亿美元，同比增长10.2%。其中，缅甸向中国出口45.3亿美元，同比增长10.5%；中国向缅甸出口90亿美元，同比增长10%。[①] 中国仍然是缅甸第一大贸易国，也是东盟的主要贸易伙伴。同时，中缅同为大湄公河次区域经济合作组织、孟中印缅经济走廊、澜沧江—湄公河对话机制和亚投行等经济组织的参与国，两国的双边及多边贸易关系持续深化。

在我国规划的“一带一路”倡议中，缅甸的皎漂港与巴基斯坦的瓜达尔港是两个重要的节点，这两个节点可形成环形对接，“带”、“路”可实现互通，带动区域国家的相互连通，使沿岸各地区之间形成更广阔的交流和合作，组合成强大的经济联通体。中国的“一带一路”倡议能够通过中缅之间的经济互动辐射向周边区域，通过双边来带动多边，加强整个区域的经济凝聚力和经济创造力，拉动地区经济发展水平和产业结构，与中国形成良性互动，双方互相影响，加强合作，带动整个区域的经济活力。

缅甸的态度对“一带一路”倡议有着示范性作用。缅甸是中国的全面战略合作伙伴，在东盟中同样占据着重要的地位。作为推行“一带一路”倡议的桥头堡国家，其态度将会对“一带一路”沿线国家产生示范性作用。这将会对中国的战略布局产生极大的连带效应，甚至在一定程度上决定了“一带一路”倡议推行的广度和深度。

“民地武”的存在大大阻碍“一带一路”战略建设。缅甸边境

---

① 中国在缅甸外商直接投资排名第一. 城市金融报，2018年4月24日。

的战事影响了我国能源通道、交通运输等基础设施的安全，造成口岸无法正常运转，随着中缅贸易额逐年提升，“民地武”冲突对双边经贸合作的影响与日俱增。

推进“一带一路”建设的重点之一就是交通、能源等基础设施的互联互通。目前已建成或正在建造的的中缅互联互通的通道，主要包括泛亚铁路西线、昆明至缅甸高速公路、澜沧江—湄公河航道、中缅油气管道等。这些重要通道大部分都会经过“民地武”管辖区域，动荡不安的缅北局势对这些通道的建设、使用及管理形成严峻挑战。

缅北动乱影响贸易路线和口岸通行。与中国接壤的缅北地区持续不断的动乱，导致中缅两国间的交通基础设施发展迟滞。加之缅甸本身的交通基础设施建设也极不完善，交通发展严重滞后，可以说是世界上交通状况最差的国家之一[①]，在一定程度上影响了中缅两国之间的贸易交流与合作。除了中缅贸易路线外，滇缅边境几个贸易口岸也经常受到冲突波及，有时被迫暂时关闭。此外，缅甸边境口岸分别由缅甸政府和“民地武”控制，管理混乱，吃拿卡要现象普遍，来往人员车辆需要多头应付，效率降低，人身安全受到威胁，严重影响两国经贸合作。

四、结语

民盟上台后，缅甸要求中国介入其民族和解问题、在缅甸政治僵局中发挥重要作用的声音愈加强烈。2016 年 7 月 8 日，国务资政、

---

① 缅甸道路基础设施亟待升级．人民日报网，2017 年 12 月 1 日，http：//paper. people. com. cn/rmrb/page/2013-10/28/22/RMRB20131028B022. pdf.

外交部联邦部长昂山素季与到访缅甸的耿惠昌进行了会面，昂山素季表示希望中国能在缅甸和平进程工作中提供帮助。我方相关部门回应称，中方希望同缅甸各党、各派和各民族加强交往，为实现缅甸全国和解及可持续的和平稳定做努力。①

从以上分析来看，缅甸“民地武”在战略上影响中缅互信，造成战略互疑，降低了两国的合作意愿，成为西方挑拨中缅关系的重要抓手。在边境地区安全方面，“民地武”与政府军冲突不断威胁我国边境安全，同时还造成了难民问题、毒品问题、分裂势力影响等非传统安全威胁，危及我国边境地区安全稳定。对中缅油气管道、“一带一路”等重大项目也造成了阻碍。对于此，我们在思想上必须重新界定我国安全利益，强化“命运共同体”意识，认清发展稳定的缅甸更有利于中缅关系长足发展。虽然缅甸“民地武”当前在缅甸政局中仍是一支重要政治力量，且短期内不会消失，但从长远来看，“民地武”问题已成为中缅关系的不利因素而非战略杠杆。在政策上，必须要加强顶层设计，对缅工作要从“被动应付式”变为“主动筹划式”。以推动缅甸民族和解为契机，与缅甸新政府一起寻找中缅利益共同点，重新掀起中缅关系发展高潮。将“民地武”吸收到合法国家体系内，成为“负责任”的一员，避免其“恐怖主义化”，成为新的“麻烦制造者”，把中缅关系真正塑造为不同规模国家关系的典范。

参考文献

[1]（缅）敏昂敏．缅甸少数民族武装与缅甸（发展、民主、人权）．缅甸迎苗出版社，2015 年．

[2]（缅）丹梭南．缅甸民主的未来．缅甸新光出版社，2015 年．

① 缅甸和平离不开中国．http：//mil. eastday. com/a/160710122203876. html？btype = index&subtype = todayhot&idx = 45&ishot = 0.

［3］戴维·斯坦伯格．缅甸的多重危机：全球的担忧和缅甸的反应．南洋研究译丛，2009（1）．

［4］佐尔坦－巴拉尼．从军人统治到民主：给缅甸的启示．南洋资料译丛，2015（3）．

［5］（缅）连·H·沙空，乔实译．缅甸民族武装冲突的动力根源．国际资料信息，2012（4）．

［6］焦佩．族群冲突对缅甸民主转型的影响．东南亚研究，2014（4）．

［7］程西冷．缅甸新变化与对外战略再平衡．新产经，2012（4）．

［8］李忠林．印度在缅甸的战略利益、战略举措及制约因素．江南社会学院学报，2011（3）．

［9］范宏伟．东盟对缅甸"建设性接触"政策评析．国际问题研究，2012（2）．

［10］肖建明．影响缅甸经济社会发展的几个主要因素．东南亚南亚研究，2013（1）．

（作者系解放军国防科技大学国际关系学院讲师）

战略与外交研究

印太战略背景下日本加强与印度军事合作探析

周　浩

【摘　要】近年来日本为推进其"印太战略"，不断强化与印度的军事合作。合作领域从海上安全保障向陆海空全面扩展，合作形式从举行双边和多边联合军演向军事技术转让、武器出口和情报共享等更高层次提升。日本此举旨在扩展自己的海外军事影响力，联合印度与美国一起对中国实施军事围堵，并谋求日美同盟基础上的战略自主，其具体举措和发展动向必须予以高度警惕和关注。深入分析日本上述举措背后的战略动因并提出对策建议，对维护中国国家战略安全具有积极意义。

【关键词】印太战略　日本　印度　军事合作

2018 年 5 月 30 日，美国国防部长马蒂斯在夏威夷宣布美军太平洋司令部正式更名为"印度洋—太平洋司令部"。此前美国政府在 2017 年 12 月 18 日发布《国家安全战略报告》中，首次在官方文件中采用"印太"概念代替此前的"亚太"概念。[①] 以上举措标志着美国政府开始全面推进"印太战略"，以替代此前的"亚太再平衡"

---

① 西田一平田．『インド太平洋戦略における「ベンガル湾」地域協力の重要性』，2018 年 1 月 26 日。https：//www. spf. org/iina/articles/diplomacy-bengal-economy. html.

战略，也意味着由日本率先提出并大力倡导的“印太”战略已经得到特朗普政府的基本认可并付诸实施。在此背景下，日本近年来不断加强与印度的军事合作，两国政要和防卫部门之间的互访交流日益频繁，签订了一系列关于官方定期会晤、联合军演、情报共享和扩大军售等方面的军事合作协议。日本此举意图从军事层面助推印太战略的顺利实施，加快构建所谓“亚洲的民主安全菱形”[①]，进而与美国携手拉拢印度共同遏制中国，其具体举措与发展动向必须引起我们高度警惕和持续关注。

一、日本提出和推进印太战略的意图

2006年9月，安倍晋三第一次执政时的内阁就提出要实行“价值观外交”，即日本要加强与同样具有尊重自由、民主、人权、法治和市场经济等普世价值观的国家进行合作。2006年11月，时任外相麻生太郎又提出构建“自由与繁荣之弧”的构想，并在2007年出版的外交蓝皮书中进一步阐释，强调应重点支持从波罗的海、东欧、高加索、中东、中亚、南亚一直到东南亚等地区的民主化进程。[②]2007年8月安倍访问印度时指出，日印应当共同致力于保障从太平洋到印度洋的航行自由与安全，携手美国、澳大利亚等民主国家构建起覆盖太平洋、印度洋全域的安全合作框架。[③] 2012年底安倍时隔四年多后第二次当选首相，旋即于12月26日发表文章称印度洋

---

① Shinzo Abe. Asia's Democratic Security Diamoud. Diamoud. 2012 - 12 - 27. http：//www. project-syndicate. org/commentary/a-strategic-alliance-for-hapan-and = india-by-shinzo-abe html.

② 麻生太郎.『「自由と繁栄の弧」つくる——広がる日本外交の地平』. 外務省. https：//www. mofa. go. jp/mofaj/press/enzetsu/18/easo_ 1130. html.

③ インド国会における安倍総理大臣演説「二つの海の交わり」. 外務省. https：//www. mofa. go. jp/mofaj/press/enzetsu/19/eabe_ 0822. html.

和太平洋地区的和平、安定与航行自由密不可分，提议由美日印澳四国联合以保障从日本、夏威夷、澳大利亚到印度之间的菱形地区的安全。[①] 2013 年 2 月 22 日，安倍首次在国际场合发言中提及印太地区（the Indo-Pacific region）概念。[②] 此后日本政府开始逐渐使用印太地区概念来替代亚太地区（the Asia-Pacific region）概念。2015 年 12 月安倍访问印度期间，两国在《日印展望 2025：特殊全球战略伙伴关系》的共同声明中使用“印太地区”一词，这是印太概念首次出现在首脑级声明中。[③] 2016 年 8 月，安倍出席在肯尼亚内罗毕召开的东京—非洲发展国际会议，在开幕式演讲中首次正式提出“自由开放的印太战略”，指出日本将大力推动印度洋和太平洋、亚洲和非洲之间的交流合作，为将其发展成排除武力和威胁，注重自由、法治、市场经济的繁荣之地而发挥积极作用。[④] 自此印太战略成为 2017 年以来日本外交工作的重点。同时日本积极利用特朗普政府意图调整亚太政策的契机，不余遗力地向盟友推销其印太战略，并逐渐收到成效。纵观安倍的外交政策，无论是推行价值观外交，构建自由与繁荣之弧，还是提出亚洲的民主安全菱形，推进所谓印太战略，毋庸讳言，其真实意图都是剑指中国。

（一）应对中国的迅速崛起是日本提出印太战略的主要战略动因

近代以来，明治维新的成功使得日本成为亚洲最早完成工业化

---

① Shinzo Abe. Asia's Democratic Security Diamoud. Diamoud. http：//www. project-syndicate. org/commentary/a-strategic-alliance-for-hapan-and = india-by-shinzo-abe html. 2012 – 12 – 27.

② 安倍総理大臣演説「日本は戻ってきました」. 2013 年 2 月 22 日/米ワシントンDC、CSIS、外務省 . https：//www. mofa. go. jp/mofaj/press/enzetsu/25/abe_ us_ 0222. html.

③ 「日印ヴィジョン2025：特別戦略的グローバル・パートナーシップ—インド太平洋地域と世界の平和と繁栄のための協働」. 外務 . https：//www. mofa. go. jp/mofaj/files/000117490. pdf.

④ 「TICAD VI 開会に当たって・安倍晋三日本国総理大臣基調演説」. 外務省 . https：//www. mofa. go. jp/mofaj/afr/af2/page4_ 002268. html.

进程的资本主义发达国家。尽管二战战败使得日本的实力被大大削弱，但很快就在美国的扶持下恢复元气并高速成长为世界第二大经济强国。进入21世纪，日本谋求摆脱战后体制束缚，通过修宪和入常来实现正常国家化的大国意识空前高涨。另一方面，随着中国综合国力的迅速增强，在历史上首次经历了近20年的中日同强局面之后，日本的国内生产总值终于在2010年被中国超越并不断拉大差距，无奈彻底拱手让出了世界第二大经济体的宝座。中日力量对比的逆转，使得常常以亚洲最古老海洋民主国家自居的日本心态失衡，危机意识和民族主义情绪重新抬头，开始大力渲染“中国威胁论”。安倍构建印太战略的主要目的，就是防止美国战略收缩导致亚太地区出现权力真空，阻止中国在崛起后获得东北亚乃至亚太地区的主导权。阻止不成，退而求其次，至少也要大大延缓这一趋势的形成，以拖待变，从而为日本在亚太地区的地缘政治竞争中赢得更加有利的地位。

（二）谋求日美同盟基础上的战略自主是日本制定印太战略的政策原点

中美博弈是21世纪最大的地缘政治主题已成为国际关系学界的共识。但日本并不甘心在亚太地区的中美博弈中沦为配角。近代以来，日本在对外政策上一直奉行“与强者为伍”的军事同盟战略。1902—1921年的日英同盟曾为日本赢得日俄战争的胜利提供了有力保障。而日本之所以在二战后能够再次迅速实现经济腾飞，也与其坚持紧随美国的日美同盟战略密不可分。进入21世纪以后，随着日本新国家发展战略目标的基本确定，日本的外交政策尤其是亚太政策越来越倾向于积极主动作为，而不是单纯对美国的一味追随。究其原因，一方面是由于历史上美国在调整其外交政策时曾多次欺瞒日本，造成日本的外交被动，如 1971 年的“尼克松冲击”至今仍让日本人无法释怀。[①] 另一方面美国对日本的“正常国家化”诉求的态度十分暧昧，出于对日本实力过度膨胀的警惕并没有在入常等日本关切的核心利益上给予支持。为此，日本政府深感必须在坚持日美同盟的基础上谋求更大的战略自主，以此来增强在日美同盟中的话语权，更好地保障日本的国家利益不受损害。同时出于打破战后体制与和平宪法束缚、引导社会舆论减少修宪阻力的考虑，日本决定大打“中国牌”，极力夸大朝鲜核威胁和宣扬“中国威胁论”，于 2012 年通过钓鱼岛国有化挑起冲突，炒作中国“侵犯日本主权”，进而渲染中国已在南海威胁日本海上生命线等议题，为抗衡中国制造借口。总体上看，日本认为目前中国的崛起仍然是在美国主导的世界体系下的崛起。[②] 安倍政府把进一步巩固日美同盟，在此基础上构建更加广泛多元的“准同盟”伙伴关系作为制衡中国的主要战略选择。日本的印太战略正是在此大背景下应运而生，既是对美国遏制中国战略的看齐追随，也是借此来提升日本的国际地位，主动作为以增强同盟话语权的现实政策手段。

（三）与印度的“大国雄心”相契合是日本推进印太战略的基本条件

日本和印度一个位于太平洋，另一个位于印度洋。虽然两国相距遥远，但都有着浓厚的大国情怀，并且都是中国的近邻。在国境线和领海的划分问题上，中印和中日之间都存在一定的分歧。从地缘政治的角度看，日印之间似乎存在着某种共同利益，至少它们在

---

① 又称“越顶外交”。尼克松的关岛主义出台后，美国对外政策发生巨大转变，特别是要改善和中国的关系以共同应对苏联的威胁，而一贯追随美国奉行反华政策的日本佐藤荣作政府对此却浑然不知。1971 年基辛格访问为尼克松访华做铺垫，这一事件直到公布前的最后一刻才通知日本政府，日本人深感被美国所欺骗和抛弃。

② 朱峰．中日相互认知的现状、问题与对策．日本学刊，2018（1）：14.

地理位置上对中国形成掎角之势。从地理上看，印度位于欧亚大陆的中心地带，是南亚次大陆的最大国家，在印度洋地区占据主导地位，控制着从亚丁湾到马六甲的海上交通要道。印太地区的概念最早由印度学者提出，但直到2012年才被印度官方认可并开始广泛使用。作为仅次于中国的第二大发展中国家，印度长期以来一直把中国视作竞争对手和赶超目标，并对中国在印度洋上日益增加的海上活动保持警惕。印度版的印太战略，追根溯源是由其"东向"政策向"东进"政策演变而来的，目的是将其政治和军事影响力由印度洋延伸拓展至太平洋，是印度推行外向型海上战略，意图体现地区大国意志、实现世界大国梦想的政策工具。[①] 虽然美、日、印等国实行的"印太战略"在内涵和形式上都存在差异，但在联手遏制中国崛起这一点上似乎心照不宣地达成了共识。在此背景下，日本和印度不断加快合作交流步伐，特别是军事合作关系开始持续升温。

二、日本加强与印度军事合作的主要内容

二战结束后，日印关系发展可谓一波三折。战后初期两国关系发展良好。1965年印巴克什米尔战争爆发，印度1971年同苏联签订《印苏和平友好条约》，导致印美关系恶化。印度虽然奉行"不结盟"外交，但在外交层面近苏远美，而日本则坚定地与美国结盟。受此影响日印关系停滞，首脑互访中断了23年。1983年中曾根康弘就任首相后，把重建日印友好关系作为巩固日本在南亚的战略立足点，并于1984年5月访问印度，大大改善了日印关系。[②] 冷战结束

① 蓝鹰．谁是印太战略的主角．中国青年报，2018年6月14日。

② 王向荣．日印关系史料汇编．北京：社会科学文献出版社，2007.37.

后，日本开始积极谋求政治大国地位，印度也开始实施全方位的务实外交政策，日印高层互访不断，合作领域不断扩展，两国关系迅速升温。1998 年因印度进行核试验，日印安全对话机制一度中断，但两国关系很快回暖。2000 年日印宣布建立全球性伙伴关系。2004 年印度成为日本最大海外开发援助对象国。2006 年双方宣布建立全球战略伙伴关系。2008 年 10 月，印度总理辛格访日期间双方发表《日印安全合作联合宣言》和《日印全球战略伙伴关系进展联合宣言》，标志着日印关系从注重经贸科技合作开始向政治和军事合作领域不断深化拓展。

（一）高层互访与签订军事协定

2000 年日印开始建立全球性伙伴关系，之后日印关系呈现加速发展态势，两国高层的频频互访推动双边军事合作关系不断深化。2001 年 7 月，日本防卫厅和印度国防部官员在东京举行军事对话。双方在对话中相互交换了各自的国防政策和对安全形势的看法。印度国防部发言人称，双方在会谈中确定了两国每年将定期举行军方之间的对话，还讨论了参与对方军事演习，加强双方在灾难救援、搜索行动以及在国防和安全领域合作等事宜。[①] 同年 12 月，印度总理瓦杰帕伊访问日本，双方发表了《日印联合宣言》，提出日印应当为确保海上航线的安全而加强合作，并在反恐、裁军、防止核扩散、防务等领域举行双边安全对话。[②] 2005 年，日印签订《为强化日印全球伙伴关系的 8 项措施》条约，进一步扩大了在安保领域的对话与交流。2006 年，日本陆海空自卫队的参谋长先后访问印度，双方

---

① インド国防長官は日に軍事対話を行われる. 朝日新闻，2001 年 7 月 23 日。

② 印度国防战略发展蓝皮书，2001 年 12 月。

决定建立日印海军互访机制。同年5月印度国防部长访问日本，达成关于两国国防部长定期会晤和军舰互访的合作协议。同年12月，印度总理辛格访日，双方发表《面向“日印全球战略伙伴关系”的共同声明》，确认将在5月印度国防部长访日成果的基础上进一步加强防卫部门间的合作，海上自卫队和印度海军将于2007年进行联合训练，以及加强海上保安厅之间的交流和反恐合作。① 2007年8月，日印两国发表《日印全球战略伙伴关系新阶段路线图》，确认在保卫海上通道、打击跨国犯罪、反恐、打击海盗以及防止大规模杀伤性武器扩散等方面拥有共同利益，表示将在这些领域推进具体的安保合作，每年举行一次外长级对话，每年举行两次副外长级对话，以深化双方的合作和人员交流。② 2008年10月印度总理辛格再次访日，双方签署《日印安全合作联合宣言》和《日印全球战略伙伴关系进展联合宣言》，印度成为继美、澳之后第三个与日本签订安全合作协议的国家。2010年7月两国举行首次外交和防卫部门“2+2”副部长级会谈。同年10月印度总理辛格访日，两国商定日本海上自卫队将与印度海军在阿曼湾进行联合巡逻。

2012年12月安倍第二次执政后，高度重视对印外交，两国间首脑会谈和互访不断。2014年9月，印度总理莫迪访问日本，双方发表《日印贴别全球战略伙伴关系东京宣言》，确认将开展日本新设的国家安全保障局长和印度国安顾问间的对话，并将日印双边海上联合训练和日本参加美印“马拉巴尔”联合军演常态化。2015年12月，日本首相安倍晋三访问印度，两国发布《日印展望2025：特殊全球战略伙伴关系》共同声明，并签署《日印关于防务装备和技术

① 「日印戦略的グローバル・パートナーシップに向けた共同声明」. 外務省 . https：//www. mofa. go. jp/mofaj/area/india/visit/0612_ gps_ ks. html.

② 日印全球战略伙伴关系新阶段路线图，2007年8月。

转让的协定》和《日印关于秘密军事情报保护安全措施的协定》。[①] 2017 年 9 月，安倍晋三访印期间两国首脑又发表《面向自由开放和繁荣的印度太平洋地区》的共同声明，宣布将进一步加强日本“自由开放的印太战略”和印度“东进政策”的协调，合作内容包括扩大联合军演范围、在 2018 年进行两国陆军联合训练、加强海上安全保障、人道主义救灾、联合国维和行动与反恐方面的合作等，标志着日印两国的军事合作又取得了新的实质性进展。

（二）举行各类军事演习

联合军演作为维护军事安全和推进军事交流合作的一种有效手段，已成为衡量国家间军事合作水平的重要标志。进入 21 世纪以后，日印举行双边和多边联合军演的频次不断增加，表明两国在安全领域有着越来越多的利益共同点，军事合作需求不断扩大。

海上军事合作一直是日本强化与印度军事合作的建设重点。2000 年 10 月 2 日至 14 日，印度、日本、韩国、新加坡等国海军在南海举行了为期 12 天的“2000 年远征太平洋”的联合军事演习。[②] 同年 11 月 8 日，印度和日本两国的海岸警备队在印度东海岸港口城市马德拉斯附近的公海上首次举行了海军联合反海盗演习。[③] 2004 年 11 月，日印双方在东京进行海洋安全保障对话，在情报共享、加强军事交流、防止大规模杀伤性武器扩散等方面达成一致，同月进

① 「日印ヴィジョン2025 特別戦略的グローバル・パートナーシップ―インド太平洋地域と世界の平和と繁栄のための協働」. 外務省. https：//www. mofa. go. jp/mofaj/s_ sa/sw/in/page3_ 001508. html.

② 印度参加南海联合军演. 印度泰晤士报，2000 年 10 月 14 日。

③ 日印举行首次海军联合反海盗演习. 印度泰晤士报，2000 年 11 月 9 日。

行了“防范海盗以及海上恐怖活动”的联合军事演习。[①] 2007年4月，日本首次与美印海军在日本神奈川南部太平洋海域进行了联合演习。[②]

在各种形式的军事演习中，日本尤其重视日、美、印三边联合军事演习。2007年9月，日本首次参加在印度西海岸孟加拉湾举行的“马拉巴尔”美印海上联合军演，此后每年都会参加。[③] 2015年12月，美国和印度宣布正式邀请日本成为“马拉巴尔”联合军演的永久性参与者，将双边演习扩大为三边演习。2017年7月，日、美、印三国在孟加拉湾举行的“马拉巴尔—2017”联合军演是该项演习历史上规模最大的一次，其中美国派出了核动力航母“尼米兹”号、1艘巡洋舰、3艘驱逐舰和1艘攻击型核潜艇，印度派出了唯一的现役航母“维克拉马蒂亚”号、7艘军舰和1艘“基洛”级潜艇，日本海上自卫队派出了“出云”号直升机驱逐舰和1艘驱逐舰参加。由于三国均派出航母（或准航母）参加，引起周边国家的广泛关注。

2016年日本正式推出印太战略后，决定进一步提高与印度进行双边军事合作的层次和范围。2017年4月，日本与印度达成了陆上自卫队与印度陆军第二年进行联合演练的协议，并开始磋商举行空中联合军演的可能性。而作为准军事部队，日本海上保安厅和印度海岸警卫队之间的合作历史可一直追溯到2000年在印度首次进行的反海盗演习，此后双方每年都会举行联合演练。[④] 近三年来日印两国高频次地举行双边和多边军事演习，且演习内容不断拓展和深化，反映出彼此间军事合作的密切程度正在不断加深。

---

① 「日インドは共同演習を行われる、共同に海上テロ活動を対応する」. 读卖新闻，2014年11月6日。

② 美日印于日本邻近海域组织联合军事演习. 印度泰晤士报，2007年4月16日。

③ 马拉巴尔海上联合演习最早开始于1992年，起初只是美印两国的双边海军演习，每年轮流在太平洋和印度洋举办。日本在2007年以非永久性参与者的身份首次参加。

④ 张光新等. 日本强化与印度军事合作问题探析. 日本学刊，2018（1）：96.

（三）出口武器和开展军事技术交流

军售与军事技术转让和与国家安全高度关联，在此领域的任何蛛丝马迹都彰显着大国关系的风吹草动。① 战后日本在军售方面长期受制于“武器出口三原则”。② 20 世纪 90 年代开始，日本政府通过扩大解释不断放松管制，2005 年将与美国联合开发弹道导弹防御系统列为禁令的例外。2006 年安倍第一次内阁试图放松武器出口管制，向印尼免费提供 3 艘海上保安厅的二手巡视船。2014 年 2 月，日本政府将《政府开发援助大纲（简称 ODA 大纲）》修订后更名为《开发合作大纲》，允许受援国家使用 ODA 资金向日本采购用于救灾等“非军事目的”的装备。同年 4 月，日本内阁通过决议正式以“防卫装备转移三原则”取代“武器出口三原则”，大大放松了武器出口管制。以上举措标志着日本安保政策出现重大转折，同时表明日本政府已将对外援助的实施重点由经济领域转向安全等综合需求。随后日本政府把向印度出口先进的“US－2”水陆两栖飞机作为武器出口解禁后的重点军售项目加以推进，并表示愿意为该项目提供数千亿日元的低息 ODA 资金援助。印度方面也表示有购买日本“苍龙”级潜艇的意向。

军事技术交流和信息共享方面，2006 年 5 月印度国防部长访日期间，双方发表了一份促进防卫部门合作的共同声明书，希望两国能在反恐情报方面有更多合作与交流，并利用日方的资金技术帮助印军开展安全研究和网络技术等的研发。③ 2015 年 12 月两国签署

---

① 蓝鹰．谁是“印太”战略的主角．中国青年报，2018 年 6 月 14 日第 11 版。

② 日本 1967 年 4 月针对武器出口问题制定的三项基本原则，即不得向共产主义阵营国家出售武器，不得向联合国禁止的国家出售武器，不得向发生国际争端的当事国或者可能要发生国际争端的当事国出售武器。

③ 关于加强日印防务合作的声明，2006 年 5 月 26 日。

《日印关于防务装备和技术转让的协定》和《日印关于秘密军事情报保护安全措施的协定》①，标志着日印两国的军事合作又取得了新的实质性进展。

三、日本加强与印度军事合作的影响与对策思考

进入21世纪以后，日印军事合作驶入快车道。随着日本进一步提出印太战略，加之美国对此逐渐表示认同和呼应，日印军事合作的力度也骤然加速，其范围之广和强度之大前所未有，对地区安全局势的影响也在逐渐增大，其发展动向已经引起我国以及周边国家的高度关注。

（一）日印加强军事合作将强化日本的海外军事存在

近年来日本的海上战略发生了质变，由“近海歼敌”调整为“远洋防御”，再由“远洋防御”调整为带有进攻色彩的“远洋攻防”战略。日本计划增加建造准航母和大型两栖登陆舰的建造数量，进一步增强远洋作战和登陆作战能力，意图使日本海上自卫队的总体作战实力在亚洲地区位居前列。日本在不断推进海上自卫队武器装备现代化的同时，设想的作战范围也在不断扩大，这意味着海上自卫队作战范围已不再是保卫本国领土和近海，而是不断将其军事行动范围扩大到更广阔的海域。而加强与印度的军事合作，可以为其将海上力量从西太平洋扩张至印度洋乃至更远海域创造条件。

---

① 「日印ヴィジョン2025　特別戦略的グローバル・パートナーシップ—インド太平洋地域と世界の平和と繁栄のための協働」. 外務省. https://www.mofa.go.jp/mofaj/s_sa/sw/in/page3_001508.html.

“9·11”事件后，日本为支援美国在阿富汗的反恐战争，要求印度提供西南部港口科钦给海上自卫队进行换防交接。2005 年底，日本进一步提出允许印度在参与亚太地区联合军演时使用日本海上自卫队和海保厅基地，并考虑把这些基地作为日、美、印三边联合演习的基地。作为回报，日本希望印度提供类似基地供海上自卫队和海保厅使用，以便海上自卫队可以在太平洋以外找到战略支点。① 2006 年初，日本借共同反恐以及愿意帮助印度进入“核供应国集团”的名义，取得了印度允许海上自卫队使用其军事基地的承诺。2009 年起，日本开始向亚丁湾定期派遣护航编队，途中同样选择科钦港进行补给休整，并经常与印度海军开展联合训练。同年 5 月，印度又向日本海上自卫队开放了果阿港。日本的上述一系列举措，很明显是想以强化日印军事合作为契机，谋求在印度洋建立战略据点，以增强其远洋作战能力，将日本的军事影响力扩展到整个印度洋—太平洋地区，为日本海上自卫队进一步走向“深蓝”奠定基础。

（二）日印加强军事合作将加剧地区局势紧张

日本和印度同为亚太地区的重要国家，其军事合作的不断强化自然会引起域内国家的关注和警惕。2016 年以后，随着日本与印度军事合作领域从海上安全向陆海空全面合作扩展，合作层次从单纯双边和多边联合军演向军事技术转让、武器出口和情报共享等更高层面提升，引起与印度关系紧张的巴基斯坦等国和二战中遭受过日本侵略的东南亚国家的警惕和反弹。从波斯湾经印度洋直到南海的航线，不仅仅是日本的海上生命线，对中国也同样至关重要。日本强化与印度军事合作试图制衡中国，必然会遭到中国的反制。日印

① 高新涛. 日印近期强化战略合作的深层背景与影响. 东北亚论坛，2011（2）：83—84.

不顾后果加强军事合作，不仅会加剧地区局势紧张，加深各国间的矛盾，进而会引发新一轮大规模地区军备竞赛，损害亚太地区的繁荣稳定。随着日中实力对比的此消彼长，加之中国的发展势头远远优于日本，从长远看日本受制于自身实力限制，其印太战略的实施必将困难重重。

（三）日印加强军事合作对中国的威胁

毋庸讳言，近年来中国综合国力和军事实力的高速增长，是日印两国加强军事合作的最大外部推动力。安倍之所以绞尽脑汁推出所谓“自由开放的印太战略”，其目的无非是要在美国“亚太再平衡”政策和印度“东进”政策之间找到一个三国共同的利益切入点，试图在军事层面对中国形成围堵之势。

日印加强军事合作，在很大程度上是为了响应美国的“亚太再平衡”战略，意在削弱中国的地缘政治影响力，使中国的战略空间受到挤压。美国的亚太战略之一，便是力图建立从日本至台湾、台湾至印度的对华包围圈，威胁中国的海上生命线。一旦包围圈真正形成，中国便面临来自东部、西南两面海陆两线的压力，安全环境恶化。中国与日本的“海上生命线”基本重合，80%的石油运输必须经过马六甲海峡以及印度洋，这些都在印度海军的活动范围之内。近年来，日本在印度洋动作明显，目的是要实现日印海上安全合作常态化和机制化，为进一步构建美、日、印三边或美、日、印、澳四方军事合作奠定基础，同时借机扩大自己在印度洋地区的影响。此外，日本还尝试通过拉拢东盟中与中国有岛屿主权争端的国家，共同削弱中国在东南亚地区的影响力，防止中国成为亚洲地区的支配性强国。随着美、日、印三边合作力度的加大以及美、日在南亚、东南亚海域的势力继续扩张，就有可能危及中国的能源安全，使得中国所面临的安全形势更加严峻复杂。

（四）对策思考

日本不遗余力地强化与印度军事合作，是为了加紧推进其印太战略。2016 年底美国特朗普政权上台后，积极推行反全球化和“美国优先”政策，其对外政策尤其是亚太政策出现很强的不确定性。随着中国在亚太地区影响力的日益增强，日本十分忧虑日美同盟的地位和作用或将受到削弱。为此，安倍在特朗普刚刚当选总统后即打破常规，亲自赴美与其会谈。在特朗普正式就任总统后，安倍又连续多次与特朗普会晤，试图摸清其政策底牌，以抵御可能出现的“特朗普冲击”，却收效甚微。在了解到特朗普政权虽然意图遏制中国，却不愿意付出过高成本的打算后，为防止美国从亚太地区实行战略收缩，安倍利用特朗普打算在外交政策上“去奥巴马化”的契机，处心积虑大力游说美国采纳日本版的“印太战略”来取代奥巴马政府时期的“亚太再平衡”战略，同时拉拢同样发展迅速的印度共同遏制中国。虽然一度得到印度的积极响应，实施效果却乏善可陈。而美国方面虽然名义上给予认可，却只是“雷声大雨点小”，并未认真投入。

从战略上看，美、日、印对印太战略的牌面下的解读更是各怀心思。华盛顿对于印太战略的实施有两个长远的目标，一是要促成中印这两个 10 亿人口以上新兴大国的长期战略消耗；二是为应对必将到来的印度崛起未雨绸缪，将美国加强对印度洋的控制提前变为现实，防止印度成为新的挑战。① 日本谋求的更多是地缘政治利益，短期目标是摆脱战后体制，实现修宪、扩军、自卫队合法走向海外

① 社评：印太战略，想既埋中国又埋印度的坑．环球时报，2008 年 5 月 31 日。

的“正常国家化”，长期目标则是成为联合国常任理事国，实现从经济大国向政治大国、军事大国的转变，进而在美国支持下与中国竞争亚太地区领导权。对于印度而言，虽然也有立足长远、在同中国的竞争中借助美日力量谋求有利地位的打算，但短期内对经济利益的现实需求远大于政治和军事利益。

具体到日印关系，日本在拉拢印度联合美国共同遏制中国崛起的同时，也在防备和应对印度的快速发展。一个彻底控制了印度洋地区的独立自主的强大的印度，同样会对日本的海上运输线造成威胁。印度作为体量和规模仅次于中国的新兴发展中大国，一向奉行不结盟的独立自主外交政策，这一点与中国有相似之处。而且印度历史上曾经长期沦为英国的殖民地，独立后一直对域外大国插手地区事务保持高度警惕，不会心甘情愿被人利用。再从经济上看，2016年中印贸易额是日印贸易额的5倍之多，日印、中印、中日之间贸易体量比是1∶5∶21的关系。[①] 即使是日本，也不能承受与中国公开对抗导致的经济之殇。印度作为中国的近邻，虽然与中国有着边境划分争议，视中国为竞争对手和赶超目标，但出于现实利益考虑并不愿意过度得罪中国。这也是2017年6月中印在洞朗地区发生军事对峙事件后，最终通过谈判得以和平解决的根本原因。

总体来看，日印加强军事合作是日印两国共同推进“印太战略”的重要举措，加剧了亚太地区的局势紧张，也对中国的周边安全环境造成了一定的负面影响，必须引起我高度警惕和持续关注。同时也应该看到，日印军事合作关系近几年发展很快，但受到多方面综合因素制约，还远远未达到军事同盟级别，甚至连“准军事同盟”都称不上。中国应积极贯彻“总体国家安全观”，把构建中美新型大国关系作为外交政策的基石，针对日本和印度加强军事合作的不同

① 葛建华．试析日本的“印太战略”．日本学刊，2018（1）：88.

动因分别施策。由于日本在今后较长时期内无法摆脱在外交上的对美从属地位，只要保持战略定力首先处理好中美关系，中日关系就不会差到哪里去。对待印度则要谋求战略主动，利用同为金砖国家和上海合作组织成员的平台优势，与印度携手联合亚太地区各国共同推进“一带一路”倡议，积极实现政治、经济和地区安全方面的互利多赢。

2018 年 4 月，习近平主席与印度总理莫迪在中国武汉举行了为期 2 天的非正式会谈，就中印关系和两国共同关心的重大国际问题充分交换了意见。6 月 1 日，莫迪总理参加新加坡香格里拉对话并作主旨演讲时表示：“印度不希望印太成为个别国家的联盟，也不希望被小集团掌控，印太地区应该是积极和多元的，开放的和自由的。”表明印度将在印太战略的推进中保持独立性和自主性的态度。[①] 与此同时，在 6 月 7 日至 16 日于关岛海域举行的“马拉巴尔—2018”年度联合军演中，印度大大削减了参演兵力的数量规模，只派出了 2 艘护卫舰和 1 艘补给舰参加，并且拒绝了美日提出的将澳大利亚纳入参演国家的要求。6 月 9 日至 10 日，莫迪总理赴中国出席上海合作组织青岛峰会，标志着中印关系重回健康发展的轨道。此时距离洞朗事件发生和最终和平解决还不满一年。

从宏观格局上看，随着中国综合国力和国防实力的稳步快速提升，美、日、印的这些所谓合纵连横难以对中国构成实质性威胁。中国强劲的发展态势对印度的吸引力甚至比日本更高一筹，完全可以通过科学谋划和积极应对来防范、化解和对冲日印加强军事合作带来的消极影响。

---

① 蓝鹰．谁是“印太”战略的主角．中国青年报，2018 年 6 月 14 日第 11 版。

参考文献

［1］孙成岗．冷战后日本国家安全战略研究．北京：解放军出版社，2008.

［2］朱翠萍．印度洋与中国．北京：社会科学文献出版社，2014.

［3］王志坚．战后日本军事战略研究．北京：时事出版社，2014.

［4］胡健．“一带一路”战略构想及其实践研究．北京：时事出版社，2016.

［5］［印］苏库马尔·莫拉里塔兰．印度与新世界：对融入世界新模式的认识．北京：社会科学文献出版社，2014.

［6］［日］NHK 特别取材组．NHK 眼中的印度．北京：中国友谊出版公司，2012.

（作者系解放军国防科技大学国际关系学院副教授）

简析日本近五年在东南亚地区的战略渗透

曹　宇

【摘　要】 2012 年以来，日本从政治、经济、文化和安全防务领域入手，加大在东南亚地区的战略渗透，其目的主要是为了配合美国的“亚太再平衡战略”，与中国在东南亚地区展开激烈的地缘竞争，巩固日本在东南亚地区的影响力和话语权，并遏制中国在东南亚地区不断增强的的辐射力。

【关键词】 日本　东南亚地　战略渗透

近年来，特别是 2012 年 12 月安倍晋三第二次当选首相后，日本动作频频，主动加强与东南亚国家的关系，从政治、经济、文化和安全防务领域入手，加大在东南亚地区的战略渗透，其目的主要是为了配合美国的“亚太再平衡”战略，与中国在东南亚地区展开激烈的地缘竞争，巩固日本在东南亚地区经济、政治、安全领域的地位，并遏制中国在东南亚地区不断增强的的影响力。可以说，哪里有中国企业的投资，哪里随即就会出现日本企业的身影；哪里有中国声音，日本也要在哪里拿腔拿调。

一、日本对东南亚“情有独钟”

早在第二次世界大战期间，日本就对东南亚“情有独钟”。1941年12月7日，也就是偷袭珍珠港当天，日本就打着“从白人殖民者手中解放亚洲人”的旗号，对东南亚发动全面攻势，先后侵占菲律宾、印度尼西亚、越南、缅甸等国家。其真实目的主要是为了攫取印尼的石油、马来半岛的橡胶等东南亚地区重要战略物资，摆脱美国封锁，为进一步扩大侵略战争做好资源储备，彻底扫荡欧美等国在东南亚的势力，扩大日本的殖民地，建设“永固的前进基地”，进而觊觎印度、澳大利亚等国。

二战后，以美国为首的西方国家为了遏制以苏联和中国为首的共产主义阵营，与日本签订了“旧金山和约”。“旧金山和约”规定了日本应承担战争赔偿责任，但从结果看，赔偿的最终目的服务于美国在亚洲的冷战政策。1952年10月，日本外相冈崎胜男在首次外交演说声称：“赔偿应该作为政治问题来解决”。而首相吉田茂则设想：“不仅以东南亚取代战前作为日本资源供应地和最重要市场的中国，而且还要构筑从日本经台湾、菲律宾、新加坡直至印尼的反共防波堤。”这反映出日本政府以赔偿为手段，为战后东南亚政策服务，为其经济快速恢复与发展奠定政治基础。在这种大背景下，吉田茂内阁提出所谓的“亚洲马歇尔计划”，主张通过援助拉拢东南亚各国，遏制共产主义渗透，并称日本应发挥“重要作用”。之后，日本相继与缅甸（1954年）、菲律宾（1956年）、印尼（1958年）、南越（1959年）等国签署了和平条约及赔偿协定。在这一过程中，东南亚地区也为日本经济的发展提供了资源和能源支撑。据统计，20世纪50—60年代，日本进口天然橡胶和白锡几乎全部依赖于东南亚各国，铁矾土约有30%来自印尼、马来西亚和泰国，石油约17%来自印尼、马来西亚。1957年岸信介内阁在《外交蓝皮书》中提出，日本要坚持“亚洲一员”的外交原则，加强同东南亚各国的经济与政治合作，要利用日本的技术和工业力量帮助东南亚发展经济，扩大日本的市场并同东南亚各国形成政治上的紧密结合，“这个方向就是今后日本外交前进的标的”。1966年，日本在战后召开的第一次国际会议就是“东南亚开发部长级会议”，日方在会上表示每年将拿出GDP的1%援助东南亚。从这个标志性事件算起，日本在东南亚的战略渗透已历经50多年。从20世纪90年代起，日本对东南亚的战略开始转向政治和安全领域，主要围绕东盟地区论坛和安保对话机制，核心则是与逐步强大起来的中国争夺东南亚话语权。日本前首相小泉纯一郎提出建立包括东南亚在内的“自由与繁荣之弧”。安倍晋三上台后，则利用东南亚一些国家在南海等问题和中国发生争端的机会，加大对该地区的战略渗透，一方面配合了美国的对华遏制政策，一方面也抢夺在该地区的话语权和影响力，试图和中国争夺“亚洲老大”的地位。

二、日本战略渗透的四大领域

近5年，日本主要从4个方面加大在东南亚的战略渗透，即政治领域、经济领域、文化领域和安全防务领域。前三个方面的战略渗透早有布局，新的动向就是日本加大了安全防务方面的力度，值得我们关注和警惕。

（一）政治领域中的战略渗透

安倍晋三上台以来，日本政府内保守派势力大增，右翼色彩较为浓厚，表现在外交方面，就是“强化日美同盟、遏制中国影响”。为此，日本动员一切政治资源，努力建构针对中国的立体包围网，最初设想是“两点共同发力、东北亚优先”，即在东北亚和东南亚加大政治影响力，牵制围堵中国，优先在东北亚。但由于日韩关系因为“慰安妇”问题和历史教科书问题并未得到实质性改善，朝鲜又频频进行核武器和导弹实验，给这个地区增添了许多未知的危险因素。安倍政府决定调整战略方向，进一步密切和东南亚国家的政治联系，加大对东南亚国家的外交资源投放力度。2015 年 9 月安倍邀请越共中央总书记阮富仲访日，确认强化两国在安全和经济领域的合作，并在会谈后发表联合声明，对中国在南海地区的大规模填海造岛表示“严重关切”；2015 年 11 月安倍又和印尼下议院议长塞蒂亚会面，表示“希望日本与印尼和东盟用同一个声音说话”，呼吁与印尼加强合作；2016 年 5 月，日本外相岸田文雄出访缅甸、老挝、越南等国，强调日本作为援助经济增长和民主化的合作伙伴的姿态，以显示与中国大规模援助的不同；2017 年 1 月，安倍晋三访问印尼、菲律宾和越南，在一系列会谈中，他反复强调“为确保地区和平与繁荣，美国的参与不可或缺，日本愿意与相关国家加强安全保障领域的合作”；2017 年 6 月，安倍晋三与到访的越南总理阮春福举行会谈，并发表联合声明，称“两国关系的发展体现为所有领域强力、全面、实质性的发展”；2017 年 10 月，安倍晋三与菲律宾总统杜特尔特进行第四次会晤，在联合声明中，安倍强调“两国都是海洋国家，有着共同的基本价值观和战略利益。两国将致力解决共同关心的问题，包括一个自由和公开的印度洋—太平洋地区”。

（二）经济领域中的战略渗透

日本在2008年前一直是东盟最大贸易伙伴国，中国为东盟的第三大贸易伙伴，2011年中国超过日本成为东盟最大的贸易伙伴国。与此同时，中国与东盟的合作也在逐步深化。近5年，中国出资修建了东南亚国家的道路、桥梁、水电站等大量基础设施，并将修建高速铁路网和石油管道等，众多中国企业也开始大量投资东南亚国家。为与中国竞争，从2013年开始，日本更加积极地在东南亚地区实施“金元外交”，全力拉近与东盟的关系。日本不断扩大与印尼和菲律宾之间的双边协议，并重启与马来西亚、新加坡以及泰国的协议。2015年7月，日本承诺向“湄公河五国”（柬埔寨、老挝、缅甸、泰国和越南）提供约60亿美元的经济援助；加速推销日本新干线，推出1100亿美元亚洲基础设施建设计划；与企业投资同时增加的还有ODA（日本政府开发援助），这些援助主要用在基础设施建设上，据统计，印尼61.5%的水力发电量、菲律宾51%的道路，柬埔寨73%的港口和海港都是依靠ODA修建的。另外，日本政府早在2011年11月就在第14次日本—东盟领导人会议上承诺出资约2万亿日元，投入东盟基础设施建设、打造“海上走廊”，实现区域互通有无。这一“海上走廊”全称为“东盟海洋经济走廊构想”，指日本以马来西亚、新加坡、缅甸、越南、印尼、文莱和菲律宾等国的主要沿海城市为对象，援助当地建设港口，开发产业，开拓能源通道，近年来，日本正在东盟各国全力推动这一战略。2016年，日本与印尼就利用日元贷款建设印尼巴丁班港达成基本共识。项目共耗资2000亿日元（约合115亿元人民币）。这座新港位于首都雅加达以东约150千米，计划在2019年开港，届时将成为印尼最大港口，这也是日本在海外建设的最大规模的港口；缅甸占地约2500公顷的迪洛瓦港湾经济特区的港口建设资金也主要由日元贷款承担。除港口外，日本还在配套产业发展、道路网规划、输电网建设方面与东南亚国家展开合作。

（三）文化领域中的战略渗透

二战时期，日本在东南亚有一段不光彩的历史，越南、缅甸、马来西亚、柬埔寨、老挝、泰国、菲律宾等国均是日本侵略战争的受害国。但如今，东南亚各国，尤其是年轻人对日本普遍抱有好感，这和日本长期以来在文化领域方面的战略渗透有着密切关系，日本特别注重对东南亚进行文化宣传和软实力输出。在东南亚许多国家，日本公司开设的培训机构不仅免费教授日语，还组织当地人赴日本研修，让其亲身感受日本在经济、文化方面的发展成就，扩大日本的影响。新加坡开设了东南亚国家中首个日本创造中心，该中心被称为日本软实力计划的一部分。日本拟通过其流行文化、传统艺术及手工艺扩大在该地区的影响力和吸引力。每年在新加坡和印尼雅加达举办的动漫节已经成为日本境外规模最大的动漫节。2016 年，根据日本政府支持的推广日本高品质产品和生活方式趋势的“酷日本”计划，“三越伊势丹”在吉隆坡开设一家新的旗舰店。除此之外，日本的软实力潜力还朝着与东南亚国家解决共同挑战的方向发展，自 2014 年以来，东盟与日本每年举行应对老龄化地区会议，新加坡卫生部长颜金勇亲自访问日本，借鉴日本应对老龄化社会的经验。根据日本—东盟卫生计划，日本在 5 年时间里帮助培训 8000 人，以推动健康生活方式和疾病预防。随着东南亚国家的城市化发展，日本还积极参与该地区国家城市化问题的应对课题，如东京都水道局与曼谷签署合同，帮助维护后者的水供应系统，尤其是探测和修复泄露问题。日本国际协力事业团还为大马尼拉地铁项目提供方案和帮助，以缓解当地交通拥堵情况。

（四）安全防务领域中的战略渗透

上述三个领域的战略渗透，日本早有布局，数十年以来一直精心经营，近5年日本又加重了安全防务领域中战略渗透的力度，这可以说这是日本从幕后跳到幕前，从间接影响到直接参与的一种表现形式。

日本在该领域的战略渗透主要通过两种方式进行。

1. 出售、租借武器装备

二战后，日本形成了以《和平宪法》为核心的国防体制，并以此制定了“武器出口三原则”，即“不向共产主义阵营国家出售武器”“不向联合国禁止的国家出口武器”“不向发生国际争端的当事国或者可能要发生国际争端的当事国出售武器”，这构成了日本限制性防卫策略的核心支柱，也是日本树立“和平”形象的招牌。但近年来，日本的战略观念发生重大转变，寻求成为“正常国家”的野心逐渐膨胀。自2012年以来，日本逐步放开了对武器出口的限制。2014年4月，日本内阁会议决定用“防卫装备转移三原则”取代延续多年的“武器出口三原则”；2014年9月，日本防卫省专门向正在日本访问的9个东盟成员国的24名外交和防卫部门负责人，举办了一场武器装备展示会，并讨论了日本向东盟成员国出口武器装备事宜；2017年5月，日本参议院通过修改后的《自卫队法》，允许自卫队将二手装备免费或低价转让给他国；同月，日本将5架退役的海上自卫队TC－90海上侦察机租赁给菲海军，将其1艘退役的大型巡逻船交予马来西亚，而且在交付之前还主动翻新了船上的雷达设备；2017年6月，日本在东京举办亚洲航海航空系统与技术展，为向东南亚国家兜售武器，日本防务产业在本次防务展览上增加了产品展示，三菱重工、川崎重工与新明和工业株式会社等至少16家企业推出独立展台，展示新型导弹驱逐舰、两栖登陆舰等设计模型，以及激光雷达监测系统的现场演示，会展后专门召集菲律宾、越南、泰国、马来西亚等东南亚国家防卫官参加会晤，再次渲染南海紧张局势，推销日本海上武器装备；8月，日本自卫队向菲律宾无偿提供4万件直升机零部件，以保持菲律宾军方的空中能力。这是日本首个装备无偿转让项目。

2. 推动军事交流和合作

日本还积极通过军舰访问、联合军演等方式，不断推动与东南亚国家的军事交流与合作。在这方面的工作，日本是有步骤、有重点，有计划逐年展开的。2015年5月，日本与菲律宾在南海举行联合海军演习；2015年11月，日本前防卫大臣中谷元访问越南，就加强在联合国维和行动领域进行合作和加强援助以提高越南军队战斗力达成协议；日本和菲律宾海岸警卫舰船于2015年在菲律宾举行联合反海盗演习，这是战后日本首次参与此类联合演习；2016年4月，日本海上自卫队“伊势”号大型护卫舰停靠菲律宾苏比克湾，日本“亲潮”级潜艇以及“有明”号和“濑户雾”号护卫舰抵达苏比克湾进行训练演习，这是日本海上自卫队潜艇15年来首次在当地出现；2016年6月，日本二战后最大的海军舰艇“出云”号在东南亚高调游弋，包括停靠新加坡和其他地区港口，然后参加在印度洋举行的“马拉巴尔”海军演习；2016年11月，日本和东盟在老挝签署防卫合作协议“万象愿景”，首次正式规定了日本当前和今后与东盟防务合作的原则和重点。此外，日本早先与菲律宾签署《防卫装备及技术转让协定》，这是日本首次与东南亚国家签署此类协议；最近，日本海军还打算无偿向马来西亚提供二手P－3C反潜机。

在东南亚各国，军方历来拥有很大政治和社会影响力。日本出于外交战略和安保战略的长远考虑，将东南亚各国的军界作为“亲日派”人脉培养重点。防卫大学是培养自卫队干部的最主要学府，其非常重视招收外国军方的留学生，而来自东南亚国家的留学生更是重中之重。仅在泰国，毕业于日本防卫大学的留学生已近200人，相当一部分人已跻身军方领导层。

参考文献

［1］罗伯特·A·斯卡拉皮．亚洲的未来．北京：国际文化出版公司，1990年．
［2］郑毅．铁腕首相吉田茂．北京：世界知识出版社，2001年．
［3］市村真一．日本和东南亚．南洋资料译丛，1981（4）．
［4］张景全．日本的东北亚与东南亚战略初探．日本问题研究，2003（3）．
［5］铃木佑司．东南亚和日本外交的进程．东南亚研究资料，1981（4）．
［6］朴光姬．日本的能源．北京：经济科学出版社，2008.

（作者系解放军国防科技大学国际关系学院副教授）

浅析和平解决东南亚海洋争端的主要挑战及其应对

胡二杰

【摘　要】本文从国家、地区和域外三个层面分析了和平解决东南亚海洋争端的主要挑战因素，即：东南亚国家在海洋争端中的强硬态度和多重诉求；东南亚地区的民族主义、逆裁军化与区域制度瓶颈；域外大国对东南亚海洋争端的介入和干涉。然后从解决与我国相关的南海争端出发提出了相关对策思考。

【关键词】东南亚　海洋争端　南海　挑战　对策思考

新世纪以来，东南亚地区是全球海洋争端最频发的地区之一，时常引发局势紧张却缺乏解决良策。有些争端是东南亚国家之间，有些争端则是东南亚国家与域外大国之间，近年来尤以涉及中国的南海争端最为引人瞩目。由于这些争端本身的错综复杂和国际情势的风云变幻，它们的和平解决进程往往曲折艰难，需要面对诸多棘手挑战。可以将这些挑战因素大致归纳为国家、地区和域外三个层面，它们在当前的南海争端中都有比较明显的表现，需要我们深入研究并积极应对。

一、东南亚国家在海洋争端中的强硬态度和多重诉求

相比于趋于缓和的东南亚陆上争端，冷战后东南亚海洋争端有愈演愈烈之势，且争端方往往秉持比较强硬的态度。究其原因，除了争端方的安全与经济追求外，海洋争端还具有明显的“外溢”效应，与东南亚国家的国内政治发展和建设海洋强国等多重诉求密切相关，变得更为复杂难解。

（一）东南亚海洋争端的凸显

在后冷战时期的东南亚地区，较之一般意义的领土争端，海洋争端变得更为突出。东南亚学者 J·N·马克曾对东南亚国家在陆上与海洋争端中的行为方式进行比较，得出的结论是：在涉及边界争端等陆地安全的问题上，东盟国家一般都能够遵守东盟组织的相关规范，但是在包括南海在内的海洋争端上，这些规范却屡屡被违反，导致彼此间关系经常出现紧张，海上合作难以实现。在 J·N·马克看来，东南亚地区的海洋争端仍处于“自然状态”，国家间缺乏共识与合作。①

在持续难解的东南亚海洋争端背后，是东南亚国家对安全和经济利益的强烈追求。首先，东南亚海域具有非同一般的地缘战略意义。该地区紧扼太平洋与印度洋之间的交通要道，处于亚洲大陆和大洋洲之间的“十字路口”，拥有马六甲海峡、南海等诸多海上战略

---

① J. N. Mark, “Sovereignty in ASEAN and the Problem of Maritime Cooperation in the South China Sea”, S Rajaratnam School of International Studies, Nanyang Technological University, Singapore, 23 April 2008.

要道。地区国家也因此争夺动力倍增，在海洋争端中立场坚定，力求国家安全利益最大化。其次，在东南亚海洋争端激化的背后，争夺能源与资源的经济诉求是重要动因。东南亚海域具有丰富的资源储藏，该地区的南海争端、泰国湾划界之争、苏拉威西海域争端都有深刻的资源争夺烙印。

（二）东南亚海洋争端的“外溢”

东南亚海洋争端已远非单纯的领土得失之争，而是产生明显的“外溢”效应，与争端当事国的国内政治发展密切相关，相互作用，变得更为复杂难解。

第一，争端当事国的执政者有时会主动挑起与别国的海洋争端议题，以此转移国内视线，煽动民族情绪，巩固统治地位。海洋争端之所以成为执政者偏爱的议题，主要因为它容易激发民众的国家意识与民族认同，也有利于政府提高国内动员能力。在主动炒作海洋争端议题上，菲律宾的阿基诺三世政府表现非常显著。从2010年上台至2016年卸任，执政成绩平平的阿基诺三世政府从未停止搅局南海，挑衅中国，炒作南海问题成为其应对国内难题的重要抓手。

第二，争端当事国的政治反对派可能炒作海洋争端，作为反政府的斗争手段之一，通过抨击执政者的软弱来争取民众好感与支持。由于海洋争端议题一般具有较强的新闻发酵效应，很容易被一些政治势力蓄意炒作，成为其实现个人或小集团特定政治目的的工具。[①]譬如，2005年印尼和马来两国围绕苏拉威西海域争端所进行的军事对峙，就具有印尼国内政治斗争的深厚背景。印尼反对党和伊斯兰极端势力频频指责政府，并通过组织示威游行向政府施压。

---

① 杨勉．当代世界与领土争端升级激化的原因分析．世界地理研究，2009（1）：16.

第三，在海洋争端演变为危机时，出于赢得民众支持和维护执政地位的考虑，执政者往往倾向于表现强硬姿态。在一些东南亚国家，政府决策受到草根政治、舆论媒体和利益集团的深刻影响。民众和媒体对海洋争端议题高度关注，很难容忍执政者在处理此类问题上的妥协甚或是温和态度，即便有时妥协是必要而理性的选择。譬如，在2014年“中建南”事件爆发后，越南官方不仅立即做出强硬表态，还煽动、纵容乃至暗中支持民众的反华示威游行。直至示威游行发展为大规模反华骚乱，甚至向反政府方向演变，越南政府才踩下急刹车，并着手修补和中国的关系。

（三）东南亚部分国家强烈的海洋强国诉求

冷战结束后，东南亚沿海国家把更多目光投向国家海洋利益和海洋安全。越南、菲律宾、马来西亚、印尼等国均提出了建设海洋强国的战略目标，力求通过强力的海洋战略与相关措施来实现国家地位的整体提升。在海洋强国梦想的指引下，东南亚沿海国家纷纷加强了对海洋权益的维护和对争议海域的声索，相关海洋争端的解决难度进一步加大。

越南对海洋的认识和重视始于1975年国家统一后。越共“六大”“七大”“八大”“九大”均在国家战略中提出发展海洋事业的任务和方向。进入新世纪后，越南经济发展势头强劲，进一步刺激其海上扩张的雄心。2007年1月，越共十届四中全会讨论并通过“至2020年海洋战略”，实施海洋强国的战略目标更加明确。在实践中，越南强力推进海洋强国战略，从维护海洋“主权”出发，经济开发与安全保障并重，邀请外国进行联合油气勘探开采，大力发展海洋经济，加强海上力量建设，逐步向深海和远洋进军。①

菲律宾的海洋强国梦想由来已久。在冷战时期，由于军力孱弱，菲律宾主要依靠美国军事庇护来维护本国海洋安全。20世纪八九十年代，菲律宾开始加速海洋能源开发，促进海洋产业发展。1994年，菲律宾制定国家海洋政策，强调本国的群岛国地位，并从这一国情出发推进海洋战略。近年来，菲律宾不仅加强海洋管理协调机制建设，还积极向美日等国采购先进舰船，加强海上防卫能力建设。由于自身国力有限，菲律宾寻求与大国合作，试图在域外大国的支持下实现海洋强国梦想。

马来西亚是东南亚国家中最早开发海洋油气资源的国家，更在进入新世纪后提出了宏大的海洋战略构想。2010年，马来西亚出台“国家海洋政策（2011—2020）”，采取了加强政策管理、发展海洋经济、建设海上力量等多种举措，力求深入挖掘海洋潜能，利用海洋提高综合国力。

印尼作为群岛国，海洋开发一直被视为国家发展的重要领域。印尼总统佐科2014年上任后，公开宣称印尼要做海洋大国，成为太平洋和印度洋间的“世界海洋轴心”。② 近年来，印尼相继成立海岸警卫队和海洋安全署，大力强化海上防卫能力建设和经济资源开发。

除了上述国家外，新加坡、泰国等国也在积极加强海上力量建设，力求在海洋争端中保持足够的海上威慑力量。在东南亚国家中，只有文莱、柬埔寨、东帝汶和老挝等国，由于国力和地理因素，海上力量规模较小，尚无明确的海洋战略。

---

① 李双建．主要沿海国家的海洋战略研究．北京：海洋出版社，2014. 221—224.

② 帕拉梅瓦朗：佐科如何实现海洋大国雄心．参见联合早报网：http：//www. zaobao. com/forum/views/opinion/story20150309-454776，2015年3月9日。

二、东南亚地区的民族主义、逆裁军化与区域制度瓶颈

在当今经济全球化的大潮下，东南亚地区的民族主义力量似乎不仅没有削弱，反有强化之势。与之相伴，不少东南亚国家虽在冷战后实现了经济迅速增长，却将国民财富的相当部分用来加强防务，逆裁军和海空军备竞赛在东南亚地区蔚然成风。此外，东盟区域制度建设始终无法突破成员国国家主权的瓶颈，因而也难以在解决地区海洋争端方面真正有所作为。

（一）东南亚地区的民族主义

东南亚是全球典型的多文化多民族地区。由于历史记忆的长期积淀和现实政治的不尽人如意，当代东南亚族际关系中存在复杂的两面性以及政治、经济发展的不平衡。两者的相互交织和共同作用，使得东南亚成为当今世界民族主义思潮最为强劲的地区之一。有学者将冷战后的东南亚民族主义称之为“新民族主义”。[①] 新民族主义的主要诉求是维护国家领土，但相应的民族主义运动却发挥了意想不到的收效，即重新凝聚因冷战意识形态而分裂的国内族群。由于针对外国的民族主义具有凝聚国内民心的功效，一些东南亚国家执政者采取了纵容默许甚至引导操纵的态度，进一步助长了民族主义的蔓延。新民族主义的兴起给东南亚地区的和平与合作带来了严重风险。

---

① Tuong Vu, “Southeast Asia’s New Nationalism: Causes and Significance”, TRaNS: Trans-Regional and -National Studies of Southeast Asia, Volume 1, Issue 02, July 2013, pp. 259 – 279.

近年来，东南亚各国的民族主义普遍高涨，争夺领土和海洋权益控制权成为地区各国政府对外捍卫民族尊严、对内增强凝聚力的重要手段。东南亚国家绝大多数属于发展中国家，主权意识非常强烈，而领土被视为主权的最根本体现。这种对领土主权的高度关切使得海洋争端的解决变得非常困难。在2014年5月越南围绕南海问题的反华事件中，民族主义甚至发展到民粹主义的境地，最终升级为反华骚乱和暴力打砸事件。东南亚的民族主义力量对地区海洋争端的解决增添了不少变数。尤其是类似于越南反华骚乱这样的恶性事件，使得政府的理性决策承受更多的民粹主义舆论压力，以外交方式和平解决争端的难度增大。

（二）东南亚地区的逆裁军化

冷战结束迄今，东南亚地区经济发展颇有成效，社会发展和人民生活水平也在不断进步。然而，随着东南亚国家的财富积累，其军费开支也持续增加，该地区出现了一定程度的逆裁军化，这种趋势在新世纪以来表现尤为明显。根据瑞典智库斯德哥尔摩国际和平研究所的数据，东盟国家的军费开支从2000年的157亿美元，一路攀升至2013年的349亿美元，增长了1倍有余。东南亚国家虽然因此承受巨大的财政压力，但它们并未放缓步伐，还准备进一步扩张军力，尤其是海空力量。英国《简氏防务周刊》曾预测，东南亚国家将在未来5年耗资580亿美元添购新军备，其中，海军采购将占较大份额，而大部分海上军备极可能主要用于南海。有新加坡学者指出："随着东南亚国家增强作战实力，未来在该地区的任何冲突很可能会变得更快速、更激烈、更致命。”[①]

伴随军费的持续增加，东南亚地区的武器装备也在不断升级换代。有数据显示，2005—2009 年东南亚地区的武器进口比前 5 年已经翻番。而近年来，先进的军舰和战机在该地区加速扩散，这意味着东南亚的海空将上演越来越多的军备竞赛。与中国的南海争端是越南、菲律宾等国加强军购的重要原因之一。其中，越南购买武器的数量尤其抢眼，在 2011—2015 年间的武器进口排名由此前的世界第 43 位跃居第 8 位；菲律宾也在不断采购新武器装备，并从美国获得了强有力的军备支持。除越菲两国外，印尼、马来西亚、泰国、新加坡等国也在不遗余力的更新武器装备，努力避免在地区军备竞赛中落入下风。

（三）东南亚区域制度建设的瓶颈

冷战结束为东南亚区域制度建设提供了良好契机。伴随印支半岛国家的加入，东盟经济一体化加速发展，区域制度建设成果丰硕。但是，东盟的发展也面临不少阻碍因素，涉及历史记忆、现实争端、宗教文化、意识形态、国内政治和外部环境等诸多方面。抛开这些具体阻碍因素不谈，东盟的深入一体化有一个绕不过去的根本“瓶颈”，即其成员国对本国主权的坚持和维护。由于东南亚地区的民族主义方兴未艾，主权意识普遍强烈，东盟成员国对于国家利益的关切远超对于地区主义的需要。即便是东南亚国家引以为豪的“东盟方式”，也是以非正式、非强制性和共识性的“软制度主义”为特征。[②] 东南亚国家在开展对外交往和区域合作时，优先考虑的仍是本

---

① 英国防务周刊预测，东南亚国家未来五年军费将增 25%. 参见联合早报网：http：//www. zaobao. com/special/report/politic/southchinasea/story20150527-484525，2015 年 5 月 27 日。

② 杨光海. 国际安全制度及其在东亚的实践. 北京：时事出版社，2010. 312.

国的特殊利益，而非区域的共同利益。

在东南亚国家看来，维护国家利益的最根本保障是主权，这就使得东盟在解决成员国海洋争端方面难有大的作为。无论是1967年《东南亚国家联盟宣言》，还是1976年《东南亚友好合作条约》，乃至2007年《东盟宪章》和2015年“东盟共同体”系列文件，无不强调成员国主权平等和不干涉原则，这也反映了东南亚国家维护自身主权的强烈愿望和决心。从实际效果来看，2007年《东盟宪章》通过后，东盟国家间的领土海洋争端仍不断发生。从泰柬柏威夏寺之冲突，到新加坡和马来西亚的白礁岛主权之争，东盟的调解作用极为有限。东盟在解决成员国领土海洋争端时尚作用迷失，遑论解决东盟国家与域外大国间的相关争端。

三、域外大国对地区海洋争端的介入和干涉

时至今日，域外大国已成为影响东南亚海洋争端的关键因素之一。域外大国之所能对地区争端发挥如此显著的影响，与东盟奉行的大国平衡战略密切相关。域外大国的介入和干涉是当前东南亚海洋争端频频激化的主要诱因之一。

（一）美日等域外大国的介入

东南亚地区国家众多，却缺乏优势明显的地区主导国家，且一直是域外大国激烈博弈的热点地区。东南亚国家曾长期生活在大国竞逐的阴影之下，也从中汲取了许多经验和教训。自冷战结束以来，东盟一直推行大国平衡战略，旨在让各大国互相制约，最终达到由东盟主导地区安全事务的目的。东盟的大国平衡战略本是基于国际

政治现实的精心设计，但客观上却为域外大国影响乃至操控东南亚安全事务创造了机会，东南亚海洋争端也因此面临更多外部力量的介入和干涉。

在域外大国中，中国本来就与东南亚一些国家存在南海争端，也一直致力于通过和平手段来解决相关争端。美日两国与东盟国家并无任何领土和海洋争端，却不愿超脱事外，而是着意介入。印度和澳大利亚与东南亚国家（缅甸和东帝汶）存在较小的领土或海洋争端，两国在解决涉己争端上态度消极，却努力在地区海洋安全事务中发挥更大影响。域外大国的介入在南海问题表现最为明显。伴随南海西沙、南沙水域实控斗争的加剧，域外大国的参与力度逐渐强化。美国打着“航行和飞越自由”的旗号，逐渐从幕后挑拨者和表面仲裁者走向前台，在南海区域经常性炫耀武力，已经成为直接干预者。日、印、澳也加强与美国的政策协调，借炒作南海争端来谋求本国利益。南海问题的国际化、地区化趋势正在加强，其和平解决之路变得更为复杂和艰难。

美国等域外大国的介入与干涉不仅无助于东南亚海洋争端的解决，反而加剧地区的海上紧张局势，也大大增加了通过外交方法解决争端的难度和成本。譬如在南海问题上，“如果只涉及到中国与其他声索国的主权争议，有关方面通过协商解决问题的成本较低，即现实的经济利益以及具体的岛礁归属，而一旦上升为地区秩序问题，无论是美国还是中国，做出妥协性政策调整的可能性便大大降低。毕竟，在这种情况下，让步就意味着示弱，而示弱显然不是大国建立地区威信的有效手段。”①

---

① 叶海林. 有限冲突与部分管控：2014 年以来南海问题的激化与有关各方的意图和策略. 战略决策研究，2015（4）：53.

（二）西方国家对国际仲裁机制的操纵

美日等西方国家对南海问题的介入不仅表现为在该地区炫耀武力，还表现为操纵国际仲裁机制对华施压，这在菲律宾单方推进的“南海仲裁案”中表现尤为明显。该案件实质上是披着法律外衣的政治操弄，毫无公平和正义可言，国际仲裁的弊端也暴露无遗。其一，国际仲裁法院的管辖范围存在争议，仲裁庭存在西方国家掌握主要话语、随意发挥“自由裁量权”、曲解国际法规范的现象。其次，海洋法争端解决机制存在漏洞，仲裁作为“强制程序”可被单方启动，成为某些国家挑动事端的工具。其三，有失公正的仲裁不仅严重损害仲裁法院的权威，也不利于采取其他和平路径。

美日等国不遗余力地利用“南海仲裁案”做文章，妄图实现本国的政治图谋。美国一直在西方和部分亚洲国家施加影响，要求增加对中国遵守仲裁的外交压力。美国《纽约时报》称，美国可能利用仲裁决定来证明其更多的海军巡逻是正当的，强化其亚太联盟体系，并争取世界舆论反对北京的行为。美菲两国就“南海仲裁案”始终保持密切的政策协调，美国更在判决公布之际，派遣航母在南海海域游弋以彰显存在，并宣称裁决对中菲均有法律拘束力。日本不仅煽动七国集团就南海仲裁结果发表联合声明，还在裁决公布后公开表态称，裁决为最终结果，当事国有必要接受裁决。

四、对中国的政策启示与对策思考

中国是东南亚海洋争端的重要当事国之一。南海争端已成为中国最为紧迫的安全难题之一，持续考验中方的应对智慧和能力。鉴于当前和平解决东南亚海洋争端的多重挑战因素，中国在处理南海争端时也可在不同层面采取相宜的应对策略。

其一，在经济层面，中国应尊重东南亚国家借助海洋来实现经济发展的意愿，并从中国经济发展的长远需求出发提供积极的支持和帮助。党的十八大以来，“一带一路”倡议成为中方关于新时期周边外交和区域经济合作的最新主张，东南亚国家则是中国“21 世纪海上丝绸之路”倡议的重要合作对象。如果中国与东南亚国家在“21 世纪海上丝绸之路”倡议下能够精诚合作，共创繁荣，将有助于进一步增信释疑，达成共识，开辟交流渠道，构建长效机制，从而为海洋争端的临时搁置以及最终解决营造良好氛围和必要条件。甚至对于有争议的南海资源本身，也应考虑加强“共同开发”的力度，既可以适当满足东南亚国家利用海洋资源的愿望，也是中方“主权归我、搁置争议、共同开发”主张的应有之义。

其二，在安全层面，中国应继续宣扬和力行“亲诚惠容”的理念，强调与东南亚国家的共同利益，努力打造中国—东盟命运共同体，并坚决反对美日等域外大国对南海争端的介入和干涉。党的十八大后，新一届领导集体更加有意识地丰富和发展睦邻外交的内涵，努力让“命运共同体意识在周边国家落地生根”。[①] 其中，东盟国家是中国打造“命运共同体”的最重要对象之一。东盟虽然在解决地区海洋争端问题上鲜有成就，但在维持地区稳定现状方面作用不容否认。中国应继续保持与东盟的良好沟通关系，努力发挥东盟在预防冲突、维持稳定方面的作用。当前，域外大国的介入和干涉，尤其是美国以“航行自由”为名炫耀武力，已经成为推动南海争端军事化的最大诱因。为此，我国不仅从外交和军事两个层面向美方表

---

① 为我国发展争取良好周边环境，推动我国发展更多惠及周边国家．人民日报，2013 年 10 月 26 日。

明反对立场，加强反制措施，对于少数东南亚国家挟美日自重、挑战中国合法权益的做法，也予以严正警告和坚决回击。

其三，在政治层面，中国应继续秉持不干涉别国内政的原则，但对于东南亚地区的民族主义力量和逆裁军化趋势要有所防范，对于恶意的反华、排华事件要果断应对。冷战后的东南亚地区民族主义有其自身的生成机理，对国家和民族强盛的追求本也无可厚非，但对于可能的对华负面影响要有所警惕和防范。对于少数东南亚国家执政者借助炒作南海争端来煽动民族主义情绪、摆脱国内执政困境的做法，中方应保持敏锐的战略关注，设定容忍的相对界限。一旦越过中方设定的界限，应采取果断的经济、外交乃至军事手段，予以严正警告、坚决阻止和一定惩罚。对于东南亚国家某些反对派势力纵容或煽动反华民粹主义的做法，要向其执政当局直陈其害，敦促制止。

其四，鉴于和平解决东南亚海洋争端的重重挑战，在南海问题上的多方角力可能会旷日持久，必须要在战略层次做好打“持久战”的准备。2016 年的“南海仲裁案”充分暴露了国际海洋法争端解决机制的漏洞与西方国家操纵国际仲裁机制的现实，也恰恰证明了我方长期以来不接受司法解决南海争端的正确性。考虑到国际司法机制的现状，我方应坚持对司法解决南海争端的既有立场。应该看到，当前南海问题激化的根本诱因是美国，而非东南亚相关声索国。美国积极介入南海问题的真正用意，在于借助周边国家分散中国精力，从而延缓乃至遏制中国崛起，并为其主导地区安全秩序提供合法性。这就意味着中国在解决南海争端上遭遇的强大外部阻力可能会伴随中美亚太领导权竞争而长期存在。所以，在中国实现民族复兴的伟大征程上，不能因为南海争端的局部紧张而偏离了和平发展的重心，而要展现足够的战略定力和战略自信，坚持以国内建设为中心，加强危机管控，努力推动地区权力转移的和平实现。至于东南亚国家，中国与之有着深厚的传统友谊和广阔的合作前景，所以不应受一时一事的影响，而要矢志不渝的持续推动两者交流合作，让和平友好的理念深入人心，为南海现状的长期稳定和争端的最终解决奠定良好基础。

参考文献

［1］古小松．东南亚：历史、现状、前瞻．广州：世界图书出版广东有限公司，2013.

［2］李双建．主要沿海国家的海洋战略研究．北京：海洋出版社，2014.

［3］杨光海．国际安全制度及其在东亚的实践．北京：时事出版社，2010.

［4］叶海林．有限冲突与部分管控——2014 年以来南海问题的激化与有关各方的意图和策略．战略决策研究，2015（4）．

（作者系解放军国防科技大学国际关系学院讲师）

“一带一路”背景下中老合作研究

杨　玙

【摘　要】中国“一带一路”倡议提出以来，老挝积极参与，中老合作关系发展迅速。本文从政策、设施、贸易、资金、民心、安全等领域的互联互通角度，全面梳理并评价中老全面战略合作伙伴关系，指出中老合作基础牢固、潜力巨大、势头良好，但也存在结构性矛盾突出、安全风险影响和人才资源短缺等不容忽视的问题。两国发展战略的进一步相互对接，将对中老全面战略合作伙伴关系发展产生积极影响，亦将为地区发展做出更大贡献。

【关键词】“一带一路”　发展　中老合作

一、引言

自2013年9月和10月习近平主席提出建设“丝绸之路经济带”和“21世纪海上丝绸之路”的合作倡议以来，老挝作为中国—中南半岛国际经济合作走廊上的支点国家，为推动中国—东盟关系和东亚合作发挥了重要作用。中老全面战略合作伙伴关系在深厚绵长的传统友谊基础上政治互信不断加深，各领域互利合作成果丰硕，促进了各自国家的社会主义和党的建设事业，给两国人民带来了实实在在的利益，也为维护地区乃至世界的和平、稳定与发展做出了积极贡献。

老挝是一个在矿产、森林、水力、旅游等资源方面天赋异禀的国家。以铜、铁、钾盐等为代表的矿产资源蕴藏量大；全国森林覆盖率超过40%，木材尤其是珍贵木材资源丰富；境内河流密布，水力资源充沛，被誉为“中南半岛的蓄电池”；其独特的自然资源、地形地貌、风土人情也是潜力巨大的旅游资源。“一带一路”建设就是要利用各国资源禀赋各异、经济互补性较强的特点，充分挖掘彼此间在政策沟通、设施联通、贸易畅通、资金融通、民心相同、安全共通等方面的合作潜力和空间，实现互利共赢，共同发展。中国和老挝社会制度相同、理想信念相通、发展道路相近、前途命运相关、友好关系源远流长，虽然两国体量差距较大，但合作的基础牢固、潜力巨大、势头良好，这主要体现在以下6个方面。

二、政策沟通

加强政策沟通是“一带一路”建设的重要保障。中老建交57年来，在两国历届领导人的精心培育下，中老友谊之树根深叶茂，茁壮成长，不断结出累累硕果。特别是近年来，中老高层互访频繁，政治上高度互信，两国元首一致强调携手打造牢不可破的中老命运共同体，共同规划了新时期两党两国关系发展的宏伟蓝图，为两国全面战略合作伙伴关系注入了新动力（参见表1）。

表1 “一带一路”倡议下的中老政策沟通主要举措

时间（地点）	沟通举措	政策成果	意义
2016年5月（北京）	老挝人民革命党中央总书记、国家主席本扬来华进行正式友好访问	《中老联合声明》，签署10项合作文件，“一带一路”对接“变陆锁国为陆联国”战略，中国“十三五”规划和老挝“八五”规划有机结合	本杨总书记在老挝十大后随即访华，拓展了两国长期稳定的全面战略合作伙伴关系
2016年9月（杭州）	老挝人民革命党中央总书记、国家主席本扬出席二十国集团杭州峰会	携手打造牢不可破的“中老命运共同体”	老挝首次以东盟轮值主席国身份出席二十国集团领导人杭州峰会
2016年9月（万象）	中国国务院总理李克强正式访问老挝并出席东亚合作领导人系列会议	发表《中老联合声明》，签署20项合作文件	深化了中老全面战略合作伙伴关系、共建“一带一路”、加强各领域务实合作
2016年11月（北京）	老挝政府总理通伦来华进行正式友好访问	以中老建交55周年为契机，积极对接发展战略，深化基础设施、金融和农业开发区等领域合作	进一步巩固双方政治互信，深化务实合作
2017年11月（万象）	中共中央总书记、国家主席习近平对老挝进行国事访问	发表《中老联合声明》，签署17项合作文件	老挝是习主席十九大后首访国，进一步巩固中老全面战略合作伙伴关系迈上新台阶

除了国家元首和政府首脑间的高层沟通以外，两国中央和地方各级部门间的交流也十分频繁，两国部长级会谈和各省市主要领导间的互访更是十分活跃，两国很多主要省（市）还相互缔结为友好省（市），如中国成都与老挝琅勃拉邦于2016年10月缔结为友好城市等。此外，中国共产党和老挝人民革命党的交流合作也进展顺利，2016年5月，双方签署了《中国共产党和老挝人民革命党合作计划

（2016—2020年）》，采取各种灵活多样的方式相互借鉴党建和治国理政经验（参见表2）。

表2 “一带一路”倡议下的中老党际交流主要举措

时间（地点）	沟通举措	主题	意义
2010年10月（万象）	中老两党第一次理论研讨会	“社会主义现代化建设中的重大理论和实践问题”	深化对社会主义建设规律的认识，推动两国改革开放和革新事业迈上新台阶
2013年11月（北京）	中老两党第二次理论研讨会	“新形势下加强党风廉政建设的经验”	交流各自推进反腐倡廉工作的最新做法和经验，达到增进了解、加深认识、把握规律、促进合作的目的
2014年11月（万象）	中老两党第三次理论研讨会	“建设社会主义法治国家的经验”	加强社会主义法治建设互学互鉴和治国理政经验交流
2015年9月（昆明）	中老两党第四次理论研讨会	“社会发展和治理创新”	进一步把握社会主义国家社会建设的特点和规律，推动两国社会治理与时俱进，提高两党领导社会建设的能力和水平具有重要现实意义。
2016年11月（桂林）	第四届社会主义国际论坛	“社会主义改革（革新）：回顾与展望”	加强与其他社会主义国家马克思主义理论的最新发展和社会主义实践动态了解，为各自国家的社会主义理论与实践提供有益借鉴
2016年12月（万象）	中老两党第五次理论研讨会	“老挝人民革命党和中国共产党在开放条件下加强自身建设的挑战和经验”	交流了中老两党加强自身建设的做法与经验

续表

时间（地点）	沟通举措	主题	意义
2017年6月（博鳌）	中老两党第六次理论研讨会	“新形势下加强和改进党对新闻舆论工作领导的经验做法”	对加强两党在新闻舆论工作领域的经验交流互鉴，进一步把握新形势下新闻舆论工作的特点规律，提升党对新闻舆论工作的领导能力和水平，以及各自国家的社会主义现代化建设事业发展具有重要现实意义

上述交往为加强双方对口交流和政策沟通提供了丰富的渠道和平台，为推动双边务实合作及大型项目实施提供了政策支持，也为各自国家的社会主义建设和中老关系发展作出了积极贡献。

三、设施联通

基础设施互联互通是“一带一路”建设的优先领域。在交通方面，最为引人注目的重大成果当属2016年12月中老铁路老挝段的全线开工，该铁路是首个中方为主投资建设、共同运营并与中国铁路网直接连通的境外铁路项目，全线采用中国技术标准，使用中国设备。该铁路北起中老边境磨憨—磨丁口岸，南至老挝首都万象，全长418千米，其中60%以上路段为桥梁（154座）和隧道（76处），总投资额近400亿元人民币，中老合资建设（中方占股70%，老方占股30%），建设期为5年，设计客运时速160千米，货运时速120千米，全线共设32个车站，计划于2021年12月建成通车。老中铁路建设将加快中国“一带一路”倡议同老挝“变陆锁国为陆联国”战略对接，实现两国共建起自中国云南，以中老铁路为依托，途径若干重要节点地区，抵达老挝南部的中老经济走廊的战略构想。航空、公路和水路运输也得到了迅猛发展，目前北京、上海、常州、广州、深圳、海口、南宁、长沙、昆明等城市已经开通直飞老挝万象的航班，每天往来中老两国的航班达10多个，随着需求的增长，可以预期未来将会有更多的航班来往于两国之间。公路交通主要有2013年12月贯通的昆曼公路以及贯穿老挝南北的13号公路。目前，万象—磨丁高速已在陆续审批和建设中，其中万象—万荣段已经通过审批，万荣—琅勃拉邦段、琅勃拉邦—磨丁段也将列入日程。公路口岸主要有磨憨—磨丁、勐康—兰堆、曼庄—帕卡、勐满—班海等，货物通关及人员出入境均十分便利。澜沧江—湄公河航线十分便捷，景洪港中心码头距老挝会晒402.1千米，距琅勃拉邦701.6千米，航道畅通，货运、客运和旅游观光线路均保持常态化运营。在电视网络通信等方面，“老挝一号”通信卫星项目2012年12月正式启动，实现了中国卫星整星出口东盟“零的突破”。2016年3月9日在轨交付，9月2日中老合资并负责“老挝一号”商业运营的“老挝亚太卫星有限公司”与老挝计划与投资部签署了《特许经营协议》，获得老挝政府许可，开展卫星通信、卫星电视直播、无线宽带接入和国际通信等服务，业务范围覆盖中国香港、老挝、缅甸和印度尼西亚等国家和地区。位于万象市郊的卫星地面测控站已成为老挝的科普基地，对人才的培养发挥着重要作用，老挝相关部门下一步还计划利用卫星开展远程授课和远程医疗服务。“老挝一号”通信卫星将带动老挝高科技产业发展，同时也是加快中国“一带一路”倡议同老挝“变陆锁国为陆联国”战略对接的基础保障。

此外，电力、物流、网购等方面的基础设施互联建设也取得了丰硕的成果。双方在共建“一带一路”倡议框架内一系列大型基础设施项目的合作，为推进中老经济走廊建设做出了积极贡献。

四、贸易畅通

投资贸易合作是“一带一路”建设的重点内容。截至2016年12月，中国已成为老挝第一大援助国、最大外资来源地和第二大贸易伙伴，总投资额66亿多美元。2016年中国对老挝直接投资5.8024亿美元，目前，中国在老挝投资约764个项目，主要投资矿产、农业、电力、手工业、旅游、跨境电子商务等多个行业。其中，552个项目为100%中国独资，212个项目为中老合资。2016年中老双边贸易额23.4亿美元（其中出口9.9亿美元、进口13.5亿美元）。中国工商银行万象分行总资产规模已超老挝外贸银行，成为老挝资产规模最大的商业银行。万象赛色塔综合开发区于2016年8月获批为“中国国家级境外经贸合作区”，目前累计投资3亿多美元，基本完成一期4平方千米的基础设施建设，签约入驻企业36家，企业计划投资总额达3.5亿美元。磨憨—磨丁经济合作区引来投资热，到2016年5月，磨憨经济开发区已签署项目60余个，投资总额达1000亿元人民币。老挝磨丁经济专区也吸引了10余家中资公司前来投资，投资额超100亿元人民币。万象至万荣高速公路、现代农业产业合作示范园区、老挝钾盐矿等大型合作项目也在稳步推进中。此外，老挝副总理宋赛分别于2016年6月和9月两次率团参加在中国昆明举办的第4届中国—南亚博览会暨第24届昆交会，以及在中国南宁举行的第13届中国—东盟博览会暨中国—东盟商务与投资峰会，老方参展企业数量均较往年有所增加。2018年5月10—12日，中国政府经贸代表团访问老挝并参加中老经贸合作委员会第九次会议，中老双方一致同意要采取积极措施进一步扩大双边贸易规模，老方应邀参加即将于 2018 年 11 月 5—10 日在中国上海举办的首届中国国际进口博览会，中方将为老挝参展提供必要的支持和便利。

在"一带一路"框架内深入推进两国间经贸合作，激发释放合作潜力，做大做好合作"蛋糕"，必将有利于两国合作关系的发展。

五、资金融通

资金融通是"一带一路"建设的重要支撑。金融领域已成为中老两国务实合作的一个亮点，在 2018 年 2 月 3 日老挝万象举行的"一带一路"老—中合作论坛"深化金融合作，共建中老经济走廊"平行分论坛上，中国多家金融机构表示将为"中老经济走廊"建设提供更多金融便利。目前，中国工商银行、中国银行在老挝设有分行，云南富滇银行与老方合资设立老中银行，国家开发银行在老挝设有办事处，中国进出口银行在老挝设有工作组。其中，自 2011 年中国工商银行进驻老挝以来，工商银行万象分行为老挝超过 1500 家公司客户和 2 万个人客户提供金融服务，截至 2017 年底，累计发放贷款近 40 亿美元，累计纳税 4000 万美元，成为老挝最大的外资银行，也是老挝中央银行授权的老挝境内唯一人民币清算行，2017 年实现跨境人民币业务结算量超过 200 亿元。截至 2017 年 9 月，中国进出口银行在老挝贷款项目近 140 个，签约金额超过 550 亿人民币，为老挝航空、铁路、通讯、电力等领域提供重要的金融支持。这些金融机构不断加大对老挝的信贷投放力度，推进本土化经营，势必将推进包括中老铁路项目、中国援老挝麻霍索综合医院项目、援老挝国家会议中心宴会厅项目、援老挝工贸部信息系统改造项目、怀博莱水电站项目等一大批合作项目的顺利实施。

金融合作为促进老挝经济社会可持续发展和中老经贸合作做出

了巨大贡献，为助推中老经济走廊建设和“一带一路”建设发挥了重要作用。

六、民心相通

民心相通是“一带一路”建设的社会根基。中国驻老挝大使王文天表示，增进双方人员往来，加深民间沟通与理解，既是深化中老全面战略合作伙伴关系的需要，也是双方的共同愿望。近年来，中老双方在在文化、教育、卫生、体育、旅游、新闻媒体等领域的合作不断加强，两国工青妇组织的交流合作开展顺利。2014 年 11 月 3 日，中国文化中心在老挝万象揭牌，成为老挝人民体验中国文化的一个窗口和平台。自 2002 年起，中国上海青年志愿者协会共开展了 10 个批次的海外服务计划援老挝项目，获得老方高度赞誉。中老教育交流与合作在国家政府、省级大学层面不断拓展与深化，双方签署的《中国教育部与老挝教育体育部 2011—2016 年教育合作计划》成果丰富，中国为老挝的教育发展提供了全方位的支持，特别是在高等教育交流、人员短期培训、建立职业学校的方面取得了较大成绩。据统计，2015—2016 学年在中国学习的老挝学生达到了 6018 人，老挝国立大学与中国大学签署了 27 项合作备忘录，2010 年 3 月，老挝国立大学“孔子学院”举行了揭牌仪式，首批报名人数达到 726 人，2018 年在册学生人数为 1212 人（女生 657 人），共 34 个教学班，基本实现规模化教学。云南、广西、贵州、江苏、四川等省与老挝的教育合作成效显著，特别是成立于 2011 年 7 月的老挝苏州大学是中国在海外创办的第一所高等学府，也是老挝政府批准设立的第一所外国大学，为两国高等教育合作，服务老挝教育发展发挥了重要作用。双方人员往来十分频繁便利，据统计 2017 年两国旅游来往规模已接近100万人次。2018年1月底“澜沧江—湄公河流域治理青年创新创业大赛”在老挝国立大学举办，“湄澜之约·文化交流代表团”访问老挝。2月2—3日，首届“一带一路”老—中合作论坛在老挝万象举办，主题是“老挝‘变陆锁国为陆联国’战略与中国‘一带一路’倡议对接中两国合作机遇与愿景”，双方表示共建“一带一路”将推动中老全面交流与合作，在和平、合作、开放、相互了解、互利共赢原则的基础上打造中老命运共同体，造福老中两国人民。老挝政府还授予新华社“自由勋章”，以表彰新华社长期以来为加强老中合作关系以及为老挝国家通讯社发展所作的积极贡献。2月24日，“一带一路”中老文化交流对话会在南宁举行。

两国民间的深入沟通，进一步巩固了中老传统友谊，为深化双边合作奠定了坚实的民意基础。

七、安全共通

安全共通是“一带一路”建设的根本保障。近年来，中老双方在安全共通方面成果卓著。在军事领域，双方合作基础牢固，两军高层交往频繁，在边防友好交流、人员培训、军事训练、政治工作、医疗卫勤等领域不断加强务实合作，在多边安全框架下相互支持。2015年4月中央军务副主席许其亮访问老挝，2016年7月，老挝国防部长占沙蒙访华；2017年9月15—16日，中老两军首次高层会晤在老挝南塔省、乌多姆赛省和中国云南省勐腊县举行，中国国防部长常万全和老挝国防部长占沙蒙出席上述活动；2017年7月，中国—老挝“和平列车—2017”医疗服务活动在老挝万象、南塔同时举行。在执法领域，双方在边境管控和执法能力建设，防范打击恐怖主义和毒品、网络、电信诈骗、拐卖人口等跨国犯罪，保护对方国家人员和机构以及“一带一路”重大建设项目安全，湄公河流域执法安全合作机制框架下的合作等领域不断深化安全合作。2011 年湄公河“10·5”中国货船遇袭事件发生后，在中老警方的合作下，特大武装贩毒集团首犯糯康于 2012 年 4 月 25 日在老挝波乔省被成功抓获，“10·5”案告破；2011 年 12 月，中老缅泰四国正式开展湄公河联合巡逻执法，截至 2018 年 3 月，四国执法部门已成功开展 68 次联合巡逻执法行动，2017 年 12 月 28 日，澜沧江—湄公河综合执法安全合作中心在昆明正式启动，标志着澜沧江—湄公河流域第一个综合性执法安全合作政府间国际组织正式启动运行，有力维护了湄公河流域安全稳定。2016 年 1 月和 6 月，中老警方密切配合，两次成功从老挝遣返参与电信网络诈骗的嫌疑人共计 512 人，其中，“12·22”特大跨国电信网络诈骗案是近年来中国公安部组织侦破的最大一起跨国电信网络诈骗犯罪案。中老警方还于 2016 年 9 月 13 日首次在中国云南省西双版纳州举行代号为“云岭利剑—2016”的联合反恐演练。2018 年 5 月 13 日，中老两国公安部首次执法合作部级会晤在万象举行，双方就执法安全领域合作进行了深入交流，达成了广泛共识。

此外，老方在南海问题、台湾问题等涉及中方核心利益的重大问题上坚定支持中方立场，可以说，中老安全共通为维护本地区和平稳定做出了积极的贡献，是“一带一路”建设的根本性保证。

八、结论

“一带一路”背景下，中老合作在取得成绩的同时，也存在一些不足和风险。在政策层面，由于两国国情、发展程度不同，相互间虽优势互补，但也存在竞争力差别、政府效率不高等问题，难免会出现为保护各自利益而设置一些政策壁垒的情况。在设施层面，中国与老挝接壤的边境地区和老挝都还存在基础设施落后，发展缓慢的问题，交通、运输、信息、能源等基础设施建设还需要加大力度。在经贸层面，双方还存在投资贸易结构单一、发展不平衡、不对等等问题。在民间交往层面，受限于教育、生活水平和开放程度等因素影响，老挝人民对大量中国元素的涌入还缺乏心理准备，难免出现封闭排斥的情况，还需要一个逐渐适应的过程；多数中国企业对老挝传统文化缺乏了解，没有融入的兴趣，过度关注经济效益而忽视人文交流，客观上造成交往中的疏离感。在安全层面，还存在资源与环境安全、金融安全、非法移民、毒品、洗钱、抢劫和恐怖主义威胁等问题，特别是近年来，老挝及中老边境地区的贩毒案件呈上升趋势，由此带来较多社会问题，武装袭击并造成中国公民死伤的事件时有发生，南海、东海、台湾等问题也会对中老合作产生一些间接的影响。

除此之外，人才方面的短缺是制约中老合作发展的另一大重要因素，在“一带一路”建设引领下，两国的合作更加深入，对于掌握对方语言、了解对方文化的人才，以及相关领域的专家、技师和熟练工人的需求增大，而人力资源的开发培养是一个相对缓慢的过程，这就需要两国政府不断增加基础教育和人才培养投入，长远规划，以满足双边合作发展对人才的需求。

“一带一路”合作倡议提出5年来，老挝积极参与“一带一路”建设。在“和平合作、开放包容、互学互鉴、互利共赢”的丝路精神指引下，可以预见，未来中老合作的范围将不断扩大，合作领域将更为广阔。双方高层将继续保持互访的优良传统，保持良好的政策沟通，对涉及双边关系的重大问题和国际地区形势及时交换意见，引领和指导新时期中老关系发展。中国“一带一路”倡议同老挝

“变陆锁国为陆联国”战略对接的形成，将极大推动中老基础设施互联互通和“中老经济走廊”建设的步伐，为中老两国在投资、贸易、金融等领域的合作提供基础性保障。在“一带一路”框架下，中老高校联盟、旅游联盟的建立，以及医疗、卫生、媒体、志愿者等方面合作的深入开展，将为中老民间交流提供广阔平台，两国人民的感情和心灵相通将进一步加深。中老两军和两国执法部门在双边和多边舞台上的务实合作，将为维护两国边境安全稳定和地区和平做出新的积极贡献。中老两国在联合国、亚欧会议、东亚合作、澜沧江—湄公河合作等多边框架内的协同与配合、沟通与支持，必将有助于解决涉及各自重大利益的问题。

总之，在中老两国元首的战略指引和中老两党的坚强领导下，在好邻居、好朋友、好同志、好伙伴精神的影响下，中国的改革开放和老挝革新事业一定会取得新的更大成就，长期稳定、高度互信、互助、互惠的全面战略合作伙伴关系将更加稳固，共同打造牢不可破的具有战略意义的命运共同体目标也将逐步实现。互利共赢的中老合作关系将为两国人民带来实实在在的合作红利，也将为两国社会主义事业的兴旺发达和人类和平与发展做出新的更大贡献。

参考文献

[1] 张成霞．中国与老挝高等教育合作回顾与展望．东南亚纵横，2017（3）．

[2] 李进，杨艳明． 21世纪以来中国与老挝关系的发展．东南亚纵横，2016（4）．

[3] 陈定辉．老挝：2016年回顾与2017年展望．东南亚纵横，2017（1）．

[4] 万赛，侯风云．“一带一路”战略下老挝与中国经贸关系发展研究．当代经济，2017（20）．

[5] 宏爱国．浅析老挝与中国外交关系的影响因素．当代经济，2017（32）．

[6] 彭志荣．澜湄合作机制背景下中国与老挝的经贸合作研究．广西社会科学，2017（6）．

［7］正确认识“一带一路”. 人民网，http：//theory. people. com. cn/n1/2018/0226/c40531-29834263. html。

［8］中老联合声明. 新华网，http：//xinhuanet. com/world/2017-11/14/c 1121956391. htm。

（作者系解放军国防科技大学国际关系学院讲师）

“印太战略”背景下美越深化战略合作及对我国的影响与对策*

瞿俊锋　龚益波

【摘　要】美国“卡尔·文森”号航母战斗群于2018年3月5日至9日访问并停靠越南的岘港，美越两国海军还以此为契机进行了密切的互动交流。这被视为是一个重大事件，因为这是自越南战争结束后43年以来美国航空母舰首次到访越南港口，也是这两个往日的敌对国家如今深化双方军事合作的重要象征。近年来，越南以所谓“大国平衡”战略为契机，不断将南海问题国际化，积极拉拢域外势力介入南海之争，此举恰恰契合了特朗普政府的“印太战略”。在这一背景下，美越两国围绕南海问题的战略互动必将迈出更大的步伐，势必对我国产生重大的地缘政治影响。

【关键词】印太战略　越南　大国平衡　影响　对策

美军“卡尔·文森”号航母编队于2018年3月初到访越南岘港，这被视为自1975年越南战争结束后美国与越南最大的军事互动。国内部分学者认为美越此举仅仅具有象征意义，对我国并无实质性的影响。短时间来看，无论是在军事层面还是外交层面，美军

* 此论文为《中越南海争端背景下的对越陆上牵制研究》课题的阶段性成果，项目编号：JS17－3－13。

航母访问并停靠越南这一单一事件的确对我国没有多大的影响，但如果将这一事件放入美国推出“印太战略”以及越南进一步“融入国际”[①] 的大背景下来审视和衡量，其意义则完全不同。在剔除了奥巴马政府时期的“亚太再平衡”战略之后，特朗普将过去十余年一直争论不休的“印太战略”搬上了政治舞台。从“亚太”概念扩大到“印太”概念，其实反映了冷战结束20多年来广义上的亚洲地区力量对比和地缘战略局势变化的事实[②]，揭示了美国欲在地缘政治上威慑和牵制中国的真实意图。本文从特朗普政府推出的“印太战略”这一大背景入手，分析美越双方围绕南海问题深化合作的真实动机以及对我国的影响，在这一基础上形成对策思考。

一、美越深化战略合作是在特定背景下展开的

2018年开年之际，美国国防部长詹姆斯·马蒂斯开启了访问越南之旅。正是在马蒂斯访问越南期间，越南国防部高调地正式对外宣布：美国预定在2018年3月份派遣航空母舰到访越南海港。如今这一历史性的访问已经结束，这成为了自1975年越南战争结束至今美国所派遣的规模最大的军力抵达越南领土，也是美军航母首次停靠于越南港口。虽然在此之前美军的航母偶尔也会来到南海海域“转悠”，但此次美军航母越南之行的政治背景与时代背景却完全不同，地缘政治环境也产生了微妙变化。

第一，它是在美国三份重要的战略报告——《美国国家安全战

① 所谓“融入国际”是越南共产党和越南政府提出的战略口号，即在各个层面加强国际合作或引入国际机制。

② 朱峰．“印太战略”阴影下的南海大国较量．中国南海协同创新研究中心，2018年1月9日，http：//nanhai. nju. edu. cn/96/1e/c5320a235038/page. htm。

略报告》《美国国防战略报告》和《核态势评估报告》出台之后涉及南海及地区国家的军事举动。尽管美军航母的访越行程早就于2017年春季越南总理阮春福访问美国时便已经初步确定，但其与在这几份战略报告出台之后的越南之行的含义却完全不同，这意味着此行已经被赋予了新的重要历史使命。因为在上述三份报告中，特朗普政府的"印太战略"开始不断完善，而中国则被特朗普政府明确视为是最主要的战略竞争对手，且"竞争"成为美国的战略重任，而以往的"反恐"则退后变成了次一级的任务。在美国轮廓日益清晰的"印太战略"中，中俄是美国主要战略对手，与中俄竞争是特朗普政府的任务目标。

第二，在步入2018年之后，华盛顿政治圈突然开始弥漫着一股敌视中国、仇视中国的舆论氛围，冷战的味道十分浓厚。有几件事尤其耐人寻味：一是已经被提名为驻澳大利亚新任大使（后又被提名为驻韩国大使）的日裔上将哈里·哈里斯在美国国会军事委员会作证时煞有介事地声称，中国的军事力量正在迅速增长，不久就会在"几乎所有领域"与美军展开抗衡并超越美军。他强调"美国再不改变就要被中国彻底打败了"。其实，鹰派人物哈里斯的言论完全是一种典型的零和博弈的冷战思维，但在华盛顿的政治圈中仍有着众多的支持者。二是美国的六大情报机构主管于2018年2月在国会参议院情报委员会作证时，以所谓的"安全"为由呼吁美国各界拒用来自中国研发生产的华为、中兴等手机，认为中国出产的手机能够"轻易获取"美国的机密信息。三是美国联邦调查局高官竟然罔顾事实，声称"中国学术间谍正在渗透到美国的各领域，正在获取先进的科学技术"，并称"基本涵盖了所有的学科"。此外，在2018年1月底发表的首份国情咨文中，特朗普再度强化了所谓的"竞争"理念，声称要应对那些"来自流氓政权及中国、俄罗斯对美国价值观的挑战”，同时呼吁要“强化美国的军事实力”。[①] 美军航母正是在这样的背景下驶向南海的。

第三，从地缘政治战略的角度来考虑，由美国、日本在背后一手推动的南海非法仲裁案随着菲律宾政权的更迭并没有达到它们预期的效果；相反，作为这一地区的一个十分重要的盟国，菲律宾现政府所推行的是十分务实的等距离外交策略，也就是在大国间保持平衡，避免过度与某一方走近，以此来实现国家利益最大化；而有着“菲律宾的特朗普”之称的杜特尔特总统也相当不喜欢美国。[②] 在南海问题上，菲律宾杜特尔特政府明显比较克制，不愿意再充当挑衅中国的“出头鸟”。随着上述地缘政治的变化，美国迫切需要寻求新的“地区打手”来取代菲律宾的角色。美国看中了越南，一来越南非法侵占的中国岛礁最多，其与中国在南海的主权之争也最为激烈，双方曾于1988年爆发过“3·14”海战，并于2014年爆发过“中建南”事件；[③] 二来越南国内存在着强大的反华舆论以及亲美势力，双方可以一拍即合，相互利用。三来越南国内围绕南海问题的民族主义情绪相当高涨，且其官方敢于在外交场合公开与中国叫板，如在2017年度的东亚系列外长会议上，越方公开要求将中国岛礁军事化写入声明之中，导致声明一度搁浅。因而，美国国内鼓噪和越南进行军事“结盟”的呼声也在不断高涨。[④] 在2018年初对越南的访问中，马蒂斯甚至称越南是美国“志同道合的伙伴”（like-minded partners）。[⑤]

---

① 赵衍龙．特朗普首份国情咨文，应对方式：强军．环球时报，2018年1月31日。

② 张宇权、洪小文．杜特尔特政府对华政策调整及其影响．现代国际关系，2016（12）：47—52.

③ 成汉平．越南海洋战略研究．北京：时事出版社，2016. 1.

④ 朱峰．“印太战略”阴影下的南海大国较量．中国南海协同创新研究中心，2018年1月9日，http：//nanhai. nju. edu. cn/96/1e/c5320a235038/page. htm。

⑤ LisaFerdinando：Mattis Calls U. S. , Vietnam ‘Like-Minded Partners’, DoD News：https：//www. defense. gov/News/Article/Article/1424401/mattis-calls-us-vietnam-like-minded-partners/.

二、越南拉拢域外势力的真实战略考量

2017 年上半年，越南总理阮春福迫不及待地访问了美国，与刚上任不久的特朗普见了面。阮春福也因此成为了特朗普入主白宫以来整个东盟国家中第一个前往美国访问的领导人，可见美越双方对彼此关系的高度重视。其实，更确切地说，是越南更需要美国。在这次会晤中有关美国航母访问越南一事被正式提了出来。就在数月之后，越南国防部长吴春历于 2017 年 8 月访美，并与美国方面敲定了将在 2018 年实现美国航母首次访问越南的计划。随后双方趁热打铁，2018 年初，美国防长马蒂斯回访了越南，通常所称“四驾马车”的越方高层官员悉数会见了马蒂斯。正是在此次访问期间，美越双方高调宣布美军航母将于 2018 年 3 月访问越南的岘港，一个历史性的时刻终于到来了。那么，越南如此卖力地拉拢美国介入南海到底是出于什么样的战略考量？

早在 2016 年，越南首次发布了外交蓝皮书，在涉及南海及中越关系的部分就声称影响中越双边关系最大的问题仍是南海问题，并指责中国在南海的“非法造岛行动”导致了南海局势复杂化。[①] 同时还强调将坚决保护越南在南海地区的主权和领土完整。针对南海之争，越南学界近年来有 4 个方面的认定：一是认为中国的综合国力、军事实力将会日益强大，在未来 30—50 年中将无可匹敌；二是认为未来若干年，中国的国际影响力将达到一个顶峰，真正实现站在“世界舞台的中央”；三是认为中国对存在争议的主权要求的态度，将会随着自身实力的迅速提升而不断强硬，比如南海主权之争，

---

① 越南外交蓝皮书．河内：越南事实出版社，2016. 28.

将可能变得“没有商量”，而任何“意外”因素，如中国国内的矛盾集中爆发、内在权力之争激烈、资源禀赋受到制约，都有可能为了转移内在矛盾而收回所有的失土，南海主权之争将变成一场战争行动；四是认为中越之间的差距将会越拉越大，从而极大地提升越南维护自身海上主权的难度。因而，在短时间内最有效的做法就是借助外力，平衡中国的影响力，遏制中国的强大，尤其是抑制中国可能在海上使用武力收复失土的念头，以确保越南非法攫取的海上资源不受到任何影响。

第二，如上文所述，同为东盟成员国的菲律宾在杜特尔特当选总统之后迅速调整了对华外交，杜特尔特对中国进行访问，而时任马来西亚总理纳吉布也紧随其后到访中国。在南海其他声索国纷纷寻求与中国和解的大背景下，一向奉行平衡外交战略的越南更不太可能“单挑”中国。越南人认为，这些东南亚国家与中国恢复友好关系都是以牺牲越南为代价的，越南目前正在被陆地和海洋东盟国家所“孤立”。[①] 既然如此就必须果断出击，寻找并整合新的合作方，拉拢有意介入南海的美国便成为一个十分现实的战略考虑。

第三，对于越南来说，它更希望以南海问题为契机，迫使美国向越南作出更多更大的支持，从而使越南从中得到足够的实惠。阮富仲在会见马蒂斯时表示，马蒂斯此次访越将为巩固和开展两国高层领导所达成的协议作出贡献，但他同时也指出，双方要继续促进解决战争遗留问题，其中包括扫雷、清理受到污染的环境、开展人道主义援助及失踪人员搜寻，以增进互相信任和了解，使两国全面伙伴关系不断发展，为地区的和平、稳定与发展作出贡献。而越南国家主席陈大光则更加直截了当，他在与马蒂斯的会晤中表达了希望美国配合开展越南边和机场附近的橙剂处理项目，并于2019年向

---

① 越南外交蓝皮书．河内：越南事实出版社，2016. 28.

越南移交“汉密尔顿”级巡逻舰。这表明，除了冠冕堂皇的“伙伴关系”之外，越南更希望能够从美国获取更多的利益与好处。

出于遏制中国的共同战略目的，过去的一对冤家突然“手挽手”地走到一起，的确让外界大跌眼镜。然而，双方之间固有的芥蒂和猜忌不可能在瞬间烟消云散。越方高层都向美方提出，希望在互相尊重独立、主权、领土完整和政治制度的基础上推动两国全面伙伴关系。这更是在提醒美方，不要在诸如人权、宗教自由以及政治制度等方面对越南说三道四，而在以往这却是一种常态，导致两国间龃龉始终不断。至于美国方面迫切所希望的（越南应）成为一个对抗中国的地区挑头者，越南似乎并不热衷，毕竟越南有着对外军事交流的“三不”原则。越共十二大之后，越南共产党审时度势重新强化了对执政党的主导性地位以及对意识形态的牢牢控制，特别是在成功地清除了亲美势力代表、前总理阮晋勇之后，越南一方面需要拉拢美国介入南海，但另一方面又对美国保持警惕、保持距离。

三、美越深化战略合作对我国的影响

尽管越南并非菲律宾，并非真正意义的美国盟国，双方战略合作也只是各取所需，各怀心思，但这对我国在南海的维权维稳以及推动与东盟之间的战略互信，乃至与东盟国家打造命运共同体还是有着不小的影响，主要体现于以下几个方面。

一是虽然菲律宾杜特尔特政府对南海非法仲裁案表现出不屑的态度，但鉴于越南明里暗里对南海非法仲裁案无比热衷的态度，特朗普政府无疑将会选择越南等国在这一问题上密切互动，对南海非法仲裁案大加利用。双方将会默契配合，在国际政治舞台表演诸多的“政治秀”，大演“双簧”，一内一外密切互动。如在2017年仲夏的东亚系列外长会上，越南代表就对中国扩建岛礁说三道四，一心要将此列入会议议程和声明之中，其所依据的正是非法仲裁案。在可以预见的未来，美越两国将会把这一非法仲裁案的裁决内容包装成所谓的“国际法”，暗示中国是一个“不守法”的国家，欲先从道义上将中国置于极为不利的地位，进一步抹黑中国，打压中国，在南海问题上最大限度地孤立中国。

二是美军航母的到来，给了越南一种美国正在替其“撑腰打气”的错觉。两国间密切的战略合作将不可避免地强化越南在南海展开各类单边行动的信心与底气，导致使其出现误判的可能性陡然增大，也加大了其冒险性，从而大大增加了未来局势的复杂性。它体现于以下三个方面：一则越南在油气资源开采方面的冒险性；二则其在公务执法过程中的野蛮性；三则在海上维权过程中的对抗性。这在以往曾经出现过，一旦误认为从此有了美国人作靠山，未来则将有过之而无不及。近期，越南正密集从俄罗斯和包括美国在内的西方国家购买武器装备，海上实力有增无减，并且部分（武器装备）部署到了非法占据的我国岛礁上，这是数十年来越南为加强在南海争议岛屿的存在所采取的最大动作。上述因素的叠加，都有可能导致越南国内出现误判，继而加大中越双方在海上擦枪走火的可能性。

三是美越不断走近也会向越南国内的亲美派及反华势力发出错误的信号，认为政府有意拉美国来共同遏制中国，越美中三国关系正在出现一种错位——中国是美越两国的共同敌人，美国由昔日的敌人变成了重要的战略盟友。这必然将影响中国与越南两个邻国间战略互信的推动。在中共十九大结束之后不久，习近平总书记第一个出访的国家就是越南，彰显了中国共产党和中国政府对邻国越南的重视，但如今美军的介入将大大对冲中国的影响力。

四是越南的做法将会在一些声索国中树立危险的先例，使其他声索国也如法炮制，即拉区域外大国来抗衡中国，以迫使中国忌惮于美国的军事实力。这不仅将影响我国在东盟国家的影响力，也将导致南海局势错综复杂，使我国应接不暇。最新当选的马来西亚总理马哈蒂尔在竞选期间就曾声称，要与中国就南海问题展开谈判。尽管这些言论有着选举上的战略考虑，但一旦付诸实施，越南不啻是最好的样板。

四、应对美越战略合作的对策思考

如何破解美越战略互动这一新问题，特别是将其不利于我国在南海及对东南亚地区的地缘影响降至最低，是摆在我们面前的一大挑战。但我们仍可从意识形态、经贸领域以及海上执法等诸多层面来予以化解，变被动为主动。

第一，应充分利用中越两国意识形态相同这一特点，加强与越南的党际交流与合作，使其对我国的依赖程度不断加深。在 2018 年上半年召开越共十二大七中全会之后，越南更加注重与中国在党际领域、意识形态方面的交流与合作，希望在反对西方的“颜色革命”方面能够得到中国的大力支持，并分享这方面的成功经验，以确保政权的稳固。鉴此，全面加强中国共产党与越南共产党的交流与合作既是巩固两国关系的需要，也是迫使越南不得不与美国保持某种距离的良策。

第二，作为世界第二大经济体，中国无论是在全球还是东盟都具有举足轻重的影响力。因此，应设法不断优化中越两国贸易结构，利用两国山水相连的便利提档升级，使越南能够从两国的经贸合作中得到更多的实惠，如增加越南的农副产品进口、缩小两国间的贸易逆差（中方为顺差）等，以强化越南在经贸领域对我国的依存度，以此来与包括越南在内的东盟国家形成真正的“命运共同体”和

“利益共同体”。

第三，注重恩威并施，以海上示强的做法划出红线，迫使越南不敢越雷池半步，亦不给其有任何的误判空间。2017 年上半年，越南曾联手域外国家试图进入我“九段线”之内进行油气资源的勘探，被我政府公务法船强行阻拦，双方对峙数日。最终，我方以强大的海上执法力量和高压手段迫使越南不得不撤离。

第四，进入 2018 年之后，中国已经与东盟就“南海各方行为准则”（COC）展开了实质性的案文磋商。这对中国与越南来说都是一个重要的节点，因为中国希望利用 COC 来将南海打造成“和平之海、合作之海和友谊之海”，而越南则企图联手域外势力利用“准则”来约束中方。因而，在未来的谈判磋商过程中，中方必须旗帜鲜明地拒绝任何外来势力的干预，同时绝不接受任何强制性（约束性）的内容，因为一旦含有约束性的内容，就很有可能形成对我国的约束，从而使域内外势力共同利用 COC 来对付我国。众所周知，“南海各方行为准则”中我国是关键方，只要中方不签字画押，COC 便是一纸空文。因而中方的诉求与条件一定要尽早提出，并且还要受到足够的重视，以此来威慑个别不怀好意的声索国。

五、结语

随着约翰·博尔顿成为美国新的国家安全事务助理以及迈克·蓬佩奥出任国务卿一职，特朗普内阁的“军事化”色彩和鹰派色彩更加浓厚，美国必将在南海加大介入力度。近期美国还鼓动其他域外国家，如东亚地区合作机制中的日本、澳大利亚、印度等，甚至包括远在欧洲的一些传统盟友如英国、法国等，联手在南海实施所谓“自由航行”，扰乱本地区本已趋于稳定的安全秩序。

在美国决意以南海争端作为“利器”来掣肘中国之际，像越南这样的南海声索国极易出现误判。而特朗普政府弱化意识形态差异以及强调“印太战略”的举动，对于越南来说不啻为增进两国关系的良好契机。在这一背景下，南海问题有可能再次被炒热，甚至不排除发生低烈度、小规模的海上摩擦事件。然而，美国退出《跨太平洋伙伴关系协定》（TPP）、退出巴黎气候协定、退出伊核协议以及高举“美国优先”的旗帜，又让越南难以把握美国“印太战略”究竟有多大的诚意。在“印太战略”没有进一步明确下来之前，越南恐怕还要继续持观望的态度，在中美之间不会轻易做出太过明确的“选边站”决策。但即使如此，美越间的战略互动仍会对我形成一定的负面冲击和影响。针对正趋于复杂的地缘政治，我国需注重自身政策的适度调整，同时保持足够的战略定力，制订充分而有效的预案来应对一切可能的挑战。

（作者：瞿俊锋系解放军国防科技大学国际关系学院在读研究生；
龚益波系解放军国防科技大学国际关系学院副教授）

浅析老挝的均势外交战略及对其国家安全的影响*

曾文斌

【摘　要】受地缘环境、国家实力和国际国内形势改变等因素影响，老挝自20世纪80年代以来逐步推行均势外交战略，这具有其历史必然性，但老挝的均势外交战略具有渐进性和偏向性特点，并努力在越南与中国之间保持平衡。由于均势外交战略的推行，老挝的国家安全状况得到极大改善，老挝国内各项建设快速发展，对维护老挝的国家安全具有积极的促进作用。

【关键词】老挝　均势外交　国家安全

随着老挝与越来越多的国家建立外交关系，其外交空间不断得到拓展，但由于国家实力有限，老挝的国际影响力仍然较小。自20世纪80年代以来，老挝开始推行均势外交战略，积极发展与周边国家和世界主要大国之间的友好关系，并在各大国之间保持外交平衡，以获得更多来自其他国家的援助，提升自身在国际上的影响力，促使老挝获得更快的发展。本文拟对老挝推行均势外交战略的背景进行分析，探寻其推行均势外交的原因，并进一步剖析老挝均势外交战略的主要特点，分析其对老挝国家安全的影响。

* 本文属于2014年全军科研规划课题“东盟国家战略思维”的阶段性研究成果。

一、老挝推行均势外交战略的背景因素

（一）地缘环境是老挝推行均势外交战略的基础

地缘环境是决定一个国家推行相应国家战略的重要因素。老挝位于中南半岛内陆，是东南亚地区唯一的内陆国，而中南半岛由于其重要的战略地位历来是兵家必争之地，成为各方利益的交汇点，而老挝处于中南半岛的中心地带，这就使得老挝自古就是中南半岛地区各方利益汇集的焦点之一。老挝分别与中国、越南、缅甸、泰国、柬埔寨接壤，东盟内部其他国家也与老挝相距不远，此外，区域外的印度、日本、美国等也在地缘上与老挝有着一定的联系，而这些国家的综合国力均远远在老挝之上，因此可以说，老挝处于一个强邻环顾的地缘环境之下，这对老挝的外交战略势必会产生极大的影响。老挝在建国初期，采取"一边倒"的外交战略，全面倒向苏联和越南，对其他周边国家，尤其是对与其接壤的中国和泰国采取敌视态度，这对当时积贫积弱的老挝在发展方面造成了极大的消极影响。苏联解体以后，两大意识形态的对立在东南亚地区逐渐减弱，老挝根据自身所处的地缘环境，采取灵活务实的外交政策，发展与周边国家的外交关系，逐步增强外交自主性，均势外交战略逐步形成，从而使老挝获得了较快发展。可见，老挝所处的地缘环境是其奉行均势外交战略的基础。

（二）奉行均势外交战略是老挝提升国家实力的重要举措

在东亚地区，虽然老挝的自然资源较为丰富，但由于基础薄弱，

加之人力资源匮乏，经过30余年的发展，仍然是最不发达的国家之一，据统计，2016年老挝全年国内生产总值仅为168.1亿美元，人均2472美元。[①] 在老挝建国初期，由于当局在政治上采取“一边倒”战略，在经济上采取农业合作化、工业国有化和商品统购统销等政策，人民的积极性并未充分调动起来，使得老挝的社会发展比较缓慢，综合国力的提高十分有限。在20世纪80年代，老挝政府开始改变发展战略，实行改革开放，积极改善同周边国家的关系，尤其是积极改善与中国的双边关系，吸取中国改革开放的经验教训，此后，老挝各领域逐步进入快速发展的轨道，综合国力明显得到提高。但20世纪90年代末期的亚洲金融危机使老挝遭受重创，老挝货币基普大幅贬值，外商投资额急剧下滑，出口锐减，社会矛盾加剧，使得老挝的发展面临重重困难。进入21世纪以来，老挝逐步摆脱了金融危机的影响，国民经济获得了较快发展。其中很重要的原因是老挝获得了大量来自外国的援助，这些援助大部分来自于周边大国。由于奉行了均势外交战略，使老挝在各个区域的大国之间保持关系平衡，因此争取到更多外援，从而为老挝国力的提升提供强大的外在推动力。因此，奉行均势外交战略是老挝提升国家实力的重要举措，也是必然选择。

（三）地区和国际形势为老挝奉行均势外交战略提供了现实可能性

冷战结束以后，两极格局的对抗在东南亚地区逐渐消失，印支三国与东盟六国开始发展友好关系，尤其是伴随着印支三国和缅甸相继加入东盟，东南亚的区域合作不断增强，这为老挝发展与周边国家的友好关系提供了有利的外部条件。老挝自加入东盟以后，参

---

① 数据来源于中国外交部网站：http：//www. fmprc. gov. cn/chn/pds/gjhdq/.

与国际和地区事务的机会增多，这为老挝发展与各个国家的友好关系提供了更为广阔的平台。同时，随着域外大国加强与东盟的合作，中国、日本、韩国以及域外如美国、欧盟、澳大利亚等国家和地区组织与东盟之间的各种合作机制得到建立并逐步扩大，老挝较好借助各种合作机制与各个大国开展双边和多边合作，这为老挝推行均势外交战略提供了更为有利的条件。

此外，伴随着冷战的结束，两极格局消失，世界范围内爆发大规模冲突的可能性大大减小，和平、合作与发展成为世界的主题，人类已经进入到了全球化时代，各个国家开展着广泛的合作，并通过合作促进相互之间的发展。通过开展对话与合作，东盟在国际上的影响力不断增强，而作为东盟重要成员国的老挝对外开放程度不断提高，与各个国家开展了广泛的合作与交流，自然也获得了长足的发展，国际地位和影响力不断增强。冷战的结束也宣告了美苏在东南亚地区对抗的结束，东南亚地区随之出现了势力真空。自21世纪以来，区域外势力相继进入东南亚地区，日本、韩国、印度等都试图扩大在东南亚地区的影响力，以填补美苏留下的势力真空，特别是自美国前国务卿希拉里·克林顿高调宣布美国重返东南亚以后，东南亚地区成为各大国争夺的重点区域。老挝作为东盟的重要成员国，必将成为各大国拉拢的对象，这为老挝推行均势外交战略提供了更为有利的条件。

二、老挝均势外交战略的主要特点

（一）渐进性

伴随着老挝对外开放程度的不断提高，其外交自主性不断增强，但由于历史传统和意识形态等因素的影响，老挝的外交战略不会很快改变，其均势外交战略的形成具有渐进性的特点，即老挝均势外交战略的形成是一个逐步演化的过程。在建国初期，老挝采取“一边倒”外交战略，全面倒向苏联和越南，特别是在1977年7月，老挝与越南签署了为期25年的《老越友好合作条约》，标志着老挝与越南的特殊关系正式形成，这对老挝以后的外交战略产生了重大影响。虽然在2002年这一条约已经到期，而两国也没有续约，但这并未削弱两国之间的特殊友好关系，越南对老挝外交战略的制定仍产生着十分重要的影响，这也是老挝推行均势外交战略的巨大阻碍。

自20世纪80年代中期以来，老挝当局意识到前一阶段外交战略的局限性，开始逐步增强外交自主性，并不再把意识形态作为外交取向的最主要考虑因素。老挝开始实行改革开放，取得了较为明显的成果，与更多国家建立了友好关系，争取到了更多来自外国的援助，为老挝的发展提供了强大的动力。尤其是在遭受东南亚金融危机以后，老挝能够依靠与各国发展友好关系，争取到了大量的援助，为其摆脱金融危机的影响，实现快速发展提供了条件。但由于受到各种原因的影响，老挝与其他周边大国的接触是一个渐进的过程，这决定了老挝推行均势外交战略也是一个渐进性的过程。一直以来，受历史等原因的影响，越南一直是老挝发展对外关系的首选国家。虽然老挝的外交自主性不断增强，但由于两国两党的历史渊源，越南对老挝的外交战略仍起着十分重要的影响，这影响到了老挝政府推行均势外交战略。

（二）力图在中国与越南之间保持平衡

在20世纪80年代，随着中国改革开放的深入，综合国力不断增强，中国在地区和全球的影响力日益提升，而努力谋求发展的老挝在外交政策方面的自主性也不断增强，政府意识到了与中国发展友好关系的重要性。在双方的共同努力下，老挝与中国的双边关系不断改善，交流日益密切，合作领域不断扩大，时至今日，两国之间已构筑起了全面战略合作伙伴关系。通过发展与中国的友好关系，老挝获得了大量的援助，两国之间的贸易额也不断攀升，使老挝很快从东南亚金融危机的冲击下走了出来。但由于老挝与越南之间的特殊友好关系，一直以来越南都是老挝开展对外交往的主要国家。虽然近些年老挝外交自主性不断增强，但老挝仍然与越南保持着极为密切的关系，两国之间的特殊友好关系并没有因为《老越友好合作条约》的到期而受到削弱。另一方面，中国的快速发展对老挝充满了吸引力，老挝乐意继续发展与中国的关系，以使老挝获得更快的发展。因此，老挝近几届政府力图在中国与越南之间保持平衡，既保持与越南的友好关系，同时积极发展与中国的友好关系，在不损害老挝与越南特殊友好关系的前提下，使老中关系不断深入发展。

（三）老挝的均势外交战略也具有一定的偏向性

虽然老挝推行均势外交战略，积极拓展外交空间，发展与更多国家之间的友好关系，特别是发展与世界各主要大国之间的关系，但老挝在推行均势外交战略时也具有偏向性，重点发展与越南和中国之间的关系，这是老挝政府短期内坚定不移的外交战略。由于老挝与越南在革命时期形成的特殊友谊，加之越南不断给予老挝援助，在各方面对老挝加以控制和影响，使得老挝与越南之间形成了牢固的特殊友好关系，这种关系在短时间内难以撼动。另一方面，随着中国国家实力的增长，老挝从发展与中国友好关系中获得大量益处，加之两国在地理上天然相连，两国已经形成了全面战略合作伙伴关系，这种关系随着两国合作交流的不断深入势必还会继续向前发展。

因此，老挝的均势外交战略是具有明显的偏向性，越南和中国在较长一段时间里依然是老挝外交的重点。

三、均势外交战略对老挝国家安全的影响

老挝政府认为目前并没有迫在眉睫的安全威胁，但也存在许多潜在的威胁安全因素，主要表现为：一是国内及流亡海外的反政府武装不时对老挝社会进行骚扰；二是西方国家的和平演变政策仍然对老挝构成了现实威胁；三是国际贸易的不平等仍然存在，对老挝获得平等发展的机会构成了一定的威胁；四是域外势力介入东南亚地区乃至老挝内部事务。这些因素的存在对老挝国家安全构成了一定的影响，为老挝推行均势外交战略提供了强大的动力。

（一）均势外交战略促使老挝与更多国家发展友好关系，可以吸收更多外来资金和援助，从而使老挝获得更快发展，为其提升自身防卫能力提供了条件

由于老挝的国力较弱，一直以来老挝的军事力量发展都比较落后，每年的国防开支极为有限，这限制了老挝国防力量建设，不利于国家安全的维护。老挝目前只拥有约 6 万兵力，其中陆军约为 5 万人，主力部队编为 5 个步兵师，空军 2000 多人，内河部队 1000 多人，部队机关院校 5000 人。[①] 老挝军队的武器装备也比较落后，大部分来自苏联、中国、越南和美国，例如老挝陆军的主战坦克主要包括苏制 T－54、T－55、T－34、T－85、BT－76 等，空军的主战

---

① 兵力数据来源于中国外交部网站：http：//www. fmprc. gov. cn/chn/pds/gjhdq/.

飞机主要包括米格-21战斗机16架，运输机主要包括运-7型2架、雅克-40型2架、安-26型3架、安-24型1架，老挝军队的导弹装备主要有AA-1、AA-2、AA-2-2、AA-8、SAM-2、SAM-3、SAM-7等[①]，由此可见，老挝军队的武器装备也十分落后，国防实力极为有限，而制约军事力量发展的主要因素还是经济实力，老挝没有足够的资金用于发展和引进军事装备，直接导致了军队武器装备的更新换代速度慢，制约了老军防卫能力的提升。推行均势外交战略，发展与多个国家之间的友好关系，老挝可以获得更多的援助和外资，为其经济的发展提供强大的动力，经济获得较快发展，国防投入方能大幅增长，军事实力才会得到相应的增长。因此，老挝推行均势外交战略，一方面使经济获得了较快发展，国防投入也得到相应的增加；另一方面也能在军事上得到友好国家的更多援助。

（二）通过推行均势外交战略自主性不断增强

一直以来，由于老挝与越南之间的特殊友好关系，老挝外交政策受越南的影响较大，缺乏自主性，全面倒向越南，与周边许多国家交恶。例如老挝支持越南侵略柬埔寨，与柬埔寨关系交恶；在中越边境战争爆发时，老挝站在越南一边，老挝政府多次声明：“任何时候都将站在越南一边”，影射中国是“国际反动派”[②]，严重阻碍了中老关系的正常发展。自20世纪80年代以来，由于发展经济和提升国际地位的需要，老挝开始实行改革开放，外交自主性也不断增强，均势外交战略逐步形成。老挝政府已经意识到，老挝要取得快速发展，仅依靠越南是远远不够的，需要发展与更多国家之间的

---

① 武器装备相关信息来源于：杨全喜、钟智翔．东盟国家军事概览．北京：军事谊文出版社，2003.90—103.

② 马树洪、方芸．老挝．北京：社会科学文献出版社，2004.305.

关系，尤其是需要改善与周边国家的关系，并加强与世界各主要大国之间的关系。为此，老挝与中国、泰国、柬埔寨等周边国家恢复或改善了关系，与美国、日本、法国、澳大利亚等世界和地区大国密切了双边关系。事实证明，老挝政府的外交战略转变是极其正确的。老挝通过推行均势外交战略，拓宽了外交领域，通过发展与邻国之间的友好关系，在一定程度上制衡了越南在老挝的影响，增强了老挝的外交自主性。

（三）通过实施均势外交战略，老挝与泰国的关系不断改善，减少了两国之间爆发军事冲突的可能性，有利于维护老泰边境地区的安全稳定

老挝与泰国虽然在民族、语言、文化等方面存在许多共同点，但依然存在着不少矛盾，两国多次爆发小规模的军事冲突，这成为老挝发展与泰国之间友好关系的重要障碍，老挝当局也一直把泰国作为防卫的重点。老泰两国军队在 1980—1988 年之间多次发生边境冲突，尤其是 1980 年 6 月，老挝军队与泰国军队在湄公河发生的军事冲突，使泰国关闭了大部分泰老边境口岸，这对老挝的对外贸易造成了极大影响，使边境地区人民的生活极为不便，给当时老挝经济的恢复和发展造成了极其严重的影响。此外，两国还在难民等方面存在一定的矛盾，泰国多次遣返老挝难民，同时还有一部分老挝反政府组织在泰国开展活动，这些因素都对老挝与泰国之间关系的正常发展造成了负面影响。进入 20 世纪 90 年代，逐步调整自己的外交战略，老挝与泰国的关系逐步改善，两国之间的来往逐渐增多，在解决边界问题方面不断取得新突破。泰国在经济、军事等方面均强于老挝，一直是老挝最重要的贸易投资国和贸易合作伙伴之一，因此发展与泰国的友好关系是老挝均势外交战略的重要组成部分。通过发展与泰国的友好关系，缓和了老挝与泰国之间的矛盾，使老泰边境地区总体保持和平与稳定，减小了来自泰国方向的军事和安全压力。

（四）通过均势外交战略，老挝增强了自身在非传统安全领域的防卫能力

在非传统安全领域威胁老挝的主要包括各种疾病、环境污染、气候变化、跨国犯罪、毒品扩散等方面，但由于老挝的国力有限，在非传统安全领域的防卫能力比较弱，需要得到来自其他国家的大力援助。通过推行均势外交战略，老挝密切了与中国、泰国、美国、日本、韩国、澳大利亚等国家之间的关系，老挝在非传统安全领域可以获得更多来自这些国家的援助，能够与这些国家在非传统安全领域开展更加广泛的合作，使老挝应对非传统安全威胁的能力得到了较大提升。例如在打击跨国犯罪方面，老挝通过与中国、泰国、美国等国家开展合作，获得了大量来自这些国家的援助，有效地打击了威胁老挝国家安全的跨国犯罪。又如在 2002 年 5 月，中国和老挝两国联合召开禁毒工作会议，两国代表围绕共同关心的毒品问题进行了广泛的讨论，双方在缉毒执法、替代发展等方面达成多项共识，中方承诺将在禁毒方面给予老挝力所能及的援助，在打击威胁两国社会稳定的毒品走私问题上开展深入合作。

四、总结

通过推行均势外交战略，老挝外交局面持续向好，国际援助和外资不断涌入，各领域获得了快速发展，国际影响力也稳步提升。但目前老挝在各领域依然深受越南影响，与其他国家的合作与交流依然有限，与泰国的矛盾也没有从根本上得以解决。但不可否认的是，通过推行均势外交战略，老挝获得了较快的发展，与周边和域外国家发展了友好关系，可以预见，在相当长的时间内，老挝当局势必会继续坚持均势外交战略。

参考文献

[1] 曹云华、唐翀．新中国—东盟关系论．北京：世界知识出版社，2005.

[2] 付敏．东盟的均势外交战略与中印的东盟外交．南亚研究季刊，2005（2）．

[3] 胡伟、程琳．地缘政治环境对老挝外交思想的影响．亚洲国情问题研究，2010（2）．

[4] 马树洪、方芸．老挝．北京：社会科学文献出版社，2004.

[5] 王光厚．金融危机以来中国东盟关系变化的动因——以东盟的“均势外交”战略为视角．国际论坛，2004（2）．

[6] 杨全喜、钟智翔．东盟国家军事概览．北京：军事谊文出版社，2003.

[7] 杨毅．国家安全战略理论．北京：时事出版社，2008.

[8] 张勃．越南“均势外交”战略下的越美关系初探．法制与社会，2008（7）．

[9] 张锡镇．东盟：继续推行均势外交战略．世界知识，2010（5）．

[10] 中国外交部网站：http：//www. fmprc. gov. cn/chn/pds/gjhdq/.

（作者系解放军国防科技大学国际关系学院讲师）

浅析泰国阿瑜陀耶时期“大国平衡”外交政策及其延续

刘　颖

【摘　要】泰国一直以来奉行的外交政策灵活多样，将维护国家安全和独立放在外交政策的首位，具体来说就是周旋于大国之间，在清楚了解本国实力与大国势力的基础上，通过利用各大国间的矛盾及其野心，使外交政策尽可能服务于国家发展。这种“大国平衡”策略的雏形形成于17世纪泰国阿瑜陀耶时期，在当今泰国的外交政策中仍可见其踪迹。

【关键词】泰国　阿瑜陀耶　外交政策　“大国平衡”

16世纪初，葡萄牙开始进入东南亚地区，并于1511年攻占马六甲王国，标志着东南亚殖民地化历史进程的开始。19世纪末，西方殖民者开始对东南亚进行殖民统治。20世纪初期，西方殖民国家已基本上将整个东南亚地区瓜分完毕。马来西亚、柬埔寨、越南和老挝等东南亚国家分别于1511年、1863年、1885年和1893年沦为葡萄牙、法国等西方列强的殖民地。然而，地处中南半岛的泰国却能在西方列强的博弈中独善其身，逃脱了成为殖民地的厄运。原因何在？本文试就泰国推行的“大国平衡”外交政策的特点和原因做一分析。

一、“大国平衡”外交政策的特点

事实上，除了“平衡强权”（คานอำนาจ）和“制衡强权”（ถ่วงดุลอำนาจ）外，我们很难在泰国其他古代历史文献和外交文件中再找到“大国平衡”的字眼。但不可否认的是，“大国平衡”的实质一直贯穿于泰国的外交实践当中。

泰国“大国平衡”的外交政策最早可以追述到阿瑜陀耶时期。在葡萄牙和其他西方国家势力不断扩大的情况下，泰国便开始了明哲保身式的外交政策，这种“见风使舵”的外交在形成之初具有以下突出特点。

（一）灵活巧妙，善用“均势”

16 世纪上半叶，在葡萄牙人进入阿瑜陀耶的初期，阿瑜陀耶对葡萄牙人态度十分友好。葡萄牙人可以在阿瑜陀耶居住，有宗教信仰和传教的自由，并享有商业特权；作为交换，葡萄牙则向阿瑜陀耶提供武器和弹药。帕拉猜国王时期（1534—1546 年在位），国王甚至曾聘用了 120 名葡萄牙雇用军充当警卫或教官，训练阿瑜陀耶士兵使用火器；16 世纪下半叶的泰缅战争中，有 100 多名葡萄牙人自愿为阿瑜陀耶军队服务。但是，到了帕厄迦陀沙律国王时期（1605—1620 年在位），随着葡萄牙在泰国势力的不断强大，帕厄迦陀沙律王担心葡萄牙会威胁泰国的安全，而此时又获悉葡萄牙与荷兰不和，于是便于 1606 年派出使团出访荷兰，积极与荷兰发展商业贸易，试图借助荷兰的力量来制衡葡萄牙。

英国于 17 世纪初开始涉足阿瑜陀耶，但由于荷兰人的阻拦，英国在阿瑜陀耶的贸易进展不大，甚至一度中断。到那莱王时期（1656—1688 年在位），荷兰在泰国的势力渐盛。此时，那莱王担心荷兰会控制暹罗的经济，故又开始与西方另一强国——法国发展友好关系。为了抑制荷兰势力的扩张，泰法签订了宗教和商业贸易两项条约。条约规定法国传教士可以在阿瑜陀耶各地自由传教、修建教堂、创办学校；阿瑜陀耶对法国商人的商品免收进口税，在泰法国人享有治外法权，法国可以在阿瑜陀耶任何地方设立商馆；宋卡[①]由法军驻防等。[②] 17 世纪末，在法国天主教神父塔查尔从阿瑜陀耶带回法国的信中，当时泰国的外籍外交大臣兼财政大臣康斯坦丁向法国路易十四和拉雪兹神父阐述了把宗教和贸易同时引进阿瑜陀耶的方案。此方案主要包括两点：第一，派遣 60—70 位学识渊博、能文善武的人到阿瑜陀耶，康斯坦丁将把他们安插在政府财政和军事等职位上；第二，法国国王应占据和加强宋卡要塞，使此地配有士兵、大炮、船舶以及驻军所需的其他必备物资。[③] 然而，法国迫切希望殖民阿瑜陀耶的企图被阿瑜陀耶臣民所洞察。象队统帅帕碧罗阇（1688—1703 年在位）[④] 遂带领泰国各阶层发起驱逐法国殖民主义势力的“1688 年阿瑜陀耶革命”。[⑤] 革命后，许多欧洲人被驱逐出泰国，只剩下了小部分荷兰人和葡萄牙人。事实上，那莱王为制衡荷兰与法国交好，意图造成“鹬蚌相争渔翁得利”的态势，此举在一

---

① 宋卡是泰国南部其中一府，位于狭长的马来半岛中部东海岸宋卡湖口，北接泰巴蜀府、缅甸，南邻马来西亚，东濒泰国湾、太平洋，西临安达曼海、印度洋，西北部与缅甸接壤。历史上曾是中国—泰国和中国—马来亚重要贸易口岸，是橡胶和锡的主要集散地，又是橡胶、椰干、锡、燕窝等的出口港。

② 戴维 · K · 怀亚特．《泰国史》，上海：东方出版中心，2009. 99.

③ 吕颖 . 17 世纪末法国与暹罗外交的斡旋者—塔查尔．南洋问题研究 . 2012（2）：98.

④ 象队：以象为坐骑的作战部队。帕碧罗阇（1632—1703 年）是班普銮王朝的第一任君主，原先是那莱王的象队统领。在那莱王死后，于 1688 年登基为王，巴沙通王朝结束。

⑤ 1688 年阿瑜陀耶革命：1688 年那莱王病危，那莱王宠臣华尔康企图拥立信仰天主教的王子亚派耶脱为王，帕碧罗阇立即发动政变，逮捕并处死了华尔康和亚派耶脱二人。此后，帕碧罗阇重兵包围曼谷，迫使驻暹法军退出暹罗。革命后，大量欧洲人被驱逐出暹罗。

定程度上达到了维护国家独立与主权完整的目的。这一时期泰国的外交策略及实施过程可以概括为：对葡西友善—以荷制葡—以荷制英—以法制荷—驱逐法人—有限接纳葡荷。[①] 这种避免一方独大的外交政策可谓是“大国平衡”策略在泰国的早期运用。

（二）适应接纳，为“我”所用

泰国的外交政策不同于其他的东南亚各国。面对比本国实力强大得多的列强，其他国家采取“以卵击石”的抵抗态度，然而却在殖民战争后纷纷沦为列强的殖民地，泰国则愿意打开国门与之交往。首先，允许外国人到泰国经商、定居、传教，推动了泰国经济贸易发展。至15世纪末到16世纪初，日本人和荷兰人甚至在泰国建立了自己的社区。其次，吸纳外国经验和先进技术，发展泰国工艺。1606年帕厄迦陀沙律王派遣第一个赴欧使团出访荷兰，学习铸造技术并招募工匠，提高本国技艺水平。在用人上，阿瑜陀耶国王做到了为“我”所用。17世纪20年代，策陀国王（1628—1630年在位）任命日本人山田长政为国王的宫廷卫队长；17世纪60年代，那莱王任用希腊人康斯坦丁·华尔康为对外贸易总监；18世纪，泰沙王（1709—1732年在位）任命一名华人掌管王室的对外贸易大权……。在宗教文化方面，天主教在那莱王时期得到了自由发展。泰国善于利用外国人才和外国新式的管理经验、技术、资本，外交成效显著，一方面避免了被瓜分的风险，同时也开始呼吸到西方工业化的气息。

纵观阿瑜陀耶时期泰国外交政策的走向，“大国平衡”外交政策实质上就是“随风倒”或曰“中间道路”，在形成之初则表现为与一个大国结盟，以此作为同另一个大国讨价还价的筹码，最终实现

---

① 卜弘．论殖民时代泰国的外交策略．南洋问题研究，1995（3）：28.

自身利益的最大化。

二、“大国平衡”外交政策的形成原因

泰国的“大国平衡”外交策略并非一蹴而就，有其深刻根源。一方面，泰国地理环境优越，资源丰富。从地缘战略的视角来看，泰国东南濒临泰国湾（太平洋），西南接安达曼海（印度洋），西与缅甸接壤，东部与老挝和柬埔寨交界，南部疆域沿克拉地峡向南延伸至马来半岛，与马来西亚相接，作为沟通太平洋与印度洋的要道，是兵家必争之地。因此，任何单一大国想要支配泰国必将受到其他大国的强烈抵制。为此，大国之间矛盾不断，这就在客观上为其推行“大国平衡”战略提供了可能。①

另一方面，泰国之所以能够娴熟地运用“大国平衡”外交策略，周旋于列强之间，是因为以下原因。

首先，充分认清本国国情。面对自身实力无法与之抗衡的西方列强，泰国与其死拼到底，不如后退一步。同时，以自身优良的区位优势和丰富的自然资源吸引列强，并在列强的利益纷争中为本国争取生存空间。在原则性的重要问题上，统治者深谙只有“以柔克刚”之道，方能保护本国利益。例如：那莱王时期，外籍外交大臣兼财政大臣康斯坦丁·华尔康曾多次尝试劝说泰国国王改变泰国的宗教信仰，变泰国国教佛教为天主教，国王并没有采纳这一建议。当康斯坦丁建议其接受归化时，国王给予了这样的回应：“既然这个真正的上帝创造了天与地，创造了我们看到的宇

---

① 东南亚国家的“大国平衡术”．半月谈网，2018 年 3 月 27 日，http：//www. banyuetan. org/chcontent/sz/hqkd/2018326/247754. shtml.

宙万物，并赋予其不同的本性与喜好，那么如果他愿意的话，本可以给予人类相似的身体与灵魂，使人类对他所认为最好的宗教有着共同的信仰，按照同一规则创造所有的民族……难道大家不认为真正的上帝非常愿意受到不同礼仪和形式的崇拜吗？难道他的这一批造物们不都是以各自独特的方式赞扬他的荣耀吗？”① 面对康斯坦丁及其背后所代表的强大的法国，那莱王十分清楚，在国家信仰这一原则问题上不能有丝毫妥协。虽然泰国弱小、没有话语权，但佛教在泰国已经根深蒂固，不可动摇。最终，康斯坦丁·华尔康的计划没有实现。

其次，巧妙利用大国间矛盾。葡萄牙自 16 世纪进入泰国后势力不断扩大，当时的葡萄牙海运兴盛，大大促进了欧洲航海的发展，并维持海上霸权地位达 1 个世纪之久。但好景不长，16 世纪下半叶，荷西战争（1572—1648 年）爆发，荷兰得以从西班牙的统治中脱离出来，于 17 世纪后来居上，取代葡萄牙成为世界著名的“海上马车夫”。此时，葡萄牙与荷兰在全球海上争夺霸权的矛盾突出。于是，帕厄迦陀沙律王抓住时机，适时调整对外政策。泰国为了平衡葡萄牙在泰势力，防止其坐大，转而投向荷兰，通过荷兰来制衡葡萄牙。半个世纪后，荷兰在泰国的势力渐盛。这时，那莱王担心荷兰势力扩大而进一步控制泰国，于是对荷有所顾忌。1672 年，法荷战争爆发，法王路易十四企图称霸欧洲，于是联合英王查理二世联合攻打荷兰。1678 年，《尼姆维根条约》签订，战争结束。法国获胜，开始独霸欧洲。此时，那莱王趁机将法国势力引入国内，法在泰势力得到迅速发展，荷兰在泰势力受到压缩，最终达到了均衡荷兰在泰势力的目的。在此过程中，泰国也不得不付出了极大的代价，即：

---

① Guy Tachard, Voyage de Siam, des pères jésuites, envoyés par le Roi aux Indes et à la Chine, Paris, 1686, pp. 309 - 310.

被法国控制其治外法权，并被迫同意法国在泰国驻军。

综上所述，泰国在内弱外强的历史背景下，明晰本国国情、善用大国间矛盾以使国家利益最大化的外交手腕避免了“人为刀俎，我为鱼肉”的命运。

三、“大国平衡”外交政策的延续

泰国这种“风中之竹”随风倒的外交策略的雏形形成于阿瑜陀耶时期，并在此后的对外交往中得到了不断延续。

曼谷王朝拉玛五世朱拉隆功（1868—1910 年在位）时期，泰国大量吸收西方经验进行社会和经济改革，废除了奴隶制。泰国在不断开放和现代化的同时，国力有所增强，在面对西方列强时，更懂得如何应对和迎合。1896 年，泰国与英法达成协议，规定泰国为英属缅甸和法属印度支那间的缓冲国。1904 年，英法在中南半岛正式划定势力范围：以湄公河为界，以东为法国势力范围，以西为英国势力范围。至此，泰国成为了东南亚唯一没有沦为殖民地的国家。虽然这一结果本质上是两大列强之间妥协的产物，但泰国在其中通过外交手段两头讨好，做出让步和忍受屈辱也是不可否认的。“泰国是一个小国，人力有限，不能与列强进行战争，必须八面玲珑与人无争，不能过分亲近某一个强国，亦不可过分疏远某一强国。”① 朱拉隆功大帝的话可谓一语道破了“风中之竹”外交政策的精髓，即灵活巧妙地施展各种外交手腕，在各大国中周旋，以捍卫国家的独立和利益的最大化。

第一次世界大战前期，泰国为躲避战争发表中立宣言。然

① 梁源灵．泰国对外关系．南宁：广西人民出版社．1998. 6.

而，到一战中后期的 1917 年，美国加入协约国参战。拉玛六世瓦栖拉兀（1910—1925 年在位）看到了协约国势力大增，担心坚持中立态度会对泰国不利，遂加入协约国对德奥宣战，并派出 850 人的远征军赴欧洲支援协约国作战，战后成了战胜国。除了得到德国的战利品之外，拉玛六世通过利用战胜国的地位，先后废除了与美、日、法、英等国的不平等条约，取消了上述国家的治外法权和领事裁判权，收回了关税自主权等，在国际社会中进一步巩固了自身的独立地位，维护了国家利益。1920 年泰国成为国联[①]的创始国之一。

1932 年泰国“民主革命”后，泰国由封建君主专制过渡到君主立宪制。1937 年第二次世界大战爆发，1938 年泰国銮·披汶政府上台后一直追随日本，銮·披汶政府幻想借助国际政经秩序的变动，依赖日本收回早前被英法划界湄公河时泰国被迫割让给法国的领土。在日本的诱迫下，泰国于 1941 年与日本签订《日泰攻守同盟条约》，并在太平洋战争爆发后卷入第二次世界大战的漩涡。然而，当时的泰国驻美大使社尼·巴莫在华盛顿发起“自由泰运动”，号召泰国人民反抗日本侵略者。1944 年，太平洋战争形势急转直下，日本大势已去，銮·披汶政府倒台。同年，宽·阿派旺[②]组阁，一改銮·披汶政府的亲日政策，并于 1945 年日本宣布战败的两天后发布《和平宣言》。宣言声明：“銮·披汶政府对英美宣战是违反泰国宪法和人民的愿望的，因而是无效的”[③]，加之在美“自由泰运动”的助力，泰国又一次避免了沦为战败国的命运。1946 年，泰国正式成为联合国

---

① 国联的全称为国际联盟，《凡尔赛条约》签订后组成的国际组织。成立于 1920 年 1 月 10 日，解散于 1946 年 4 月。

② 宽·阿派旺（1902 年 5 月 17 日—1968 年 3 月 15 日），三次出任泰国总理。第一届是 1944 年 8 月 1 日—1945 年 8 月 31 日；第二届是 1946 年 1 月 13 日—1946 年 3 月 24 日；第三届是 1947 年 11 月 10 日—1948 年 4 月 8 日。

③ 段立生．泰国通史．上海：上海社会科学院出版社．2014．241．

会员国。

泰国在处理当今国家间关系尤其是与中美两个大国间关系时，“大国平衡”外交政策更是被运用得游刃有余。众所周知，美泰同盟建立于20世纪50年代，其基础是安全防务合作。该安全防务同盟关系的确立源于两项条约，分别为签署于1954年的《东南亚集体防御条约》（又称《马尼拉条约》）和签署于1962年的《泰美外长联合声明》，旨在防止共产主义势力在东南亚区域的扩张。《东南亚集体防御条约》为美国介入印度支那地区的军事行动提供了“法理”依据。《泰美外长联合声明》要求缔约双方在其中一方遭到外来攻击时给予另一方军事援助。该声明实则是美国对泰国安全所作的保证，美国承诺向泰国提供最大限度的人力和物力支持，以促进泰国的发展和安全。[①] 1955—1975年，在越南战争中，美泰进行了紧密的军事合作。1975年，越南卫国战争取得了胜利，越南北方与南方于次年完成了统一。1975年12月，老挝运动联盟全面占领老挝，并将老挝王国正式更名为老挝人民民主共和国。亚太地区形势发生重大改变，一方面，美国在东南亚地区实行战略收缩；另一方面，共产主义阵营在印支地区取得全面胜利。这一切使得包括泰国在内的本地区其他国家不得不调整对外政策，泰国一改此前对社会主义国家针锋相对的态度，开始与中国交往。1975年，泰国克里·巴莫文官政府基于本国安全及东南亚地区利益的考量，与中国正式建立外交关系，从此拉开了由“重新相互认识”到“中泰一家亲”友好关系的序幕。1978年12月，越南在苏联的支持下，入侵并迅速占领柬埔寨，泰国安全面临直接的威胁。泰国在依靠东盟、求助美国的同时，希望通过与中国的密切合作来维护自身安全，中国也认识到支持柬埔寨抵抗越南的侵略联合泰国至关重要。在此条件下，中泰开始了

---

① 周怡、乔杜洁．浅析美泰同盟关系演变及其中国因素．中国西部科技．2013（10）：80.

战略与军事合作。2012 年，随着中泰全面战略合作伙伴关系的建立，两国在政治高度互信的基础上，始终保持着密切的交流与合作。从中泰两国重新互相认识时期（1975—1979 年）、“非正式战略合作伙伴”时期（1980—1989 年）、中泰关系向经济合作方向发展时期（1989—1996 年）和中泰关系向战略合作伙伴关系发展时期（1997—2012），到 2012 年中泰两国全面战略合作伙伴关系的建立，中泰关系得到了全方位的发展。可以说，冷战结束以来，泰国利用“大国平衡”的策略，周旋于大国之间，左右逢源，卓有成效。一方面，“共产主义”曾经作为泰国国家安全的头号“威胁”已不复存在；另一方面，有效地维护了国家安全，又得到了大国的各种援助，为自身发展争取到了最大利益和空间。此外，中泰合作成为了实现泰国战略抱负的重要外力。

泰国在保持泰美同盟关系和不断深化中泰友好关系的同时，也积极与其他亚太主要国家发展关系。例如，泰国和日本虽不是近邻，但两国关系建立年代久远。20 世纪 90 年代后，泰日交往开始在更多层面展开。泰国并不反对日本重新武装，因为在泰国看来，在美国主导下与日本开展军事合作将有利于平衡地区势力，有益于地区稳定和自身的安全。又例如泰国与印度，1992 年印度提出“东向”政策，1996 年泰国提出“西向”政策，共同的利益使两国间的合作开始密切，并于 2012 年建立战略伙伴关系。泰国与多国保持“均势”外交，其目的一言以蔽之，就是为保持外交自主权。以中泰军事外交为例，自 2005 年以来，中泰两国联合开展了“突击”陆军特种部队演习、“蓝色突击”海军陆战队演习以及“鹰击”空军演习，可以说中泰军事合作在近十余年来得到了不断的加深。但是，事实上中泰两国联合演训仍只停留在排、连、营级水平，两国间的军事合作水平仍有很大的上升空间，而美泰军事合作则一直保持在相当高的水平。例如：在军演方面，美泰联合军演平均每年高达 40 次以上；在军购方面，泰国军事装备，尤其是重型武器大部分购自美国；在军事援助方面，2009—2013 年，美国政府对泰国的年度各类军事援助额少则 300 余万美元，多则 500 多万美元；在人员培训方面，在美国国际军事教育与培训项目（IMET）[①] 支持下，泰国军队已经有数以千计的军官在美国接受培训，其中很多受训者日后成为了军队和政府的主管。[②] 美泰军事同盟关系密切程度由此可见一斑。泰国的外交所呈现出的“军事安全靠美国，经济发展靠中国”的特点是显而易见的。

四、启示

就“趋利避害”来说，泰国“大国平衡”外交政策与中国的大国外交战略有相通之处。早在 20 世纪，中国就将“趋利避害”这一外交方式运用到与美苏两国的关系之中。例如：1969 年，中国与苏联在珍宝岛发生武装冲突，中苏关系恶化，导致中国担忧来自苏联的威胁，因而开始修补与美国的关系。同时，美国也因需要从越南战争的泥潭中脱身而有意与中国谈判。1972 年，中美发布《上海联合公报》，两国关系开始解冻；1979 年，中美正式建交，两国关系开始正常化，并在此后展开了经济、文化、教育和社会等方面的合作。新时期，中国积极与美、俄、印、日、欧盟等诸多大国和集团发展友好关系。以与美俄关系为例，中国从本国根本利益出发，力求两者兼顾，在深化与俄罗斯政治、经济与安全防务关系的同时，

---

① “美国国际军事教育与培训计划”（International Military Education andTraining Program）是美国庞大的对外安全援助体系的一项重要组成部分，该计划是以美国国务院与美国国防部为实施主体、以新兴国家与第三世界国家为援助对象的国际性军事教育与培训资助项目。

② 宋清润．从“亚太再平衡”战略看美泰军事同盟关系．国际研究参考．2015（2）：4.

不断加强与美国的经贸合作，做到两面出击。但是，中国的外交政策所坚持的维护和平和独立自主、互利共赢的原则与“风中之竹”的“随风倒”有所不同。现阶段，中国周边外交的基本方针是坚持与邻为善、以邻为伴，坚持睦邻、安邻、富邻，突出体现“亲、诚、惠、容”的理念，坚持互相尊重、合作共赢，打造周边命运共同体。在此基础上，中国坚持独立自主与“大周边”国家[①]发展友好关系，并提出中国的新安全观——即“安全共享”，谋求的是共同安全、合作安全、综合安全与可持续安全。中国倡导的新安全观意味着一个国家的安全不能造成其他国家的不安全和不稳定；一部分国家的安全不能带来另一部分国家的不安全和不稳定；更不能为谋求自身和联盟体系的绝对安全而损害乃至牺牲他国的安全利益。中国的新安全观超越了以对抗性、军事性和以谋求同盟绝对安全为理念的传统安全观。但对泰国而言，其保障本国安全的主要途径是依靠美泰军事同盟关系，所坚持的安全理念是强力出和平、制衡保安全，追求的目标是同盟的相对安全。与泰国相比，中国的新安全观体现出了开放性与包容性。

“大国平衡”外交政策强调外交的“实用性”，是在正确评估自身实力和认识外部环境的前提下，灵活周旋于各方势力之中，利用大国之间的矛盾，通过外交手段，努力维护本国的独立主权。泰国“大国平衡”政策从一开始的外交实践到如今成为立国之本的外交战略，其间经历了400多年的风风雨雨，既有成功的经验，又有深刻的教训。这种“风中之竹”的外交政策无法逃避的是，泰国必须在夹缝中求生存，而且随时会成为列强之间妥协的牺牲品。例如：1938年，銮·披汶政府上台。1940

① “大周边”国家：周边国家的范畴已经突破了单纯的地缘层面，而上升至战略层面，即不仅局限于与中国接壤或隔海相望等地理毗邻的国家，那些对于中国的安全与发展具有重要影响的非毗邻域内国家也被囊括到中国周边的涵盖范围之列。

年，在第二次世界大战的欧洲战场，德国以闪击战完胜法国。战争形势对轴心国有利。銮·披汶认为当时的英法忙于抵抗德意两国的进攻，必然无暇也无力顾及其万里之外的远东殖民地。因此，銮·披汶意图通过联合日本来收复泰国被法国所占领的在老挝和柬埔寨境内的“失地”①，遂与日关系迅速升温。1941年，《日泰攻守同盟条约》缔结后，日本利用条约中“经济合作”的名义对泰国进行掠夺。当时驻泰日军在泰国的所有开支都通过向泰国“借款”的方式转嫁给泰国民众，导致市场物资奇缺，引发了严重的通货膨胀。1942年到1945年间，銮·披汶政府被迫向日军提供了总计15亿泰铢（根据当时汇率约为1.51亿美元）的军费。此外，日军还无偿征用泰军本就捉襟见肘的弹药和燃料储备。至此，泰国财政濒临崩溃。民众对銮·披汶政权的反感与日俱增，社会治安开始恶化。直到1945年8月15日，日本正式宣布无条件投降，8月16日，宽·阿派旺政府发布《和平宣言》，宣布披汶政府对英美的宣战无效。美国出于战后自身在东南亚战略的考量，承认了《和平宣言》的合法性。泰国才得以从日泰攻守同盟关系中解脱出来，避免了沦为战败国受到制裁的命运。

笔者认为，我们在发展与泰国的关系时，必须深刻认识泰国“大国平衡”外交策略的两面性，以避免其在运用“大国平衡”外交战略的过程中因亲他国而疏我国所带来的不利影响；同时，可以借助泰国与美国的双边合作机制，如“金色眼镜蛇”联合演习等，以及东盟“10+1”、“10+3”、EAS、ARF等多边合作机制，积极参与到此类合作机制的具体实践中去，以此不断深化中国与东盟国

① 事实上，日本只是把战后所占领的缅甸景栋、孟邦两个邦，以及马来亚的玻璃市、吉打、吉兰丹以及丁加奴4个邦“移交”给泰国管辖。

家以及东南亚域外国家间的战略互信，积极推动中国大国外交的展开，从而达到维护地区和平的目的，并在实现中国自身发展的同时将发展成果与世界共享。

（作者系解放军国防科技大学国际关系学院在读研究生）

语言文学与文化研究

浅析汉、泰语叹词对比

黄心蕾

【摘　要】本文详细地从汉泰语叹词的句法特征、词义和语用功能方面对汉语叹词和泰语叹词进行了较全面的对比分析。例如，汉语中对叹词是如何划分的，叹词是属于虚词还是实词，汉语叹词在句中起到什么作用，而泰语叹词又是怎样的情况，以及一些在汉语叹词中存在而在泰语叹词中没有的现象，如汉语叹词的叹词实词化和实词叹词化现象。

【关键词】句法特征　词义　语用功能　对比浅析

叹词，作为词类的一种，是词汇系统中比较特殊的一个种类。叹词因其特殊性常被视为词类或词汇中的边缘成员甚至非语言成分，在词类研究中很少受关注。因此不管是在汉语还是在泰语中，叹词也仅仅的是所有词汇类型中较小的一类。而且中国国内对汉语叹词与其他语言叹词对比研究比较少，已有的大部分是与英语之间的对比。随着中泰交流的日益频繁，中国学生学习泰语及泰国学生学习汉语的人数都不断增加，对于能充分表达说话人情感的叹词的学习也应逐步深入，以防由于双方文化差异而造成对叹词使用的偏误。因此本文将从汉、泰语叹词的句法特征、词义和语用功能三个方面对汉语叹词和泰语叹词进行分析较全面的对比。

一、汉语、泰语叹词句法特征对比

一般来说，叹词具有独立的身份，不与句子中的其他词发生结构上的关系，但是在汉语和泰语中，叹词有时候也能在句子中充当各种句法成分，当然，这需要我们根据使用的情况进行具体的分析。马建忠就曾说过：叹词“既感情而发，故无定位可拘”。

（一）汉语、泰语叹词句法特征的共同点

在多数情况下，叹词一般位于句首，作为独立使用的成分，甚至可以独立成为一个句子，这种情况一般用于表示说话者的情绪。诚如姚善友先生在谈到英语叹词的特点时所说：“感叹词没有特殊的语法形式，但有特殊的句法功能。”① 这个说法不仅在汉语中可以借鉴，泰语中同样也存在这样的情况，因此，汉语、泰语叹词都有它自己的语法功能或句法特征，不应把这个问题看得过于“简单”。

1. 汉语、泰语叹词作为独立用的成分

汉语叹词放在句首一般是为了突出情感的表达，也是为了引起对方的注意，示意对方注意接收你要向他传递的信息。

泰语叹词放在句首时所作用。一是为了表达言语者的感觉、感受、情绪；二是作为韵文、韵体诗放在句首，为了表示言语者在沉思、自言自语等。这类叹词例如：อ้าโอ้โอ้ว่า

我们可以通过几个例子来看：

① 姚善友．英语语法学．北京：商务印书馆，1964. 17.

（1）哼，你以为这事就这样结束了么？

（2）哎呀！我都说了，这件事你就不要再提了。

（3）อือผมรู้แล้ว（哦，我知道了。）

（4）พุทโธ！เขาไม่น่าจะอายุสั้นเลย（天呐！他不太像是短命的人啊。）

在这几个例子中，例（1）和例（3）中的叹词都是充当句子的独立语，是句子的独立成分，有时我们也可以将其称之为感叹词。它与后面的句子没有什么关系，使用时仅仅是为了表示说话者的一种情绪。例（2）和例（4）中的叹词是一种非主谓句，用来表示感叹的情绪。叹词单独成句作为非主谓句时，一般是陈述、感叹、祈使、疑问4种句类，能单独表达一个完整的意思，这和其他实词相比也是一样的，没有什么特殊而言。

但是即使叹词作为独立成分，我们也不应把其排除在句子之外，不能过于片面地概括说叹词“永远不充当句子成分”，叹词作为独立成分时它也应该是句子成分。当叹词位于句首时，我们可以将其判定属于状语范畴，是整个句子的修饰成分，修饰或限制了整个句子的情态等。

2. 汉语、泰语叹词作为插入语充当句子的结构成分

汉语、泰语叹词都可以作为插入语，此时它们就不是一个独立成分，而是句子的一个结构成分。

汉语叹词作为插入语时可以活用，采取临时性用法变成插入语，插入句子中间，充当句子的结构成分，特别是汉语叹词，当其作为插入语时，可做谓语、状语、定语、补语。叹词作为插入语固定在句中时，则表示前后句之间可能存在逻辑关系；也有可能是为了引起对方对下文的注意，这时叹词的使用具有强调主语、转换话题或

停顿的作用。例如：

（1）只听哎哟一声，他就一下滑倒在地上。

（2）他哦了一声就再不回应了。

在这几个句子中，例（1）中的“哎哟”这样的叹词，充当的是状语、定语或是述语。而在例（2）中，叹词“哦”是被活用成了动词。在黄伯荣、廖旭东主编的《现代汉语》中，就将叹词的这种现象叫做叹词的活用。[①] 不过这种现象是要根据使用的情景语境来判断的，当离开了这样的语境，没有表达的需要，这种现象也就不一定存在了。叹词作为定语或是状语，它并不是一种修辞现象，也没有改变其词性和语义，它依然是信息传递的主题，仅仅是一种普通的陈述语句，正如邢福义先生所说：“叹词有时虽然可以进入句子，但全都可以加上引号而不增添特殊含义。”[②] 而在泰语中，叹词作为插入语放在句子中间，可以使前后音节变得更完整，读起来更加朗朗上口，这样的插入语叹词有两类：

第一类是为了和前一个音节产生联系，使得整个音节变得完整，这样的叹词有นุชิสินิ等等，一般是这样使用的，例如เวียนมาสิเวียนไป（转来转去）。

第二类是放在某些词的旁边或是跟在某些词的后面，使得整个句子更朗朗上口，富有趣味性。这类叹词有นาเอยเอ๋ย等，这样的词在一些诗歌或是民谣中比较常见，例如：แมวเอ๋ยแมวเหมียว（猫、猫）。

但泰语的叹词作为插入语和汉语叹词一样，叹词本身的词性和词义并没有发生任何改变，仅仅是作为普通的陈述性语句，甚至我

---

① 黄伯荣、廖序东．现代汉语．北京：高等教育出版社．1991. 32.

② 邢福义．现代汉语．北京：高等教育出版社，1991. 281.

们都不用将其翻译出来。

3. 汉语、泰语叹词都可位于句末

虽然我们说汉语的叹词和泰语的叹词都可位于句末，但是在汉语叹词中，只有个别可以这么使用，不然很可能会使得叹词和平时位于句末的感叹词在概念上产生混淆，这样就和泰语叹词在一定程度上有所区别，泰语的叹词可能就显得更为灵活多样。

汉语叹词出现在句末的情形可能会有，例如：

哥哥订了婚，妹妹还在念中学，哦！（岑凯伦《青春偶像》）

当汉语叹词用在句末时，有时是为了表示明白前面句子所说的语义内容，也有可能是当前面的句子描写了某个场景或是叙述了某件事情后，用一个叹词表示对此发表的感叹，或者那个叹词里可能还包含了一句评价的话，只不过没有详细表述出来。又或者是用在疑问句中，表示对前一个句子中的语义内容的疑问、不解，质疑其可信度，等等。

而在泰语中，用在句末的叹词数量也不是很多，用途也比较单一，往往放在诗歌的末尾，表示这句诗歌内容完结。这些加在诗歌中的叹词，一般是配合前一个音节的发音，使得诗歌内容显得更为完整，但是这些叹词本身是不具有任何含义的。例如：

เสียงเพลงไพเราะครื้นคลอชอพ่อฮา（歌曲的声音优雅动听，让人热泪盈眶，天啊！）

（二）汉语、泰语叹词句法特征的差异

1. 汉语、泰语叹词作为插入语时的语义差异

汉语叹词和泰语叹词虽然都可以作为插入语使用，但是在某些程度上有所差别。汉语叹词作为插入语时，可以充当状语、定语使用，除了之前的举过的例子，汉语叹词作为插入语时还有一种特殊的形式，即小句间叹词。

小句间叹词不仅作为承接上下句的载体，使用小句间叹词还会使得句子衔接更流畅，也能更好地体现说话者的感情。叹词作为插入语时，叹词前后的句子可能是因果关系、顺承关系，也有可能后句是前句的补充或是后句对前句的否定。

在汉语的小句间叹词中，叹词本身是带有含义的，有其自身的语义内容，可能表示知晓、不满等情绪，例如：

> 书——啊！不成。我相信，我们绝不会读同样的书，也不会有同样的感受。（《傲慢与偏见》）

更有可能的是表示一种转折或是递进的关系，叹词的后一句是要纠正叹词前一句的内容，或是叹词的后一句是要进一步解释其前一句的内容，例如：

> 不，是一分为三，哦，应该是二分为四。（《蒋经国与章亚若之恋》）

除了小句间叹词外，汉语叹词还能作为定语、状语、谓语、宾语等来使用，我们可以把它解释为叹词活用的一种，这些都是在泰

语中所没有的。

在泰语叹词中，作为插入语的叹词相对汉语叹词而言，功能就比较单一，也没有出现叹词活用的现象，泰语叹词作为插入语时是没有任何意义的，我们也不需要将其翻译出来。泰语叹词作为插入语，一般都是用在诗歌中，大致可分为以下 3 类。

第一类是作为补足音节使用，使得诗歌中使用的音节完整，遵循创作诗歌的规律，这类叹词有นุชิสินิ等等。例如：

เวียนมาสิเวียนไป（转来转去）

第二类则是加在词与词的中间及词的末尾，使得整个句子结构更紧密，读起来更朗朗上口，这类的叹词有นาเอยเอ๋ย等等。这样的词在一些诗歌或是民谣中比较常见，例如：

มาเถิดนาแม่นา（来呀，妈妈）

这些就是汉语叹词和泰语叹词在作为插入语时的差异，主要是语义上的差异比较大。

2. 汉语、泰语叹词用在句末时的语义差异

汉语叹词用在句末的情况比较少见，句末叹词一般都是针对前句中的既成事实抒发感情或重复前句话的内容。我们比较常用的叹词则有“哦”“好家伙”“噢”等等。这类叹词放在句末，可表示知晓、感叹前句所说内容、询问前句的可信度等，而且这类叹词本身还具有一定的语义内容。

当叹词放在句末时，它可能是重复前述句说表达的内容，例如赵元任的《汉语口语语法》中曾提到过这样一个观点：“有些叹词能取代一个句子，并行使被取代的句子的功能。例如言语者在表述一句话时，突然停顿，而后使用一个叹词，构成‘前句 + 叹词’这

样的形式，这就相当于把那句话重复一遍。”[①] 例如：

你说你这么做是图个什么呀，嗯？

当叹词放在句末时，它还可能是对前面的句子中所表述的事实做出一种评价，或是抒发自己的感情。例如：

没见过这样当爷爷的，孙女儿饿成这样儿愣不给吃的，真看不下去，嘿！

而且当叹词所表示的内容不同时，同一个叹词的音长也会发生一定的改变，如用“哦”这个叹词来举例，表示疑问时，发音往往比较短促，音阶低；表示感慨时，发音就比较长，音阶也会变高。

这一点在泰语中就没有体现，首先是泰语叹词放在句末时，发音、音阶的变化不会随着句子所包含的感情内容发生改变。更重要的是，不管哪一个叹词放在句末，其本身都是没有意义的，在翻译时是不用翻译出来的。这些加在句末的叹词，仅仅是为了使得音节结构更完整，更符合创作诗歌的规律，而不会引起整个诗歌内容的改变。[②]

汉语、泰语叹词在句法方面的差异，主要体现在作为插入语放在句子中间以及位于句末的时候，叹词本身是否具有含义。汉语叹词作为插入语或放在句末时，其本身是有含义的，而泰语叹词则不然。

---

① 赵元任．汉语口语语法．北京：商务印书馆，1979. 291.

② กำชัยหองหลอหลักภาษาไทยอมรการพิมพ์1997หน้า109.

二、汉语、泰语叹词语义对比

一直以来，语言学家们都尝试从不同角度给汉语叹词下定义，可谓是众说纷纭，传统汉语言研究学家马建忠先生在《马氏文通》中从语义的角度给叹词下定义："凡虚字以鸣心中不平者，曰叹字。"[①]

特别是波吉（Poggi）（2009）将叹词的功能确定为"一种信号，意味着一个单词可以组成一个完整的句子"，并提出了一个相当全面的叹词语义功能分类体系，包括四个大类：信息标记、疑问、请求、祈愿。[②] 她给叹词下了更正式的定义：叹词就是一种被代码化的、人类可以感知的信号，当叹词语用在口语中，它指的是一串由言语者发出的声音，当它作为书面形式存在时，它则是一串字符，在某一种语言的言语者心中，它的方式都是固定的，会和一个言语行为的意义产生关联，这种关联既包括命题性内容，也包括行为性内容。

但是随着现代词汇的发展以及语言系统越来越开放、现代汉语构词越来越灵活多样，叹词的数量也在不断增加，其中就有一些非叹词转化为叹词，这个过程被称为"叹词化"。[③] 这个变化可以称得上是叹词的新的语义功能。

下面将从语义方面对汉语、泰语的叹词进行对比。

---

① 马建忠．马氏文通．北京：商务印书馆，1983. 23.

② Poggi, Isabella (2009) The Language of interjections. In A. Esposita et al. (eds.), Multimodal Signals: Cognitive and Algorithmic Issues. Berlin / Heidelberg: Springer. pp. 3 - 10

③ 刘丹青．实词的叹词化和叹词的去叹词化．汉语学习，2012（3）．

（一）汉语、泰语叹词语义的共同点

1. 汉语、泰语叹词都可作为信息标记

在前人的研究成果中，由于叹词在使用时起到一种承上启下的作用，最常见的例子就是说话出现停顿时常常会加入叹词，然后在叹词后边再继续之前的话题，这样可以保持话语的连贯性，因此学者们认为叹词可以作为话语标记。

叹词可以反映言语者的思想感情，表达言语者的情感、态度和对某一件事情做出的反应和回馈，从某个角度来说，这个话语标记的作用是相同的，例如“啊”“哦”“嗯”“唉”等叹词，可以表示言语者在接触某一客观事物或了解某一事实时做出的反应。例如：

（1）A：您下水救人前就没想过可能会出什么意外吗？

B：嗯……没想过。只想着一定要把人先救上来。

（2）A：ทำไมต้องเดินไกลอย่างนี้วะ（为什么要走这么远?）

B：เฮ้ยไกลอะไรแค่นิเดียวเอง（嘿，哪远了，就几步路。）

在这两个例子中，用叹词来连接下一个句子，不仅保持话语的连贯性，也使得整个对话的节奏保持在一个相对稳定的频率，对说话者情感的表达也起到很好的衬托作用。

2. 汉语、泰语叹词可用以表示疑问、请求和祈愿

刘丹青（2011）就曾明确提出这样的观点，认为叹词的本质就是“代句词”。[①]

在所有的词汇中，叹词的本质和代词最接近，代词可以代替某

---

① 刘丹青．叹词的本质——代句词．世界汉语教学，2011（2）．

一个或是某一类词汇，叹词在某些语境条件下可以代替句子。特别是当实词转化成叹词来使用之后，就能在特定的语境条件下单独承担叹词的句法功能，代替一个句子。这一特点尤其体现在人们日常生活的交际中，特别是在网络普及之后，很多流行的网络用语都转化成了叹词，这也彰显了实词叹词化之后强大的“代句性”功能。通过下列一些句子可以来体现各种功能，例如：

（1）A：“听说你已经快结婚了?”

B：“哈?”

（2）“嘘——老师查房啦!”

（3）A：ทางนี้หรือ（是这条路吗?）

B：เอ๊（是吗?）

（4）หือคุณพูดอะไรนะ（啊? 您刚说了什么? 可以重复一遍吗?）

在这几个例子中，例（1）和例（4）中的叹词表示说话者对对方所说的话的疑问，例（1）中的“哈”表示“你在开玩笑吗?”。而例（4）中的เอ๊表示的是“是还是不是呢?”，是说话者自己也不肯定，因此对对方的话也感到疑惑。例（2）中的“嘘”和例（3）中的เอ๊表示的是一种祈求，是一个祈使句，“嘘”表示的是“别说话”，而หือ相当于“可以重复一遍吗?”

这几个例子不仅体现了叹词可以表示疑问、请求和祈愿这几个功能，而且这几个叹词在使用时是作为独立成分存在的，它至少代表了有一定话语功能的小句或分句。因此，当我们说叹词具有代句功能时，可以根据其所带句子的功能进行分类。

第一类为感叹句用来表示情感或情绪反应的叹词，在话语中的作用是单独构成感叹句。第二类是陈述句，又分为直指性叹词陈述句和称呼应答陈述句，第三类就是祈使句，是用某一个叹词对听话人发出指令。最后一类则是疑问句，汉语的疑问叹词往往通过疑问语调来体现，例如升调的鼻辅音。泰语中的疑问叹词也是主要通过升调来体现的，但是多数由清辅音构成。

（二）汉语、泰语叹词语义的差异

相较于汉语叹词中出现的实词叹词化和叹词去叹词化现象，泰语叹词中这类现象就比较少见，一般出现在娱乐杂志中。在现代泰国关于人民日常生活的报道中，为了吸引读者注意，增强趣味性，作者往往会选择一些比较奇怪引人注目的叹词。例如ยี้这个叹词，其本身是“哦”的意思，但是用在文章标题里它就变成了“介意”“厌恶”的意思，这可以看作是叹词实词化的一种。

泰国的专栏报道和新闻报道中，有时为了引起人们的关注，会使用一些简短、特殊的叹词，但是不管怎样，大都脱离不了泰语中那些常见的叹词，所谓的实词叹词化或是叹词实词化现象还是比较少见的。

实词叹词化和叹词实词化都可以看成是一种句法操作，这种操作能显著改变相关词语的句法功能和语义范畴。但是这种操作有时是需要历史跨度、通过无数的积淀凝固才能形成。例如动词叹词化，它是在长期的使用中失去了与其他词类组合的能力、最后只能单用的情况下，才被视为叹词化，而其单独成句本身并不是范畴转换。

因此在叹词的语义功能上，汉语和泰语就出现了很大的差异，随着汉语叹词体系壮大、数量增多，叹词实词化和实词叹词化已经成为一个普遍现象，网络用语有些体现了这一点。作为叹词化的实词有很多种，它们有可能是名词、动词、形容词等等。可以通过下面一些例子来理解。例如：

(1) A：老板，来5串羊肉串！

B：给！

(2) 晕！(网络用语，表惊奇。)

(3) 好！(看戏剧或是球赛时的专用喝彩声。)

这几个例子就是实词叹词化的一些现象，例（1）中的“给”原来是一个动词，但是在那样的语境下，它已经不仅仅是表达动词“给”，而是指现场进行中的一个行为，它是一个提示语，专门在传递物品时使用，符合直指性现场提示功能，正如之前提到的叹词用在直指性陈述句中，这样的回答不仅传递了完整的信息，还更能被一般交际需求所接受。

例（2）中是形容词叹词化的体现，这在网络用语中比较常见，除了“晕”，还有“切”“强”“顶”等词，这时候词语并不具有其本身的语义内容，而是根据上文的语境发生了一些改变。例如“晕”本来的意思是晕倒，但是叹词化后，一般用在遇到无奈、受不了的事上，表示极度无语。可以理解为“胡说！没有的事！”等等意思。“强”也是如此，“强”本身指的是一种意气风发的状态，叹词化后，用“强”字来赞扬一个人，会显得更加真挚诚恳，比起简单地说“你真厉害”感情色彩要强烈得多。

例（3）中的“好”是一种即时反应的感叹词，一般都比较简短，适用于即时感性反应，在使用时具有感叹作用。但是一般情况下，这样的叹词都是单独使用，单独成句，因为其已经失去了原有的组合、扩展能力。除了这些，现在流行的一些詈语也存在这样的一种叹词化现象，常见的詈语例如“靠”“你妹”等，很多时候是用来宣泄消极情绪的，并不是针对他人，在语义功能上和“哟”

"嘿"这类原声叹词其实没有什么区别，只不过有些不雅罢了。

要判断实词是否转化成叹词，就是看在特定的语境下它是否能单独承担叹词的句法功能，代替某个句子，而且在承担代句功能后，它原来具有的和其他词类组合的能力以及词类扩展的能力是否还存在。

既然其他词类可以变成叹词，同样的叹词也可以变成其他词汇，按其他词类的功能来使用，这样的情况就称之为叹词的去叹词化，一般分为两个方面：叹词的拟声化和实词化。

叹词拟声化时，多数情况下以重叠为形式手段，在句子中充当状语、定语，和其他成分进行组合。例如：

（1）车把式把各自的牲口一匹匹从棚里牵出来。顿时，院场里"吁、吁""驾、驾"……响成一片。（张贤亮《绿化树》）

（2）我迷迷糊糊地快要睡着了，也没听清，嗯嗯地点头。（王朔《过把瘾就死》）

这两个例子就是叹词拟声化的一种。叹词拟声化时，有时是模仿动物的喊叫声，如例（1）中驾驭动物时的叫喊声，有时也只是人的生理直觉反应，如例（2）中的那样，或者是突然遭遇寒冷时的吸气声"咝"等等，都是人根据生理直觉反应发出来的叹词。

而叹词实词化主要就是指叹词的谓词化和动词化。在《现代汉语词典》中，"嘘"字的介绍中就说到发出"嘘"的声音是表示制止或驱逐，这一点在平时我们驱赶动物时尤为常见，表示制止的意思主要使用在祈使句中。这就是叹词动词化的典型例子。而叹词用作谓语时不像作状语时那样使用重叠。例如：

（1）大家把他嘘下了台。

（2）他满不在意的嗯着。

例（1）中就是叹词动词化的体现，例（2）则是叹词谓语化的表现。

以上内容主要是从实词叹词化和叹词去叹词化来比较汉语、泰语叹词在语义功能上的一些差异。

三、汉语、泰语叹词语用功能对比

（一）汉语、泰语叹词语用功能的共同点

叹词的语用功能也不能小觑。叹词既然能单独作为句子中的某个独立成分，能独立成句，那意味着叹词本身是具有实际意义的，可以构成一个承载信息的实体，可以用叹词直观地表现人的思想感情。因此，叹词除了具有句法功能、语义功能之外，还具有语用功能。叹词的语用功能主要体现在以下三个方面。即：一个是用来表达言语者情绪感情的功能；一个是表达言语者对某个事物或某件事情发表评价的功能；最后一个是用叹词取代长篇词汇，以更好表达话语中的含义修辞功能。

1. 情感功能

叹词是人类受到客观事物影响，自身感官产生强烈刺激后有感而发出的声音词汇，或兴奋、或惊异、或恐惧、或愤怒等等。诚如廖庶谦先生说的那样："一个语言上的感叹句，有时候如果没有感叹

声音来帮助，甚至还不能够把一种比较复杂的情感全部表露出来。"①，例如：

那林黛玉正自伤感，忽听山坡上也有悲声，心下想道："人人都笑我有些痴病，难道还有一个痴子不成？"想着，才抬头一看，见是宝玉。林黛玉看见，便道："啐！我道是谁，原来是这个狠心短命的……"（曹雪芹《红楼梦》）

这个例句中的"啐"这个词，其本来的含义是用来表示负面的情感，如厌恶、嫌弃等，但是用在这里，却把林黛玉看见宝玉那种娇嗔、欣喜的感情给表现出来了，其实所表达的感情是正面的，是林黛玉给它赋予了更丰富的意味。

而在泰语中，同样也有用叹词来传达情感的时候，例如：

เป็นแบบนี้มาไม่รู้กี่ปีเดี๋ยวเรื่องนั้นเดี๋ยวเรื่องนี้แล้วไม่เคยยอมฟัง—อีกแล้วหรือนี่!（这几年都是这样，一波未平一波又起，他们又不愿意听——老是这样!）

这个例句中的叹词อีกแล้วหรือนี่! 表达了说话者懊恼的情绪，但是这个情绪并不是很强烈。说话者是希望借此表达自己懊恼的情绪，使得与话者停止这样的行为，让类似的事情不要再发生，表达了说话者的一种祈愿。

2. 评价功能

当叹词要展现其评价某个事物或某件事情的功能时，就是将言

① 廖庶谦. 口语语法. 北京：三联书店，1950 . 17.

语者对这个事物或事件的主观感情表达出来，没有掺杂其他的影响因素，仅是言语者意念的流露，因此可以说，叹词在某些方面也包含了言语对其中提到的客观事物的评价，这种评价可能是褒扬、抱怨，或是贬斥。例如：

（1）好家伙，你们怎么干得这么快呀！

（2）อุ๊บ๊ะไม่เชื่อกันบ้างเลย（疯了，你半点都不相信！）

例（1）中的“好家伙”，表达了说话者的一种赞叹、惊叹的情绪，惊叹对方干活居然如此利索，赞叹对方干活效率之高。例（2）的叹词 อุ๊บ๊ะ 充分表达了言语者那种难以置信的感情，无法想象对方怎么一点信任都没有。

3. 修辞功能

叹词能使语言变得简练，原有的意思却一点不少，甚至更为强烈，让人回味无穷，这就是叹词的修辞功能。例如：

（1）凤姐笑道：“你是哪位小姐房里的？我叫你出去，她回来找你，我好替你说的。”小红道：“我是宝二爷房里的。”凤姐听了笑道：“嗳哟！你原来是宝玉房里的，怪道呢，也罢，等他问，我替你说。”（曹雪芹《红楼梦》）

（2）โอ...พระเจ้าช่วย...ดิกกอรี่！ใบหน้านั้นกระซิบบอก”ดัมเบิลดอร์เขาตายแล้วนี่（哦！我的上帝！邓布利多，他死了！）

例（1）中，王熙凤原本是一个泼辣的女子，平日对人颐指气使的，在贾府可称得上是一号人物，但是贾宝玉的地位更不得了，不仅是未来的继承人，还是贾母的心头宝，因此王熙凤再如何也不敢和贾宝玉相争，因此，当她听到是“宝二爷”的人时，态度立马就变了，但是再怎么变，她也不会放下自己的尊严，因此那一个“埃哟”将她矛盾的心理以及她狡黠、巧言善变的性格展现得淋漓尽致。例（2）中的โอ...พระเจ้าช่วย...ดิกกอรี่！充分表现了言语者惊讶、担忧、害怕的心理。惊讶事情的发生，担忧事情发生后会带来的后果，害怕自己无法面对接下来可能发生的挑战，这样复杂的心理，也是通过寥寥几个叹词就得以表现。

（二）汉语、泰语叹词语用功能的差异

叹词在语用方面具有一个很重要的特征，就是使用时会更多地倾向于某一种或者某几种语体，这种偏向于某种语体的性质称之为语体趋归性，也是造成汉语叹词和泰语叹词在语用功能上产生差异的主要原因。语体可以解释为语言根据言语者不同的交际目的、不同的语言环境、不同的交际层次和领域以及谈话者交谈内容的变化，使得语言在使用功能上发生改变，变成新的体式。语体一般分为 5 种：自由谈话语体、公文事务语体、政论语体、科技语体、文艺语体。

自由谈话语体包括公司之间的业务洽谈，人与人之间的日常会话，小说、影视、戏剧里的人物对话，或者是即兴演讲。所谓的谈话语体都是双方在思想感情上的直接交流，不仅要接受对方传达的感情，而且要迅速地对接受到的感情做出回馈，而叹词就是作为这样的一种载体，直接反应人们的情感，叹词在自然交谈中出现的频率很高，因为人们能通过使用叹词直接、快速地表达自己的情感，亮明自己的态度。例如：

（1）珍珍：咱们家的水井修好了！堰子也加高了。

高加林：嗯……

珍珍：你们家的老母猪下了 12 个猪娃，一个被老母猪压死了，还剩下……

高加林：哎呀，这不要往下说哩，不是还剩下 11 个吗？

珍珍：是剩下 11 个了，可是第二天又死了一个……

高加林：哎呀哎呀！你快别说了。

（2）ไผ่แจ๋งเลยวะสุดยอดมึง（太棒了，你真厉害！）

ต้าเหี้ยมันค่อยๆแจ๋งเลยเว๊ย（是啊，太了不起了！）

ไผ่อือมึงค่อยเก่งเลย（了不起啊！哦！太厉害了！）

ต้าอือๆค่อยเก่งเลย（哦…哦…了不起！）

例（1）中这段简短的对话里，叹词从单字词的“嗯”变成双字词的“哎呀”，最后又变成了“哎呀哎呀”，这叹词的升级，表示出了高加林的不耐烦，以及对珍珍的那种嫌弃的态度。例（2）话语中所用的แจ๋ง、สุดยอด、ค่อยเก่งเลย这 3 个词，其实表达的都是同样的意思，都是表示厉害、了不起，但是这样反复地使用，表达了言语者的兴奋之情，也表现出了赞扬态度的诚恳。

文艺语体主要用于文学作品中，其体裁包括诗歌、散文等。因为文学作品主要依靠优雅的语言、真挚热烈的情感来感染人，因此为了使语言更生动、更富含感情、更能引起读者的共鸣，散文和诗歌里往往会使用大量的叹词。例如：

O，逝去的多少欢乐和忧戚，我枉然在你的心胸里描画。O！多少年来你丰润的生命，永在寂静的谐奏里勃发。（穆旦《我看》）

เช้าคร่ำพร่ำสั่งสอนไปอีกหน่อยรา

公文事务语体因其内容涉及国家机关、社会团体、政党等单位的文件、法令、条例等，属于内容严谨，态度端正的一类，因此，所选用的语言要求准确、庄重、不带有个人色彩，因此不能在公文事务语体中使用叹词。

科技语体是适用于发表科学研究、发明创造和普及科学技术知识的一种语体，言语崇尚严谨，因此这一类语体也不适合使用叹词。

政论语体与自由谈话语体和文艺文体有很大程度的差别，自由谈话语体和文艺语体以情感交流为主，因此叹词的语用价值和其本身的情感信息是一致的。但政治语体不同，政治语体讲究的是信息的准确，使用的言语也相对严谨，因而汉语叹词在政治语体中使用的频率不高，只有偶尔使用，主要是希望能借此提高语言的生动性，使读者信服，引起读者兴趣，产生共鸣，或是为了增强语言的准确性，引入一些带有叹词的话并作为所述政治论说的佐证。

但是在泰国作者就很喜欢在政治语体中加入叹词，泰国学者พัชรีย์曾对此做过研究，并指出了叹词在社会联系中所起到三个性质的作用。①

一是叹词展示了言语者的社会性质。由于言语者和所使用叹词之间的联系，言语者使用的语言性质是社会组成的一部分，因此社会建设会影响言语者选用不同的叹词，这个因素是无法避免的，这就意味着叹词能反映言语者自身的不同因素，例如疾病、地域、时代。

二是通过叹词体现的会话联系将人与社会联系在了一起。因为泰语中有很多叹词，并且代表的是不同的情感和态度，因此选择哪

① พัชรีย์จำปา.2546. “บทบาทของคำอุทานในภาษาไทยวารสารส่งขลานครินทร์คณะมนุษยศาสตร์และสังคมศาสตร์ 9（2）：227 – 236.

个叹词也就等同于选择了其所代表的情绪、态度。

最后一个则是叹词表现的是一种礼貌，为了更好地将言语者的态度、情绪传达给与话者，在选用叹词时，使用那些正确的、适合传达内容上下文的叹词，例如，所用的代词、结束语、皇室用语等等。因为泰国社会是非常讲究“合时宜”的，而且还会和个人的素质相联系，因此选用合适礼貌叹词就成为联系上下文的重要因素。

四、结语

以上就是关于泰语叹词和汉语叹词在句法、语义和语用功能上的共同点和差异，了解这些相异点，有助于我们更加全面系统地了解两国语言。总得来说，两国语言中的叹词在表达情绪和情感方面都起着重要的作用，相同的地方还有助于跨文化的交流，使得我们能更好地理解两国的语言和文化。除此之外，我们还能更好地理解两国的叹词文化，这样在进行两国作品的互译时会起到更好的推动作用，让翻译出来的作品符合两国的语言习惯，且显得更加的准确、生动和有趣。

（作者系解放军国防科技大学国际关系学院助教）

浅析泰语模糊性及其成因

邬赵龙

【摘　要】自然语言存在着模糊现象。泰语作为自然语言的一种，其模糊性在语音、语义、语法等诸方面均有体现。认清泰语的模糊性及其成因，对于学好泰语具有积极的作用。

【关键词】泰语　模糊性　成因

关于自然语言的模糊性，早在20世纪初就有不少学者进行过探索和研究。英国著名哲学家罗素（B · Russel）在其著作《论模糊性》（1923）中曾经指出："整个语言或多或少是模糊的。"1933年，美国语言学家布龙菲尔德（L · Bloomfield）在《语言论》中也指出了自然语言中存在着模糊现象。汪培庄为伍铁平所著《模糊语言学》所做序中指出："模糊性是非人工语言的本质属性，因而是语言学所不能回避的对象。"

所谓"模糊"，是指事物类属的不清晰性和不确定性。泰语作为自然语言的一种，其模糊性在语音、语义、语法等者方面均有表现。本文试就泰语的模糊性表现及成因作一初步探析。

一　泰语模糊性的表现

（一）语音语调的模糊性

泰语属汉藏语系壮侗语族壮傣语支，是一种孤立语。有单元音18个，复合元音6个，元音分长短，另有特殊元音4个，可以区别词义；有单辅音21个，辅音尾音9个；有声符4个，声调5种。泰语语流中的音素具有模糊性，如：泰语中元音อะ/อา（a/aː）อิ/อี（i/iː）อึ/อือ（ɯ/ɯː）的长短音模糊；清浊辅音ด/ต（d/t）、ฎ/ฏ（d/t）、บ/ป（b/p）的爆破音模糊；鼻音韵尾แม่กง、แม่กน、แม่กม音韵尾แม่กก、แม่กด、แม่กบ的模糊，等等。这些音素在单独发音时界限已不是十分明显，在词句拼读中更不易区别，对非母语学习者更是如此。

不仅如此，泰语的语调也存在着很大的模糊性。泰语属音位文字类型，有4个声符（อ่、อ้、อ๊、อ๋），共5种声调（调值分别为33、21、41、45、14）。泰语声符在与元音及辅音进行拼读时并不像汉语拼音一样有统一的规则（即：调值仅由声符决定），而是由元音、辅音及韵尾种类、声符共同决定。如：汉语中声母（辅音）与韵母（元音）均能配上4个声符（ā、á、ǎ、à），发出相应的5种声调（轻声、阴平、阳平、上声、去声）。而泰语中不是所有辅音都能配上4个声符，发出5种声调，且辅音的种类及音节的节闭均可影响音节的音调拼读情况，如：中辅音ก（k）、จ（c）、ด（d）等是唯一能够与四个声符相配、发出全部五种声调的一组辅音；而高辅音ข（k‘）、ฉ（c‘）、ถ（t‘）等通常只能与前两个声符（อ่、อ้）相配，得到调值为21、41和14的3种声调；低辅音ค（k‘）、ง（ŋ‘）、ช（c‘）等也只能与前两个声符（อ่อ้）相配，得到调值为33、

41 和 45 的 3 种声调。这种因复杂且不统一的拼音规则而造成的模糊性，对泰语初学者来说尤其难以把握。

（二）语义的模糊性

泰语语义的模糊不仅仅和其他语种如英语、汉语一样，体现在一音多词、一词多义方面，更重要的是体现在一词多义的对立性方面。

第一，体现在一音多义方面。如："น่า" 和 "หน้า" 两个单词，发音完全一样，但意义截然不同，"น่า" 意为"值得、应该"，而 "หน้า" 意为"脸、表面"。又如："ฆ่า"、"ค่า" 和 "ข้า" 3 个单词，发音完全一样，但意义却全然不同，"ฆ่า" 意为"杀"，"ค่า" 意为"价值"，而 "ข้า" 意为"我；仆人"。

第二，体现在表示亲属称谓词的不确定意义上。如：单词 "น้า"，其意有：（1）舅舅；（2）姨母。读者在理解其意时，如不注意前后文便会导致"雌雄不分"；单词 "หลาน"，其意有：（1）孙；（2）侄儿；（3）外孙。同样，读者若不能领会其上下文语境和真意，也常会"辈份不分"。

第三，体现在人称代词的不确定意义上。如：单词 "เธอ"，其意有：（1）你；（2）她，他。单词 "หล่อน"，其意有：（1）她，伊；（2）你（长辈对女性晚辈说话时用）。同理，多人聊天时，听者若不能领会说者的意图，容易使人感到是"指桑骂槐""声东击西"。

第四，体现在少数单词的正反意思合为一体上。如：单词 "ขึ้น"，其意既可"上"也可"下"，"ขึ้นรถ" 意为"上车"，"ขึ้นเรือ" 意为"下船"；单词 "ลง"，其意既可"下"也可"上"，

“ลงรถ”意为“下车”，而“ลงเรือ”意为“上船”。

此外，泰语中有些外来词与纯泰语词既可作名词、代词，同时又可作形容词和动词，且不同于汉语中的“引申义”“名词使动”等情况，这些泰语词意义完全不一样，在句子中的作用如果判断不好也会使语义产生模糊。如：语句“ฟันพระตกน้ำบาปไหม”便有两种不种解释。解释一：“ฟัน”作名词时，句意为“和尚的牙齿掉入水中罪过吗?”；解释二：“ฟัน”作动词时，句意则为“把和尚砍落水中罪过吗?”同时，因泰国是尊奉佛教为国教的君主立宪制国家，泰语至今仍有皇室用语、佛教用语、世俗用语3类语言体系，同一词汇在不同体系中的意义不同等情况时常遇见。这些都增加了泰语的模糊性。

（三）书面语的模糊性

泰文自有史以来一直采用自左向右、横向书写的连书形式，词句与词句之间目前仍不用标点符号划开，以两个单词（字母）的间隔或在句子中略作停顿等方式区分词句和意群，这在很大程度上增加了泰语的模糊性。如：“ดึกแล้วนี่น้าไปกินข้าวเถอะ”，此句歧义产生的关键便是单词“น้า”与其前后两个单词的书写间隔大小或朗读停顿时长。若与前一单词隔开，即“ดึกแล้วนี่น้าไปกินข้าวเถอะ”，句意为“这么晚了，舅舅（或姨母）去吃饭吧”；若与后一单词隔开，即“ดึกแล้วนี่น้าไปกินข้าวเถอะ”，句意则为“这么晚了，（你）去吃饭吧”。再如：“เธออาจจะแต่งงานกับสตรีญี่ปุ่นซึ่งเธอเลื่อมใสมากและตั้งรกรากอยู่ที่นี่”，此句的意思便取决于书写间隔（或朗读停顿）在单词ซึ่ง之前还是在单词และ之后。若在ซึ่ง之前，即：“เธอ อาจจะแต่งงานกับสตรีญี่ปุ่นซึ่งเธอเลื่อมใสมากและตั้งรกรากอยู่ที่นี่”，句意为“你或许想和你深爱的并在此安家的日本女子结婚”；若在“และ”之后，即：“เธออาจจะแต่งงานกับสตรีญี่ปุ่นซึ่งเธอเลื่อมใสมากและตั้งรกรากอยู่ที่นี่”，句意则为“你或许想和你深爱的日本女子结婚并在此安家”。这种因“以书写间隔（或朗读停顿）的方式区分意群和句子”而造成的模糊性，在泰文报刊杂志或新闻播报中体现得尤为突出，因为编辑（或主播）为了节省篇幅（或时间），有的词句之间几乎没有间隔（或朗读停顿），这一点特别值得注意。

（四）缩略语的模糊性

缩略语是对人们熟悉的常用词语进行简省、紧缩后所形成的词语形式，因具有记录方便、诵读简单等特点，在各国政府、军队、政党、团队等机构、单位中使用广泛。根据语言属性的不同，缩略语的抽取方式主要分为两种。一种是语素抽取法，即抽取词中的某些语素组合而成。如：在现代汉语中，“军人家属”简称“军属”，“人民政治协商会议”简称“政协”，由于汉字是音形义的结合体，所以缩略语通常是一一对应关系。另一种是语音抽取法，即抽取词中的某些字母组合在一起。泰语便属于此类，由于其语音语义本身就存在模糊性，这就自然导致了泰语缩略词意义的“一对多”和“多对一”现象，即：有时一个词语有多种不同的缩略形式，而有时一种缩略形式却跟多个词语相对应。这在很大程度上也造成了泰语的模糊性。如：缩略语“ก.”，其原形可以是“กระสุน（子弹）”、“เกาะ（岛）”、“กรัม（克）”、“กว้าง（宽）”、“คำกริยา（动词）”、“ปีกุน（猪年）”、“แก๊สโซลิน（汽油）”、“เกวียน（牛车）”等多个单词形式。再如：单词“กองพัน（营）”既可缩略成“กพ.”，也可缩略成“พัน.”。随着语言的发展和信息传递便捷的需要，诸如此类的泰语缩略语有增多的趋势，这势必会加大泰语的模糊性，给非泰语母语的第二外语学习者带来更大的困难。

（五）特殊符号的模糊性

泰语除辅音、元音及声调符号外，还有一些具有特殊意义的符号，它们也是泰文书写形式中词句的重要组成部分。如：不发音符号“ ์”、重复符号“ๆ”、简略符号“ฯ”、省略符号“ฯลฯ”，等等。这些符号在为人们提供书写和诵读便利的同时，从某种程度上也会造成泰语的模糊性。如：重复符号“ๆ”引起的语音、语义的模糊性至少体现在以下 4 个方面：

第一，体现在所表示重复部分的原形替代上。有时是重复前面的一个单词，有时则是重复前面的两个单词或整个短句。如：“ลูกๆ”的实际原形是“ลูกลูก”，“ปีหนึ่งๆ”的实际原形则为“ปีหนึ่งปีหนึ่ง”，“ฉันสอบได้แล้วๆ”的实际原形则为“ฉันสอบได้แล้วฉันสอบได้แล้ว”，而非“ฉันสอบได้แล้วแล้ว”和“ฉันสอบได้แล้วได้แล้ว”。

第二，体现在所表示重复部分的发音长短上。通常，前面的音节要短一些，后一个音节则按正常的长短发音，而不是两个音节长短一致。如：“ลูกๆ”读作“ลูกลูก”，“ใหม่ๆ”读作“ใหม่ใหม่”。

第三，体现在所表示重复部分的发音声调上。部分带有重复符号的词语在朗读时，通常要提高前一个音节的声调，以加强说话的语气。如：“บ่อยๆ”读作“บ๊อยบ่อย”，“สบายๆ”读作“สะบ๊ายสะบาย”。

第四，体现在所表示重复部分的词意单复数上。在泰语语法中，重复符号本身就具有“加重或减轻一个词的含义或表示复数”等作用。如：“เด็ก”意为“小孩”，“เด็กๆ”意为“孩子们”，表示复数；再如“เล่ม”意为“本”，而“แจกเป็นเล่มๆ”中的“เล่มๆ”意为“一本一本”，强调单数。

二、泰语模糊性的成因分析

造成泰语模糊性的原因是多方面的，但从语言的形成和特点来看，笔者认为至少有以下几个方面。

一是发展历史相对较短。任何自然语言都有其创造、发展、完善、成熟的过程，而这一过程是与其经济社会发展和对外对往交流相适应的。众所周知，汉字具有 5000 多年的历史，古汉语最初是没有标点符号的。随着社会的发展和交流的需要，自汉朝以来才逐渐发明和引进了“句读”等其他符号，新中国成立后还多次对标点符号的使用进行了规范。而 13 世纪的兰甘亨碑文是泰国目前发现的最早最完整的泰文文献，据该碑文记载，公元 1283 年素可泰王朝兰甘亨国王在大高棉文和孟文的基础上创造了泰语文字，迄今为止仅有 700 多年时间。尽管泰语得到了极大的发展，满足了不同时期经济社会发展和人们交往交流的需要，但相对汉语、英语等语言而言，还有待进一步改革和完善。

二是语法体系尚待完善。潘德鼎教授在为《泰语语法新编》（裴晓睿著，2001 年，北京大学出版社）一书作序时曾经指出：泰国学者的语法理论是不很成熟的。泰语的词性仅分为名词、代词、动词、修饰词（相当于汉语的形容词、副词、语气助词等）、前置词（相当于汉语中的介词）、连词和叹词等 7 类。因此，许多词的记性不是很稳定，用法也不十分明确；泰语的句型也不固定，表达时态要通过动词、语气助词来实现；语句间无标点，难以分割意群，等等。

三是外来语引用较多。泰语中吸收了大量的梵语、巴利语以及相当数量的孟语、高棉语、汉语、马来语和英语词汇，这些外来语的发音规则各不相同。为了既“保持原貌”又适合泰语特点，这些词在转换成泰语时通常使用了较多的不发音符号和声调，且不能按照正常的泰语拼音规则进行拼读，致使发音时因人而异、各不相同。同时，泰国以其独特的地理位置、历史文化背景、国家政治体制和经济发展模式，曾一度被誉为“现代东西方文明交流的窗口”，社会比较崇尚西方文化，泰英混杂使用几乎成了时髦甚至是学识地位的象征，借用英语的“随意性”和“不规范性”非常突出，这在一定程度上增加了泰语的模糊性。

三、结束语

语言本无所谓先进与落后之分，其基本功能是在特定时期、特定社会、特定人群中表思达意、记录传承、服务交流。但语言的演化是一个渐进、连续的发展积累过程。随着泰国社会的发展和对外交流的增加，泰语也将进一步完善。正如绪言所说，作为自然语言的一种，泰语的模糊性将永远存在。了解泰语的模糊性及其成因，从语音、语义、语法等多方面进行理解和分析，对于消除语言模糊性、学好用好泰语将起到一定作用。当然，泰语模糊性的表现及成因还远不止这些，更多的还要在日常学习使用、对比借鉴中注意积累总结，不断提高对其特点和规律的认识和把握，尽可能从模糊性中找出确定性，最终达成灵活运用。

参考文献

[1] 广州外国语学院．泰汉词典．北京：商务印书馆，1999.

[2] 张光军．语言·文学．北京：军事谊文出版社，2000.

[3] 傅增有．泰语三百句．北京：北京大学出版社，1996.
[4] 刘哲、于泳波．现代汉语概论．洛阳：解放军外国语学院，1999.
[5] 魏俊城．泰汉缩略语词典．昆明：云南民族出版社，2010.
[6] 伍铁平．模糊语言学．上海：上海外语教学出版社，2000.
[7] 裴晓睿．泰语语法新编．北京：北京大学出版社，2001.

（作者系解放军国防科技大学国际关系学院讲师）

1975—2015年越南文学创作学派分析

方晨明　宦玉娟

【摘　要】1975—2015 年的越南文学创作是一段变化较大的过程。本文主要阐述这一时段从革命文学到出现脱离社会主义现实主义文学学派，直至后来出现市场文学的一些社会和作者的言论和观点。

【关键词】越南文学　阶段政策　市场文学

一、越南各时期的文艺方针政策

1975—2015 年整整 40 年间，越南党和国家坚定不移地走发展文学艺术的路线政策，值得关注的是越共中央第 5 号决议（1998），越共中央第 23 号决议（2008）和越共中央第 33 号决议（2014），各项精神在中央决议中日益得到具体化。

越共中央第 5 号决议提出“发展文艺事业”的任务是：“努力创造更多具有高度思想和艺术价值，融合人文、民主精神，对人类建设具有深刻影响的文艺作品。为满足大众健康、有益的精神生活，鼓励探索，体验各种创作方法和风格，消除各种落后、非人性的创作倾向。”

越南的文艺方向反映了真实生动的现实生活以及在革命抗战、

建设社会主义和保卫祖国的事业中人民群众做出的杰出贡献，仿佛是过去越南民族坚强不屈的历史再现。尤其是在革新事业中，鼓励创作突出体现社会积极因素，时代代表人物的作品。提倡人与人、人与社会、人与自然关系中的真、善、美；批判那些陈规陋习，谴责那些邪恶与低级趣味的东西。创作出形式、内容适合少年儿童的作品，严禁在儿童出版物中出现与暴力消极相关的内容。

越共中央第 23 号决议的文艺目标是："集中一切资源建设先进的、饱含民族特色的越南文学艺术，不断满足各阶层人民日益增长的真、善、美需求和丰富的越南民族特色文化的需求；为国家工业化、现代化事业服务，为实现民富国强，社会公平，民主文明的目标，建设和保卫越南社会主义国家。"

越共中央第 33 号决议的文艺任务是："发展文艺事业，为文艺工作者队伍的创作、研究创造条件，力求创作更多具有思想和艺术价值的作品，融合人文、民族、民主、进步的精神内涵，反映真实、生动、深刻的现实生活，反映民族历史和国家改革事业。加大创作和宣传有关革命抗战、民族历史、国家革新事业等题材的作品。逐步建立越南文艺理论体系。鼓励越南人民创造、传递和弘扬民族文化价值。"

从 1975—2015 年以来，越南文学已明显地划分为革命文学、脱离社会主义现实主义文学和市场化文学等 3 种学派。

二、革命文学学派

之所以称为"革命文学"，是因为这种文学学派是根据越南共产党的文艺精神进行创作的，接受党和国家相关组织的领导。这种文学学派直接服务于党的革命任务，坚持创作有关历史、革命和抗战题材的作品，创作“向道德模范胡志明学习”，工农业，少年儿童，少数民族以及各种行业题材（例如交通运输、银行等）的作品。越南作家协会和地方文艺协会陆续组织创作营地，让学员们深入实际，组织诗歌、短篇故事、小说比赛；文艺协会每年都会评奖，备受关注的是越南作家协会奖，河内、胡志明市的文艺协会奖等。例如根据“国防部 2009—2014 年文学奖总结报告”，奖项将从 200 部文学作品、近 500 部美术作品、近 1000 部摄影作品、400 部音乐作品、50 部舞蹈作品、44 部电影作品、30 部戏剧作品中评选产生。在 8 个领域中评选出 185 个奖项。其中，一等奖 19 项、二等奖 35 项、三等奖 54 项以及 77 项鼓励奖。

在文学中，“胡伯伯的部队”形象、越南人民军战士的崇高形象与残酷战争形成的鲜明对比在许多作品中得到成功体现，这些作品呼吁人们的良知和爱好和平的精神。其中突出的作品如老一辈作家梁士琴的小说《行军灯》、作家文黎的小说《凤凰》、诗人银咏的诗集《霜湿枯叶》、阮越战的《从海洋望祖国》和阮友贵的《实现梦想》两首长诗，让我们看到了越南战士善良、坚韧不拔的意志，勇敢牺牲、艰苦卓绝的高尚灵魂。

陈梅杏的小说《战争纪实 1975 年 1—4 月》写道：“值此纪念南方解放日、全国统一 39 年（1975. 4. 30—2014. 4. 30）之际，国家政治出版社郑重地向读者介绍陈梅杏的《战争纪实 1975 年 1—4 月》这部小说。这是一部以绝对票数获得越南作家协会执行委员会授予“2014 年文学奖”的唯一一部散文体裁的作品。据越南作家协会主席、诗人友请介绍：目前国际上文学界的著名作家预言 21 世纪是纪实文学盛行的时代。如今各位将领、政治人物、著名企业家的回忆录，占据巨大的发行量，吸引了广大读者的注意。纪实文学在现代文学进程中扮演了重要角色，记者陈梅杏的历史纪实小说生动描绘了抗美战争中最后 4 个月西贡傀儡政权的命运和军队将领的垮台，越南人民军最终解放南方，突出了抗美战争的伟大胜利以及在越南共产党正确领导下军民同心协力抗美救国的事迹。”

批评家裴越胜认为：“《战争纪实 1975 年 1—4 月》是一个首次出现在纪实文学里“另一方面”、“逆向视角”的‘现象’。作者没有站在‘战胜者’的常规角度，没有把胡志明军队的战士形象像其他战争作品那样当作故事的主体。作者中立、客观的看法帮助读者更清楚地了解这一时期的战争形势和南越政权的内情，同时也深刻剖析了这个政权倒台的原因。”

越南文艺协会的总结报告常常充满了“插上翅膀”这样的赞美之词。但如果按照中央决议的要求评价作品的实质，很少有“反映真实生动的现实生活以及在革命抗战、社会主义建设和保卫祖国中体现人民杰出事业的作品”，很少有作品能够“融合民主人文，对人类建设具有深刻影响”，没有哪部作品被誉为“切实有效服务于国家工业化、现代化建设事业”。

在学校里，学生不喜欢文学是因为相比于实际生活文学课程已经太落后了。12 年级（高三）教程要求学生学习麻文抗的《园中落叶的季节》，学生接触的现实是合作社时代已经成为“古迹”。河内人阮凯的故事具有深刻的思想内涵，尽管革命如同台风横扫榕树，但一个昏暗的时代即将过去，河内文化依然存在。由于阮明洲的思想教条僵化，他的作品《远方的一艘船》教育女性甘受压迫。

在书店里，革命文学作品很少受人关注，年轻人枕边摆放的净是一些言情小说。

三、脱离社会主义现实主义文学学派

“社会主义现实主义”这个命名首先是由高尔基在 1932 年提出，

1932—1934 年苏联文艺界在关于创作方法问题讨论的过程中，由作家和理论家提出、经斯大林同意后确定下来的。关于社会主义现实主义的定义，在 1934 年全苏第一次作家代表大会通过的苏联作家协会章程里作了如下表述："社会主义现实主义，作为苏联文学与苏联文学批评的基本方法，要求艺术家从现实的革命发展中真实地、历史具体地去描写现实；同时，艺术描写的真实性和历史具体性必须与用社会主义精神从思想上改造和教育劳动人民的任务结合起来。社会主义现实主义保证艺术创作有特殊的可能性去发挥创造的主动性，去选择各种各样的形式、风格和体裁。"①

越南的革新有其特定的国内外历史背景，经历了 1979—1986 年革新探索和试点，在 1986 年 12 月越共六大确立了越南革新的路线。越南革新是以思维革新为起点，从实际国情出发，尊重和运用客观规律，扬弃旧的观念和思维；越南革新是从以经济革新为主，走向政治、文化和社会革新，从思维、认识和思想革新走向党、国家和人民各阶层的实践活动革新；越南革新是社会主义的自我完善，不偏离社会主义方向，在革新进程中逐渐解决什么是社会主义及其怎样建设的问题。然而，越南革新的道路并不平坦，经历多次反复曲折和斗争，才建立起社会主义定向的市场经济机制。②

革新时期和革新后至今的文学还没有像过去的文学阶段一样进行定位和总结评价。人们有这种顾虑是有许多原因的。"革新"时期文学实际上是指严重脱离社会主义现实的文学，也就是从党的文学观点中抽离出来的文学。抗美和抗法文学"结合革命浪漫主义的通过高度典型化描写革命现实"。根据党和人民的需求以及过去具体的革命任务来评价作品（如抗法战争、抗美战争、越南北方社会主义

① 令狐郁文．苏联关于社会主义现实主义的论争简述．文谭，1983（8）：11.

② 谷源洋．马克思主义研究，2009（10）：9.

建设）。当得到“松绑”和“思维革新”后，作家认为，在文学走向社会主义的道路上，现实情况复杂，充满光明，也有黑暗，作家的责任是要对生活中的紧迫问题发声，不要一直歌颂浪漫主义，作家们认为应该革新写作方式，要写革命文学中没有涉及的“事实部分”，因为半个真理不等于真理。

有人称这种文学学派为“醒悟文学”。越南许多学者认为这种说法不正确。革新存在于思想、审美和创作方法的新意识中，许多学者把它称作人文民主文学学派（引用越共中央第5号决议和第23号决议内容）。这种文学学派完全脱离社会主义的现实主义，用独特的视角来观察现实，有时与党的文学观点相悖（文学为革命任务服务的观点），是用一种完全不同的写作方式来创作。我们要清楚这不应该是革命文学，作品没有反映革命现实，不是“只给今天的我们做榜样，而是要教育子孙后代”（胡志明）。许多作品是以复杂多样的灵感和揣摩现实的态度来进行创作。

可以说《站在大海前》（阮孟俊，1982）、《蓝靛色的小岛》（阮孟俊，1985）、《远方的一艘船》（阮明洲，1983）、《逝去的时代》（黎榴，1984）、《天使》（范氏怀，1989）、《退休将军》（阮辉涉，1987）、《战争哀歌》（保宁，1991年获作家协会奖）、《幻想湖的那边》（杨秋香，1987）和《黑暗的天堂》（杨秋香，1988）、《人鬼之地》（阮克长，1990）、《一个人的河内》（阮凯，1990）、《2000年的故事》（裴玉晋，2000年）、《无尽的田野》（阮玉思，2005）、《另外三个人》（苏怀，2006）、《神圣的时代》（黄明详，2008）、《钢琴店》（邓氏青柳，2009）、《英雄背影》（尹勇，2009）等等这些小说，我们需要清楚地认识到其在创作思想和目的上是相当复杂的文学学派，它的价值取决于作者选择政治视角还是“民主人文”视角。从本质上看，这种文学学派的作品否定了社会主义的现实主义，但还未完全形成一种紧随时代革新的艺术潮流。这种文学学派仍然只是“反映现实”，而事实部分还未被革命文学发掘出来。对它可能会因政治原因引起了轩然大波，并不完全是因为文学艺术和思想原因；政治方面，许多作品阐述了与党和国家政治观点相反的看法，比如对战争、土地改革，对社会生活中消极因素的看法等等，因此一些作品被没收销毁，一些人热捧这类作品主要也是出于政治目的。

亦有一些意见提到利用文学（后现代主义文学）在敌对势力的“和平演变”中“解除神灵”，“推翻神像”。“和平演变”策略的5个目标是“……放弃马克思列宁主义，取消共产党的领导，实现多元政治，多党对立，引起政治的不稳定等”。

在《全民国防》杂志上，越南史学家范文山（1915—1978）进行了更详细的阐述：“在文艺领域、新闻出版领域，我们大力动员成立‘独立文学社团’、‘独立记者协会’、‘独立工会’，散发一些海外出版的书籍，如陈萤唯识的《越南之路》、辉德的《赌赢者》、陈颖的《走马灯》等作品，目的是要‘抹黑’党的高层领导干部的私人生活。”

或许是因为这些作品的政治“敏感”给1975—2015年这一阶段越南历史文学作家造成了困扰，不可否认这类文学学派的作用，但也决不能把它视为党领导的具有文学价值的作品。过去人们挑选作品的视角单一，并且只站在艺术领域中民主人文的角度观察，这在文学奖中得以体现。1991年越南作家协会把奖项颁给保宁的《战争哀歌》，2006年颁给阮玉思的《无尽的田野》。

脱离社会主义的现实主义也有理论方面的认识。最早是黄玉宪教授的文章《在上个阶段中文艺的特点》（1979）。8年后，是作家阮明洲的文章《怀念一个文艺解释阶段》。

黄玉宪教授提到的“真理现实主义”，指反映正确的现实而不是正在发生的现实。“总的来看，今天的创作是描写正确的客观存在和正在发生的客观存在，并且我们赞成阮明洲的观点，认为这种排挤正在成为‘走向现实主义道路’上的一种阻碍，尤其是小说体裁。站在正确的客观存在的方面，艺术工作者容易被描写生活‘真理’的趋势吞噬，但站在正在发生的客观存在方面，作家首先关心的是怎样真实地描写。读某些作品时我们觉得作家似乎关心真理多于真实性，我们可以把这类作品称作是‘真理现实主义’。实际上，在现实生活中，由于要适应生存的规律，渐渐形成一些‘真理’类型的作家和思考方式，他们的说话能力、待人接物被视为真理’。概括实际现象即产生‘真理现实主义’。”

阮明洲讲到一个文艺解释阶段时说：“我难以想象过去几十年的革命文学，多少作家的智慧、汗水和毕生心血倾注到今天的文学中，却没有诞生优秀作品，也没留下真实作品。但另一方面，也要彼此坦言：“过去几十年，自由创作只针对解释文学的写作方式，用熟悉的笔法为已有的篇章添枝加叶被我们认为是对一切广泛多样的现实生活的归纳。作家就像被委托作为一个干部，通过笔下生动的文学形象宣传党的政策路线，且由于许多原因，从革命之初作家也自觉自愿地认为应该且需要这样做。”甚至一些刚加入革命和创作抗战文学的作家将其看作新事物，是完全的“蜕变”。

2012 年陈庭史教授提议摒弃创作方法的概念，他说：“我认为已经到了彻底清除创作方法概念来完善我们的文艺理论体系的时候了。摒弃创作方法的概念不是盲目跟随国外的行为，而是清理一些在苏联文学理论有的而在马克思理论中没有的伪术语，使文学理论体系更加严谨，符合马克思主义的精神。我们仍把它称做‘创作方法’，但内容偏向创作理论或主张。”人们理解陈庭史教授欲淘汰社会主义现实主义创作方法的想法，但长征在《越南文学与马克思主义》报告中说过：社会主义现实主义是根据客观规律引导社会主义社会发展的一种文艺创作方法。

2015 年在文艺理论方面有更深入的发展，陈庭史教授在谈到理论危机状况时做总结说："总的来看，马克思文学理论的本质是社会学，虽然给社会竞争增添了生机、气势，但总的来看，对于一个文艺批评审美领域，它存在很多局限和不足。在马克思主义社会学独尊的形势下，它的各种劣势更增加了阻碍作用。只有到了革新时期人们才敢正视这些消极方面，敢于批评它、超越它并且力求发展丰富多样、富有生气的文学批评和理论。"

关于建设越南的文学理论，他阐述得更具体："……从语言表达的角度，允许我们有建设大众期盼的符合时代和民族精神的现代越南文学理论观点，问题不在于贯彻这个思想那个主张，不是为了掌握国外理论体系而进行学习，关键是要突破语言表达理论的四个要素。要实现这一目标就要建设理论研究队伍，创造条件让研究者可以学习知识，自由创作，建立起自己的研究方法和理论体系，再将他们所领会的知识运用到文学实践中。根据语言表达丰富的术语体系，深化内涵；根据世界理论水平不断拓展知识框架。意识形态和权力体系的民主化、多样化在这种创造精神下必定能在实际研究中形成一套越南的现代文学理论。"

吕原在 2015 年也曾提到过马克思文艺理论的局限。"当文艺革新事业在各种学术论坛上被发起后，人们纷纷追问、讨论传统马克思主义的美学原理。也是从这时起，在学界的研究作品中，在学生、高层学者、研究生的论文方案中，传统马克思主义的文艺理论体系不再成为人们首选的研究题材。在艺术创作领域，社会主义现实主义创作方法也不再是文艺工作者的优先选择……总的来说，目前，人人都觉得传统马克思主义的文艺理论和美学原理没能保持原有地位是因为在时代艺术创造和科学实践面前它已变得僵化、不足。"他引用潘重赏的话："……自 20 世纪 90 年代至今，与社会主义现实主义理论系统相应的是社会主义现实主义创作方法，经过后来 70 多年的存在与发展，已经没有能力稳住它原有的位置，它似乎已经完成自己所有的历史使命，即将要让位给正在萌生和更替的其他文学。”

我们也要清楚地看到，自1988年起，越共中央第5号决议已经开辟了道路，“努力创造更多具有较高艺术和思想价值的文艺作品，领会民主人文对人类建设有深刻影响的精神。鼓励钻研、尝试各种创作风格、创作方法以达到满足有益于公众、有益于健康精神生活的目的，消除各种落后、非人性的创作趋势。”中央政治局第23号决议（2008）也充分肯定：“继续革新，为文艺题材、内容、类型、创作方法的丰富多样创造有利条件，钻研尝试，全面提高国家文学艺术的质量……”

直到21世纪初，年轻作家群体的出现，民主人文文学学派才有了实质性的革新。由于不再受创作方法的限制，年轻作家们大胆尝试现代写作方法，文章不再是为了反映现实而是为了描写和研究现实。文学从讲述事件的写作方式转向研究思想的类型。作家摒弃马克思主义的观察方法（根据阶级斗争的观点看现实），转向从现实生活中获取题材。有的人重新用东方思想进行创作，作家采用各种笔法，其中包括超现实、虚幻现实和后现代笔法。可以说21世纪初10年间出现的年轻作家群体已经完全改变了现代越南文学的面貌。因为他们能够接触世界文学，在水平上完全超越了上一代，不受过去的束缚，创作不再畏手畏脚，因为第5号中央决议和第23次决议使他们得到“松绑”，能够大胆尝试自己领会的东西。

一些作家、诗人的作品如阮平峰（1994年《老死的孩子》、2004年《开头》、2006年《坐》）、杜进瑞（2006年《田野森林的颜色》）、风蝶（2009年《博客》）、阮名兰（《在水流中失去》获2010年越南作家协会奖）、阮玉思（2010年《绚丽的青烟》）、汪潮（2015年《正月的雾》），以及诗人阮光韶、梅文奋、李黄丽、阮友宏明、黎永才、文琴海、阮翠恒等，有了成功的开始以后，他们渐渐退出了，在他们之后的现在这批年轻作家还没有能力超越前辈，继续推动越南文学融入世界文学。

三、市场化文学学派

在近 30 年改革融合后的今天（2015 年），我们能够看到市场经济给越南社会带来的影响。越南经济从计划经济转向市场经济必然要变革各种社会因素，包括思想、文化和生活方式。起初人们对这种转变还存有争议，后来大家默契一致地接受和认同的事实是：各种价值都应该转变为商品并根据货币规律运动。文学也成为由市场决定的商品。越南社会经历了巨大的改变，许多文化垃圾也充斥着越南市场并打乱各种价值规律，破坏了文化、传统道德、革命精神。教育失败使一批年轻人的生活完全不同于受家长监督的年轻人的成长轨迹，他们没有理想、完全不关注革命和抗战历史，利己享乐的个人主义和实用的人生说教变成他们普遍的生活方式。他们用狡诈的方式挣钱，整天沉浸在虚幻的世界里。没有爱情只有性，没有自信只会感到乏味，没有人生方向，只会自我禁锢，不去寻找生活真正的价值，只会追求虚无缥缈的东西。

2012 年 10 月 18 日晚，在河内举行的关于三部小说（《1981》《多种生活方式》《失忆》）的名为“另类年轻人的多种生活方式”的座谈会上，作家阮琼庄坦言：“我从出世以来常常自问自己是谁，从哪来，今生要到哪儿去……”年轻时候我们都曾惊慌失措、担心徘徊，越是追求物质享乐越感觉到乏味。通过《失忆》我想寻找自己，找到走出迷茫的方法。

“市场文学”是满足一些年轻读者喜好的文学作品学派，这些读者深受外国市场文学的影响，为了迎合这类读者的口味来创作会使作家被卷入市场。作家阮庭秀说出以下原因：

“第一，不可否认外国文学的作用，它们在流入越南后或多或少成为催生这类作品的动力。如米歇尔·维勒贝克的《基本粒子》、莫言的《一生的宝物》、杰利内克的《弹钢琴的女孩》、村上春树的《挪威森林》《海边的卡夫卡》、乔纳森·利特尔的《善良者》、余华的《兄弟》、卫慧、铁凝、山飒、春树的各种作品；第二，性曾是我们文学中禁忌领域，因为它常常令读者、作者变得兴奋，只有被读者反感的时候这类作品才会平息……‘解开’一个禁区和读者的喜好（如有期待）多少成为促使作家提笔写性文章的灵感源泉……”

“……对于最近流行的这类倾向的作家和作品，可以看到，这种文学学派在未来还会继续发展。这类文学不讨论作品的好坏就像人们不去讨论包含过多性元素作品的消极或积极影响，只简单地把它看作是一种创作倾向就很纯粹，但要正视它，它也像许多其他创作倾向（或潮流）一样，性欲发展到高潮然后衰退。”

许多“面具”被用来掩盖赤裸裸地描写性以吸引读者、制造丑闻使一些作者成名的实质。人们推崇女性文学的倾向，通过文学把女性从男权统治中解放出来；认为文学没有禁区，性文学已存在于各个时代中，存在于各种人类文学里，如杜黄妙的《梦魇》、伊班的《我是女生》、水安娜的《妓男》、阮庭秀的《粗糙》等。同时用性题材作为同性性欲小说的题材：裴英迅的小说《没有女性的世界》、武庭江的《平行》等，不仅如此，性文学还存在于一些文艺批评理论集训中。通过梅国连教授我们了解到，《梦魇》起初只是一部通过赤裸裸地描写性而引起轰动的性小说，经过外国作家改写后成为一个揭露政治主题的工具。

当作家写性文学而“不考虑消极或积极影响”，并且“简单地”将性文学看成一种迟早会过气的潮流时，我担忧的是作家往往只根据人的生理本能来写作品，而不反映进步的思想观念，其中某些人写出“肮脏的性”，有人毫不掩饰地直言只为求名求利。

性文学潮流过后，文学市场又轰轰烈烈地流行言情小说，但大部分作品都受中国言情小说影响。爱情故事被编织成各种类型，自然也少不了性，各式各样的题目流露出作者想表达的内容。评点一下 2014 年言情作品，其题目有《死前要明白爱情是什么》《爱符》《爱走了，太晚了》《所有人都需要爱》《轮到我表白》《谁像我一样爱你》《谁让我依靠?》《用我的一切爱你》《掌心上的爱》《静静地爱》《爱不后悔》《只是爱停了，我相信你依然爱我》《后来谁都会去习惯一个人》《你再睡我就要去结婚了》《前任有了新对象，爱他并祝福他》《爱回来，像最初那样》《婚外情》《爱不放手》《失恋后情感恢复中心》《为结婚相爱》《不要为爱而死》等。

请倾听作者英康的心声：“……不仅我的朋友是这样，外面许多情侣的恋情都开始得很快，遇见一个爱一个，看见对方有自己喜欢的东西就只顾去恋爱，如果看到另一个人也有自己喜欢的东西就马上开始下一段恋情，如此反反复复，他们的爱情来的很快，但并不是爱一个人的心。”

市场文学的总趋势是娱乐文学，这种趋势正在逐步占据市场并且拥有大量粉丝。在 2014 年的畅销书名录中，排在前 10 位的都是市场文学作品。我们来读一下这些广告语：“眨眼间作品在胡志明市的书会上就脱销了，这本书在越南年度最畅销的 12 本书的榜单上，是处女作散文集，再版量达 2 万本，该作家继续位列短篇小说排行榜第二名，这部作品还未成书就因近万册的预订量成为畅销书；书籍就像给年轻人的锦囊；作家是一个庙会博客，并在网上被人们一致称为流行少女作家。在小说出版前，被传到网上的前 6 章仅 1 个月内就吸引超过 200 万点击量。”郭秋月博士是原青年出版社经理，她向《西贡营销》作独家解析：读者中年轻人居多就意味着市场将更广阔，作品有更强的购买力。我发现当下许多图书公司尤其是私人公司已经能够很好地把握市场性质，他们发掘的年轻作家既能代表年轻人声音又可以触及年轻人的思想感受，与年轻读者具有同感。但这也提出了挑战，市场正需要多样性而不应只集中在纯粹的娱乐书籍中。

出版过7本书的一位作家说："写文章不是我的专职工作，它只作为爱好，有也行，没有的话也会有点难过，但没关系。"另一位出版过3本书的作家也持有同样观点："我没有更多地去想自己是否要成为一名真正的作家，我只是简单地写，不断地创作……"。

在文字交易充斥着求名求利、个人目的的混乱形势里，市场文学学派也出现了有才华的作家，他们的作品既符合市场需求，又具有文学品质。比如阮日映、杨瑞、潘浑然等。作家阮日映的书已成为品牌，他的新书出版往往超过1万册销售量。杨瑞因《钟爱牛津》而成名，两年内再版14次，总数达5.5万册。潘浑然致力于科幻小说，作品有《台风眼》《危险感受》《冒险》《铁马》等。

事实上还没有明确的标准来划分一个作家是属于市场文学，还是属于民主人文文学。阮玉斯就是一个例子，这位女作家有市场畅销作品，但她同时也是关注现实热点问题的作家，《无尽的田野》虽给她带来荣誉，但作品刚问世时也引出不少麻烦。

在市场经济的趋势下，作家与作品要想被广大读者认识，就不得不面向市场。只有有才华的作家才能创作出既符合市场要求又有文学品质的作品，成功的例子就如阮日映就永远都是点到为止。因此，市场文学学派虽然有时因广告宣传而变得嘈杂，但它会很快平息，一浪接着一浪，最终融入具有全球影响的市场浪潮。市场文学首先是娱乐文学，它是年轻人本能中的语言游戏，不是艺术的才能创造，具有走在时代前面的审美意识和思想。

四、结语

1975—2015 年以来，越南文学已明显地划分为革命文学、脱离社会主义现实主义文学和市场化文学等三种文学理论学派。随着时代的发展变化，最初的革命文学，即从抗法战争、抗美战争、越南北方社会主义建设的文学作品，过渡到民主人文文学学派，最后逐步被现今的市场文学所替代。

参考文献

[1]〔越〕潘巨第 . 20 世纪越南文学 . 河内：教育出版社，2004.

[2]〔越〕马江林 . 越南现代文学作者与问题 . 河内：教育出版社，2005.

[3]〔越〕阮文龙、马仁辰 . 1975 年之后的越南文学研究与教学问题 . 河内：教育出版社，2006.

[4]〔越〕武俊英 . 越南现代文学认识与审定 . 河内：科学与社会出版社，2001.

（作者：方晨明系云南民族大学副教授；
宜玉娟系解放军国防科技大学国际关系学院讲师）

一个革命家的思想轨迹

——胡志明《狱中日记》研析与思考

黄 楫

【摘 要】胡志明的诗集《狱中日记》完成于在华被关押的一年多时间里，共创作汉字诗133首。该诗集以七言绝句为主，古朴而有韵味；其内容丰富、详实，从多个视角记录了诗人辗转于各监狱之间囚徒生活的所见、所闻、所思、所感和所悟，具有较高的研究和参考意义。本文从史料价值、语言价值和思想价值等方面对诗集进行初步研究和探索。

【关键词】胡志明　汉字诗　研析

越南人民的伟大领袖、中国人民的亲密朋友胡志明同志精通中文，喜爱中国诗词，尤其是唐诗，在他的《遗嘱》中就引用过杜甫的诗句，他的汉字诗集《狱中日记》更是用中文写成的传世之作。一位越南友人在旧中国的监狱中写下了大量中文诗词，且不说这些诗词所具有的珍贵史料价值，仅这件事本身就值得我们认真探究。

一、基本史实

1940年9月，日本入侵越北，越南人民遭受日、法双重压迫。次年2月，胡志明回到阔别30年的祖国，在靠近中国广西边界的高平省开展革命工作。在胡志明的领导下，5月，成立了越共领导的抗日反法民主统一阵线组织“越南独立同盟”（简称“越盟”）。10月，组建了武装力量越南救国军。之后，“越盟”分支机构遍布越北各省，越北革命根据地初步形成。

不断发展的越南革命急需国际的承认和援助。太平洋战争的爆发和国际反法西斯统一战线的形成为此提供了可能性。胡志明决定就近到五大盟国之一的中国，以“国际反侵略会越南分会”代表的身份，赴华争取支援和帮助。

遗憾的是1942年8月，胡志明在入境中国，途径广西天宝县足荣街时，因被当局怀疑是间谍而遭逮捕。之后“解过广西十三县，住了十八个监房”。(《到第四战区政治部》)。在接受四战区政治部的“察看感化”后，于1943年9月出狱，历时12个月又12天。《狱中日记》就是在这种颠沛流离中创作完成的。

二、史料价值

《狱中日记》内容丰富，对研究越南革命、中越关系史以及抗日战争时期广西的社会、民情、监狱状况等都有重要的参考价值；它填补了《胡志明全集》中1942—1943年间的空白，对研究胡志明生平、编写其年表以及研究汉文化对胡志明思想的影响等，具有极高的史料价值。

（一）胡志明来华目的和被捕原因

长期以来，对于胡志明 1942 年来华的目的众说纷纭。出于各种政治原因，以前的越共领导对胡志明是否是赴渝会见蒋介石一事持回避态度。《狱中日记》对此行情况有所记载。

关于来华目的，诗人写道：“余原代表越南民，拟到中华见要人”（《世路难》）；诗中还有此行所需时间的记述：“昔君送我到江滨，问我归期指谷新”（《忆友》）。显然，胡志明是作为“代表”来华见“要人”的，归期约定在稻谷成熟时，而“要人”实指周恩来，胡志明被捕后，周恩来为其被成功营救到处奔走。

专程来华会见要人的越南人民代表，没有得到应有的礼遇，反而被关押、审查。当从报纸上得知美、英代表团相继访华并受到热情接待时，诗人借机一吐为快：“同是中国友，同是要赴渝。君为座上客，我为阶下囚。同是代表也，待遇胡悬殊”（《各报：欢迎威基大会》）。“美团去了英团到，到处欣逢热烈情。我也访华团一部，却遭悬殊的欢迎”（《英访华团》）。字面意思是赴渝拜访蒋介石的客人，却遭遇如此悬殊的待遇，诗人写出了心中的十分委屈和满腹牢骚，避重就轻，巧妙地模糊化来华的真实目的，很好地保护了自己的身份，同时直指国民党当局对自己的无理由逮捕和不公待遇。

关于胡志明被捕的原因，诗集中也有明确答案。如：“间谍嫌疑空捏造，把人名誉白牺牲”（《在足荣街被捕》）。“忠诚我本无心疚，却被嫌疑做汉奸”（《世路难》）。“……汉奸与我本无干，无干仍是嫌疑犯……”（《街上》）等。不难看出胡志明当时是被国民党地方当局错当作偷渡入境的日伪间谍嫌疑犯逮捕的。正是这个有待查清的“特嫌”罪名使，诗人“含冤踏遍广西地”（《无题（二）》），

“无罪而囚已一载”（《秋夜》）。

（二）国民党对越政策

《狱中日记》表明国民党当局对待胡志明采取了给予重视和有限优待的态度。

胡志明被捕后，便被“弯弯曲曲解”（《解往武鸣》），从乡解到县，从县解到省，从柳州解到桂林，“空空苦了四十天”（《无题（一）》），后又被解返柳州，最后辗转到四战区政治部。这足见当时国民党对胡志明案件的重视程度。事实也的确如此，国民党中央执行委员会秘书长吴铁城曾在短时间内三次致电广西省政府和四战区司令官张发奎，要求查明释放胡志明。四战区未能查明胡志明的底细，但认定他是重要人物，所以采取了慎重和一直拖延的态度。

生活待遇方面，虽然胡志明吃过“每餐一碗红米饭，无盐无菜又无汤”（《囚粮》）的伙食，住过“二尺宽兮三尺长”（《政治部禁闭室》）的牢房，却未出现关于遭受体罚、刑讯和做劳役的诗句内容。相反，他得到了有限度的优待。可以作诗：“聊借吟诗消永日”（《开卷》）；可以下棋：“闲坐无聊学弈棋”（《学弈棋》）；代人写申诉：《替难友们写报告》；看书：《看千家诗有感》；读报：记述读报的诗多达 4 首。

国民党对胡志明采取这样的态度，反映出其当时的对越政策。1942 年 1 月 5 日，应美国总统罗斯福之请，蒋介石出任作战范围包括越南在内的中国战区最高统帅。为了营救对日空战中被迫跳伞落在越南境内的盟军飞行员，以及战后派兵入越接受日军投降，国民党当局需要在越南寻找合作伙伴和代理人。为此，国民党积极扶持越南解放同盟会、越南复国军等流亡组织搞所谓的“亲华、反法、抗日”运动，希望战后越南出现一个亲华政权，或者至少将越南置于一个中国有较大发言权的国际组织托管之下。

1942年10月，四战区召集在华越南各主要“革命”派别，组建了“越南革命同盟会”（简称“越革”），由四战区政治部主任兼任指导代表。但是国民党可以操纵的这些越南“革命”者有一个致命弱点，就是脱离祖国和人民，搞不到真实情报，起不到预期的作用。因此，当局对植根于越南本土的各政治团体持积极开放的态度，对于自称是反侵略越南分会代表的胡志明自然不例外，所以才会对胡志明的案子表现出审慎观望的态度。最终得出胡志明是“第三国际活动分子”的结论后，决定“感化”和拉拢他，派人去“殷勤慰问和帮助”（《伍科长黄科员》），改善其物质待遇，使之“吃够饭菜睡够毡，又给零钱买报烟”（《学有待》）。并且在胡志明出狱接受“感化”期间，张发奎将军还邀请他参与“越革”的整顿工作。1944年8月回国时，四战区给胡志明签发了便于来往的长期护照及相关证件，为其是年冬天去昆明会见陈纳德创造了条件。

三、语言价值

在狱中的胡志明与国民党当局孤军奋战。他曾长期在华从事革命活动，深知国民党对共产党的态度，所以他表现得极为谨慎和小心，非常有斗争策略和斗争艺术。《狱中日记》里的诗句用词精准、巧妙而寓意深刻。既要不被国民党当局嗅出蛛丝马迹，抓住把柄，当作加罪的证据，又可以不卑不亢，继续斗争。

对于敏感的政治内容，胡志明表现得含蓄而又独到之处，诗中没有直接宣扬共产主义、刺激国民党的词句。不激化矛盾，但也大胆直言，如把国民党当局称作“友者”：“我居友者囚图里”（《寄尼赫鲁》），被关押的事实也不回避；歌颂中国的抗战：“中华抗战将六载，烈烈轰轰举世知”，“抗日旌旗满亚洲，旌旗大小有差殊，旌旗大的固需有，小的旌旗不可无”（《双十一》），大小“旌旗”形象地写出越南在反法西斯斗争中也占有不可无视的地位与作用。对于当局可能难以接受的内容，诗人使用模糊的语言表达，如“笼里现时还黑暗，光明却已面前来”（《早春》），让我们仿佛看到了身陷阴暗牢笼的诗人正奋笔疾书，直抒胸臆，对黑暗即将过去、光明就在眼前的革命充满信心。有时借题发挥，如在《警兵担猪同行》中，诗人用词诙谐、生动：“警士担猪同路走，猪由人担我人牵。人而反贱于猪仔，因为人无自由权。世上千辛和万苦，莫如失却自由权。一言一动不自主，如牛如马任人牵”，一幅平常的街头景象写出了个人的屈辱，也表达了争取民族独立自由的强烈愿望，同时又不授人以政治把柄，打出了一个漂亮的“擦边球”。

对于和自己接触的军政人员，胡志明用词中肯。他赞扬“办事认真”、“文钱粒米都公布”的拘留所长（《隆安刘所长》）、“不用威权只用恩”的监狱班长（《莫班长》）和“雪中送炭”的郭先生。四战区政治部梁姓主任的优待使诗人“我心感激不胜言”（《蒙优待》），各官员们的探视使诗人感到“这像冬寒遇暖天”（《伍科长黄科员》），甚至“我发黑又两三分”（《陈科员来探》），可谓从心情到身体都沐浴在关怀中，表现出诗人的包容与细致。

面对自己所受的不公正待遇和无理由关押，胡志明也直言不讳，对国民党将他长期关押“踢来踢去象皮球”（《无题（二）》）的做法发出“试问余所犯何罪”（《到第四战区政治部》），“何故长留我此间”（《久不递解》）的大胆质问。看似是轻描淡写的抱怨和牢骚，但说的却都是无可争辩的事实，就是当局发现了追究起来，也很难成为定罪于他的理由，胡志明用手中的笔书写出了语言与智慧的完美结合。

四、思想价值

尽管受客观条件的限制，胡志明在狱中写诗不可能畅所欲言，但《狱中日记》仍具有很强的思想性，是进行革命传统教育的一部好教科书。

诗人形象地把国民党当局对他的囚禁比喻为“苍天有意挫英雄”（《惜光阴》）、“逆风有意阻飞鹏”（《双十日解往天保》）；想象力丰富地把捆绑自己的绳子看作外国武官的绶带：“宛如外国武勋官”（《绑》）；乐观地视押解为“一次鸡鸣夜未阑……征人已在征途上……”（《早解》），并视为公费旅游：“吃公家饭住公家房，军警轮班去护从。玩水游山随从适，男儿到此亦豪雄”（《解嘲》）。面对这一切的诗人沉着而冷静：“仪容却像旧公卿”（《往南宁》）。体生癞疮，瘙痒不止时，诗人自嘲“满身红绿如穿锦，成日捞搔似鼓琴”（《疥疮》）；不思茶饭时，诗人自勉“劝君且吃一个饱，否极之时必泰来”（《早》），其中的革命英雄主义和乐观精神感人至深，令人钦佩。

监狱的牢笼是关不住胡志明的，“身体在狱中，精神在狱外。”（《自题》），胡志明身处险境，仍念念不忘越南革命大业。他认为自己的被囚“尚能裨益吾民族，可说今秋值去秋”（《秋感》），表现出置民族解放高于一切的献身精神。当得知越南多地爆发反法、抗日武装起义后，诗人抒发奋起斗争的坚强意志和决心，“宁死不甘奴隶苦，义旗到处又飘扬”（《越南骚动》）；梦里看到的是革命的红旗：“四五更时才合眼，梦魂环绕五尖星”（《睡不着》）；醒来时想到的是“现代诗中应有铁，诗家也要会冲锋”（《看千家诗有感》）；刚一出狱便“遥望南天忆故人”（《新出狱学登山》），恨不得立刻回国投身解放斗争。诗人忧国忧民的使命感和顽强的革命斗志使人深受教育和激励。

胡志明赞扬中国人民的抗日战争，关心“在敌人桎梏中”的印度民权领袖尼赫鲁的命运，同情因干旱而“十分收获两三分”（《隆安——同正》）的中国农民，可怜逃跑后“又被警兵捉回来”（《他想逃》），因“无端平地起波涛”（《杨涛病重》）而含冤入狱的中国难友，帮他们做些力所能及的事情，表现了诗人崇高的国际主义精神，体现了这位越南“民族之父”一贯的亲民思想。

《狱中日记》里大量诗句富有深刻的人生哲理。“眼光应大心应细，……错路双车也没用，逢时一卒可成功”（《学弈棋》）以棋术喻战术，发人深思；“米被舂时很痛苦，既舂之后白如锦，人生在世也这样，困难是你玉成天”（《闻舂米声》）形象地阐明了磨难与成才的辨证关系；“睡时都象纯良汉，醒后才分善恶人，善恶原来无定性，多由教育的原因”（《半夜》）强调了思想教育和道德修养的重要性；“苦药杯将干更苦，难关末步倍艰难”（《久不递解》）、“苦尽甘来理自然”（《晴天》）鼓励身处逆境的人们要百折不挠，坚持到底。“患过头时始见忠，人有忧愁优点大”（《拆字》）则是用汉字形、意的变化，说明了患难见真心和有近忧而无远虑的处事哲理。

胡志明的汉字诗是一种特殊的具有深刻时代烙印的文学现象，是古典与现代密切结合的产物。它既有丰富的研究价值又不失文学的古韵之美，是古与今、传统与现实、思想与文字的和谐并存和完美融合。

参考文献

[1] 梁远、祝仰修译，黎春德（越）评注．胡志明汉字诗全集．南京：中国江苏人民出版社、越南真理—国家政治出版社联合出版，2017.

[2] 张训常著，高放编．世界社会主义五百年历史人物传略：胡志明．北京：中

国工人出版社，2014.

［3］黄铮．胡志明与中国．北京：解放军出版社，1987.

［4］李家忠．胡志明传奇的一生．北京：世界知识出版社，2010.

［5］Hồ Chí Minh，“HỒ CHÍ MINH TOÀN TẬP 3（1930－1945）”，Hà Nội：NHÀ XU Ấ T ĿẢN CHÍNH TRỊ QUỐC GIA，2000.

（作者系解放军国防科技大学国际关系学院讲师）

看似特立独异的女贵族

——印度史诗《摩诃婆罗多》女性贵族形象评析

张洪雷

【摘　要】作为印度两大史诗之一的《摩诃婆罗多》既是印度教的经典，也是一部无所不有的百科全书式的作品。透过史诗，我们可以了解古代印度的政治、军事、文学、宗教、婚姻等内容。尤其是史诗中塑造的贞信、贡蒂、黑公主、安巴等女性贵族形象，她们或高居王后之位，或贵为公主，然而却要么是失去了婚前的贞操，要么是一妻多夫，要么是性情凛冽，与印度女性忠贞、善良、坚忍的形象相比，显得是那么的格格不入，那么的特立独异。如果细加分析，我们可以看到这其实只是表象，归根到底是印度教的正法思想在女性贵族身上的生动演绎。

【关键词】《摩诃婆罗多》　女贵族　法

古代印度人认为历史是四个时代的轮回，即圆满时代、三分时代、二分时代和争斗时代，这四个时代周而复始不断循环。其中，圆满时代代表和谐美好，争斗时代则代表毁灭。《摩诃婆罗多》正是发生在二分时代和争斗时代之间的故事，此时天魔降临人世扰乱正法，邪恶开始蔓延。天神为了维护正法①，也纷纷下凡阻止这场浩劫，并最终取得胜利，正法得以恢复。在《摩诃婆罗多》中，这一过程是通过印度次大陆上婆罗多族内部的两个王族——俱卢族和班度族之间争夺王位的战争故事来体现的。该史诗共 18 篇，约 10 万颂。它既是印度教的经典，也是一部无所不有的百科全书式的作品。透过史诗，我们可以了解古代印度的政治、军事、文学、宗教、婚姻等内容。

在《摩诃婆罗多》中，男性角色居多，作家们浓墨重彩地描写婆罗门仙人的高贵、睿智和虔诚，刹帝利武士的英勇、无畏和忠诚，而有关女性的描写却显得有点惜墨如金。尽管如此，史诗中的女性形象依然特色鲜明，极具代表性，尤其是塑造的贞信、贡蒂、黑公主、安巴等女性贵族形象。她们或高居王后之位，或贵为公主，然而却要么是失去了婚前的童贞，要么是一妻多夫，要么是性情凛冽，与印度女性忠贞、善良、坚忍的传统形象大相径庭、格格不入。如果从印度教遵循的法的角度加以解析，我们可以看到这些特立独异的形象其实只是表象，归根到底是印度教的正法思想在女性贵族身上的生动演绎。

一、失去贞操的贞信和贡蒂王后

贞信是福神王的妻子，是持国和般度的祖母，身为太后，婚前由于想去掉身上的鱼腥味而与一位仙人私交以做交换，后生下私生

① 法，即धर्म（达摩）意为：法律、规则、规范、准则等。在印度教中，法意味着一种不可改变的社会秩序和伦理道德，人只有遵循法的规定才能坚守和拥有正法。法的内涵包括哲学、宗教和伦理道德。《摩诃婆罗多》中的法具体表现为天神、仙人所代表的真理，古印度的宗教经典所代表的宗教法，以婆罗门、国王、长者、男子等所代表的人间伦理道德，包括正义、美德等。

子广博仙人。婚后，在儿子奇武死后，贞信本可以根据法典和传统习俗生活，即“寡妇可以和自己的大伯子或小叔子或夫族其他比较亲的同辈男子同居生子，这样生下来的儿子被认为是死者的合法儿子”。[①] 但贞信后偏偏没有找福身王这一族的男子同自己的儿媳传宗接代，当时毗湿摩是有这个资格的，如果由于他的誓言而让他不能履行这个职责的话，那福身王的侄子也可以，但贞信选的却是自己的私生子广博仙人。广博仙奇武的两个遗孀结合生下了非夫系血统的持国和般度。无独有偶，作为贞信孙媳妇的贡蒂在少女时代，会了仙人的法术后，由于好奇和少女的情窦初开，念下求子咒召来了太阳神，并与之结合生下了迦尔纳。婚后，因丈夫般度王遭到仙人诅咒不能生育，先后召来法身、风神、因陀罗与她交合，同样生下了非夫系血统的坚战、怖军和阿周那。

其实，在以男子为中心的古代印度，人们对妇女的贞操有着十分严格的要求。妇女在嫁人之前必须保持童贞；婚后不仅要忠诚于丈夫，不得有越轨的非法举动，而且还要忠诚于夫家，为夫家传宗接代，使夫家的血统延续不断。从这个角度来看，贵为王后的贞信和贡蒂婚前失去童贞、婚后不忠于夫家的种种所为似乎是大逆不道，有违纲常伦理。但是，我们也应看到，两者以上特立独异的行为都是凡人和天神、仙人的结合，在印度教中天神、仙人往往是正法的代表与化身。

凡是读完史诗的人若被问起对贞信和贡蒂两位王后的第一感觉是什么，我想过半的人会说是有关她们的贞操问题。贞信后婚前由于想去掉身上的鱼腥味而与一位仙人私交以做交换，后生下私生子广博仙人。虽然仙人许诺私交后贞信仍可恢复处女之身，但事实上贞信已经不再贞洁，这种婚前私交并有私生子的情况如今仍不为人

① 刘安武．印度两大史诗研究，北京：北京大学出版社，2001. 170.

们所接受，何况是几千年前的印度。但令人费解的是，作者对贞信往后的安排相当宽容，言语上也没有横加指责，私生子广博甚至成为了整个王族实际上的祖先。这有可能是因为在《摩诃婆罗多》成书年代的社会里，对女性的要求还不如以后那么严厉，虽然道德规范还是存在的，但相对宽容，而且贞信是和一个仙人私通，仙人的种姓是婆罗门，这件事在宣扬婆罗门至上的作者眼里自然就不会看得太重，况且事后贞信还恢复了处女之身。但作为一族之母的贞信，居然会出现失贞的问题，这在中国看来是不可想象的。同样的情况也出现在贞信的孙儿媳贡蒂身上。贡蒂婚前误念求子咒和太阳神生下一子迦尔纳并悄悄遗弃，同样事后恢复处女身，因为有了老王后贞信的先例，我们对贡蒂的失贞没有太大的惊奇，而作者在贡蒂身上也给予了同样的宽容。应该说，中国和印度自古以来在对妇女的要求上基本一致，但我们可以从大史诗中看到两国间还是有所区别的。贞信和贡蒂虽贵为王后，但史诗作者仍以较现实的观点对她们赋予毁誉参半的描写，这仿佛印证了《摩诃婆罗多》作为“历史传说”并非徒有虚名。贞信后之子奇武继位以后未留下子嗣就死了，传宗接代在印度也是个很重要的问题，何况是关系到王族的延续、王位继承等问题。按规定，准确地说，从这儿开始往下的后代与福身王就没有任何血缘关系了，按照后代跟随父亲的种姓来讲，整个家族由刹帝利种姓变为婆罗门种姓了。这不由得让我想到传说中持斧罗摩曾 21 次毁灭刹帝利，然后让刹帝利剩下的寡妇和婆罗门结合，延续下来的后代实际上全成了婆罗门的子孙。这个故事有婆罗门故意诋毁刹帝利的意思，讽刺他们全都是婆罗门的子孙。转回大史诗，难道不能说作者作出让广博仙人充当传宗接代工具也带有对刹帝利的蔑视吗？要知道写大史诗的作者都是婆罗门。通过广博仙人让奇武有了持国、般度和维度罗三个后代。般度继位，由于受诅咒而不能履行丈夫的义务，为了后继有人，贡蒂自告奋勇用婚前学来的求子咒和大神们结合，生下坚战、怖军、阿周那三子。而这些儿子们个个神勇，身上都带有自己大神父亲的高贵品质。如果站在印度人以外的角度去看，我们会觉得这个王族的血统简直乱成了一团，表面上都是福身王之后，同宗同族，实际上早已血脉不纯，简直是极尽离经叛道、不可理喻之能事。在印度男人们有这样的观念，妻子是自己的一块田地，自己不能播种，而靠别人在上面种出了庄稼，那收获的东西还是自己的，而不属于播种的人，这种观念在中国并不普遍，刘安武先生曾在《聊斋志异》中找出类似故事，但像大史诗中写得这么明白并被大家认同的情况还是没有的。

二、一妻多夫的黑公主

黑公主是贡蒂的儿媳，般度五子共同的妻子。在史诗中我们可以看到，在古代印度实行一夫多妻制，像罗摩和悉多那样的一夫一妻只是例外，所以才倍受赞扬。而黑公主一妻多夫的情况在史诗中一出现就引起很大的争议，很多专家对此作出猜测，有人认为是受早期母系社会的影响，有人认为史诗作者这样写是为了表现对男女社会地位不平等的反感，既然有一夫多妻，那出于平等，也应该有一妻多夫。尼赫鲁认为这是古代固有的和外方新来相互抵触的思想和风俗的离奇混合物。我个人认为出现一妻多夫的情况是受到古风的影响，作者并没有刻意摆脱、删除这段内容，一直保留至今，人们对黑公主的多夫也没有什么刁难。黑公主开始并不知道自己要嫁给五兄弟，她以为自己只是阿周那的妻子，但当她成为五兄弟共同的妻子后并没有抱怨而是很好地履行了作为一名妻子应有的职责，

“她最尊重坚战，最依仗怖军，最爱阿周那，最同情无种，最关怀偕天”。[1]

但黑公主绝非一名逆来顺受的女人，她身上具有很强的斗争性和反抗意识。在被正统道德的化身、正法的维护者——丈夫坚战压上赌场而当众受辱后，她并不是忍气吞声、羞于见人，而是发誓定要让羞辱她的人血债血偿，从那开始她一直披头散发，发誓哪天能用仇家的血当头油使哪天才将头发梳起。在坚战犹豫、退让的时候，她和怖军是最主张斗争的人，为了日后的复仇，她和五兄弟一起忍受13年的森林生活毫无怨言。

其实，给我们留下印象最深的还是她在受辱时那段怒斥及控诉。当时五兄弟均在场，无一人为她辩护，她靠自己说出所受的屈辱，她的话具有相当的说服力，有理有节，合情合理。如果说坚战是古印度正法、正统的代表的话，那么黑公主身上则集中体现了古印度妇女忠贞、善良和坚毅的美德。

三、性情凛冽的安巴公主

另一个具有斗争意识的人物是安巴公主，尽管如此，她和黑公主之间还是有不同的地方。安巴是由毗湿摩为奇武娶妻时给抢回来的。当时她早看中了一名王子，无奈毗湿摩神勇，把她们三姊妹都给抢走了。在印度，抢亲也算一种婚姻方式，也被承认，但这其实是对妇女身心的极大摧残。被抢后安巴实说自己早已许人，不愿嫁给奇武，于是毗湿摩将她送回给那位王子，可王子认为她既然已被别人抢去那就是别人的妻子了，坚决不接受。安巴无奈回到奇武身

① 刘安武. 印度两大史诗研究，北京：北京大学出版社，2001. 167.

边，而奇武却不愿娶一名心中没有自己的女子为妻，可怜的安巴进退两难，只好求毗湿摩娶她为妻，因为是他把她抢回来的，但毗湿摩有言在先，不能接受她的请求。走投无路的安巴发誓要杀了破坏自己一生幸福的毗湿摩。最终，在大神的帮助下及与一名罗刹交换性别，她再生成为束发战士，在俱卢与般度的大战中成为杀死毗湿摩的关键人物，实现了自己的夙愿。安巴的思想在大史诗的女性形象中应该是非常有进步意义的。在印度的男权社会中，她要求婚姻自由，追求自己的幸福，而不要那种违背自己的意愿强加在身上的婚姻，为此她付出沉重的代价。可以说，安巴公主的悲剧是在法的思想影响下形成的婚姻制度造成的。

安巴除了具有斗争意识外，她还有自立的意识。当她依仗别人无法实现自己的复仇目的时，她就靠自己去寻求实现复仇的办法，历尽千辛万苦始终不悔。虽然在史诗中对安巴的描写并不多，但她却是线索人物，由她昭示了毗湿摩的必死及死因。她在书中很明显是被肯定的人物，直到今天仍引起我们的关注，从她身上反映出的抗争自立意识是相当难能可贵的。

结束语

其实史诗中还有一些女性形象也给人留下难忘的印象，像坚贞的甘陀利王后等。但谈到“特立独异”这一点，上面四位女性则当之无愧。她们都不是完美的女人，但正因为她们的不完美，她们的与众不同，才让她们突显于男人的世界中。通过她们，我们可以在浩瀚的大史诗中捕捉到女性的美德、智慧、坚强、抗争及自立。也正是这些女性形象生动地演绎着印度的法的思想，而史诗的内容也因她们的存在而变得更加饱满。

参考文献

［1］王晓丹．印度社会观察．北京：世界知识出版社，2007.

［2］陈峰君．印度社会述论．北京：中国社会科学出版社，1991.

［3］罗米拉·塔帕尔．印度的变化和冲突．新德里：印度麦克米伦出版公司，1978.

［4］杜继文．佛教史．南京：江苏人民出版社，2006.

［5］尚会鹏．种姓与印度教社会．北京：北京大学出版社，2001.

（作者系解放军国防科技大学国际关系学院讲师）

西方文化在印度的渗透及其影响

陈 伟

【摘　要】 印度是历史悠久的东方文明古国，是佛教文明的发源地。印度人民是伟大而智慧的，在历史的长河中创造出了璀璨辉煌、独具特色的文化传统。但到了近代，在西方的殖民统治下，印度遭受了空前的劫难和文化摧残。西方文化在印度的传播和发展是一把双刃剑。在西方文化的影响之下，催生了印度近现代的文化启蒙和民族复兴运动，其影响一直延续至今。

【关键词】 西方文化　印度　影响

印度是历史悠久的文明古国，有着辉煌灿烂的古代文明和独具一格的文化传统。印度人民是伟大而智慧的，在漫长的历史岁月中，创造了丰富多彩、独具特色的印度文化。印度文化孕育和产生于印度河、恒河流域，是印度次大陆各个历史阶段、社会经济发展的结果，是印度人民智慧的结晶。

一、西方文化的进入和渗透

15 世纪末 16 世纪初，随着地理大发现和新航线的开辟，西方殖民者开始涉足印度这块东方的神秘土地，葡萄牙人、荷兰人、法国人以及英国人纷至沓来。最初，这些国家在与印度人经商的同时，一批最早踏上这片东方土地的西方传教士给这块南亚次大陆输入了西方的思想和文化。这些传教士企图用西方基督文化取代东方文化，让当地人改信基督，但收效甚微。到19世纪中叶，英国人完成了对整个印度的占领，印度完全沦为英国的殖民地。至此，从未真正大一统的印度在英国人的统治下完成了统一，但是这种统一却充满了血腥和耻辱。

在英国殖民统治期间，为了加强殖民统治，英国人在各方面加强了对印度的控制。英国不仅在政治、经济上强化统治地位，而且在文化上推行西方的一整套教育制度，推广英语教学，鼓励传播基督教，培育亲英国的知识分子。西方的资本主义殖民文化开始慢慢渗入印度的每一个角落，从而引发了印度传统文化与西方文化的碰撞和融合。

（一）西方政治和教育制度的推行

在英国人征服印度之后的半个世纪里，由于没有能力深入广大的农村地区，一些乡村几乎原封不动地保留了延续数千年的文化传统和风俗，旧的政治和教育制度并没有受到干扰。但是随着时间的推移，英国殖民能力日益强大，推行西方的政治和教育制度就成为一种必然。

首先推行印度文官考试选拔制度。1853年出台法案取消了东印度公司董事会任命行政官员的权力，规定在印度实行文官公开考试制度。无论英国人、印度人，只要符合规定年龄都可参与考试。考试用语为英语。此举一箭双雕，既可选拔出拥护殖民统治对殖民政府效忠的印度人，也扩大了英语的影响力。

其次在全印推行西式的教育体制。在对待教育这个问题上，殖民统治内部也出现两种不同的声音：一种主张保留印度的传统文化，反对全面推行英语教育；另一种则主张全面推行西式教育，与宗主国的教育体系接轨，培养和造就符合殖民统治的所需之才。前者被称之为“东方派”，后者被称为“英语派”。东方派认为西式教育会导致西方自由、平等的思想进入印度，促使印度人的觉醒和反抗，助长反英情绪和反英势力。英语派则以当时的公共教育委员会主席麦考利为代表，认为“巩固殖民统治的道路不在于使印度隔绝西方教育，恰恰相反，最根本的办法是通过灌输西方思想和文化，摧毁印度人的传统意识和价值观”。[①] 在这些人眼里，过去曾经辉煌灿烂的印度文明根本不值一提，“一书架优秀的欧洲文学书籍抵得上整个印度和阿拉伯的文学作品”。麦考利在他制定的教育备忘录中说“英语比梵语或阿拉伯语更值得了解……”他还在公开场合宣称：“用我们有限的手段，我们不可能试图教育全体人民，我们现在必须尽力培养出可以在我们和由我们统治的无数人之间充当译员的一批人，这批人就血统和肤色而言是印度人，但就爱好、见解、道德和才智而言是英国人。”[②]

在麦考利等人积极倡导和身体力行之下，仿西方的国家教育制度被制订出来，并得以在印度全国正式推广。它包括大学、师范学院、中学和各种地方小学，形成了从小学至大学的相互衔接的完整教育体系。高等教育在印度也初具雏形，以伦敦大学为模式，1857年在加尔各答、孟买和马德拉斯同时成立了三所大学，开创了近代印度高等教育的先河。这三所大学开始设置近代自然科学和人文学科，同时英语成为教学媒介中使用的语言，这种状况一直延续到现在。

① 林承节．印度近现代史．北京：北京大学出版社，1995. 96.

② 斯塔夫里阿诺斯．全球通史．上海：上海社会科学院出版社，2002. 450.

在对待西式教育的态度上，印度本土开明知识分子对过去呆板沉闷的传统教育体制深恶痛绝。他们认为传统式的教育仅仅是“用语法上的细微之处和形而上学的区别来装满青年人的头脑，而这些东西对学习者或社会没有什么实际用途或根本没有实际用途”，主张实行“一种更自由主义的、更开明的教育制度，它包括数学、自然哲学、化学、解剖学和其他有用的学科”。① 这些受西方文化影响的知识分子认为，只有通过西式教育才能改变旧教育体制的弊病。改变积贫积弱的社会现状，印度的振兴才有可能。从此，近代的西式教育在印度生根发芽，促进了西方科技文化知识在印度的传播。

（二）西方基督教文化的传播

英国人为了巩固自己的殖民统治，不仅在政治和教育制度上大作文章，在宗教问题上也是处心积虑、费尽心思。

早在英国人到达印度之前，在16世纪中叶，有一些欧洲基督教的传教士就开始在南印度的果阿一带传教布道，他们是基督教文化在印度传播的先驱。随着殖民统治的逐步深入，鼓励传播基督教成为殖民政府的一项文化政策。

在印度，传统的印度教在经历了漫长的历史演变之后，变得越来越守旧和不合时宜，陈腐的宗教体系禁锢了人们的头脑。对此，一些印度教的有识之士纷纷提出改革的呼声。伊斯兰教在穆斯林政权垮台之后也逐步丧失了活力，走向衰落。英国殖民政府为了宣扬西方文明的优越，实现精神领域的征服，纷纷派遣神职人员前往印度传教，输出基督教思想和西方文化，在印度建立传教机构和布道站。

① 斯塔夫里阿诺斯．全球通史．上海：上海社会科学院出版社，2002. 449.

1707年加尔各答建立了第一座英国安立甘教会教堂——圣安妮教堂。1770年和1787年又先后建造了祈祷堂和圣约翰教堂。除加尔各答和塞兰普尔外，在孟加拉境内外都建有一批英国新教教堂。其中最活跃的有3个基督教团体：伦敦传教会、浸礼派教会和教堂传教会。英国的传教士们一面宣传基督福音，一面办学办报，从事印度的历史文化研究。在宣传基督福音的过程中，《圣经》被译成多种印度的地方语言并广为流传。为了使印度人更为深入地理解《圣经》的教义，传教士们还出版了一些通俗易懂的、普及宗教教义的小册子。他们的宗旨和目标是尽可能地把基督教的先进性阐述出来，规劝印度人放弃原来的宗教，追随基督，以获得灵魂的解脱。

开办教会学校的目的也是如此，使印度的青少年相信和接受基督教，并通过创办学校，推广英语，作为向印度输入西方基督教文化的一种手段，同时塑造一批具有西方文化素养和思想的新青年。因此，学校被传教士们视为“传播道德和精神教育的巨大动力”，教会学校的建立也因此被认为可能会“加速印度教的消亡”。在殖民政府的支持和传教士的努力下，教会学校在印度如雨后春笋般在全印各地分布开来。1814—1815年，仅浸礼会就在孟加拉的塞兰普尔、钦苏拉等地创办了30所初级学校。其中传教士罗伯特·梅一人在钦苏拉近郊地区就建立了16所学校。1819年在塞兰普尔传教士的参与下，又创建了塞兰普尔学院。1835年后，传教士办学成为更为普遍的现象，中小学居多，还办女子学校。教会学校成了印度近代学校的重要组成部分。

在开办教会学校的同时，各教会组织还积极创办报刊和杂志，以推动基督教在印度传播的力度，扩大西方文化的影响。由教会组织创办的报刊杂志主要有《纪事周报》《传教新闻》《传教概略》《传教文摘》《印度之友》和《加尔各答评论》等等。这些措施和方法起到了推动基督教在印度传播的作用，使印度出现了一批改奉基督的信徒，但改宗者的人数相对于占印度人口大多数的印度教徒而言只是很小的一部分。影响更为深远的是基督教的教义和文化从此渗入印度，并与当地文化融合而成为印度多元文化的一部分。一些基督教的教义甚至被印度教的改革者们所吸收，改头换面成为印度教教义中的一部分，就连基督也被说成是印度教大神毗湿奴的某个化身。总而言之，基督教文化的进入，是对印度传统文化的巨大挑战，在挑战和压力面前，许多印度教徒产生了宗教危机感，促使印度教自身为应对危机而出现宗教的改革运动。可以说，西方基督教文化的介入成了印度教改革运动的导火索，使印度社会受西方文化的影响更为深刻。

二、西方文化对印度社会的深刻影响

（一）引发印度文化启蒙运动的兴起

随着英国殖民统治的巩固和发展，尤其西式教育制度的推行，培养了一批有思想、有觉悟的印度知识分子。虽然受到这种新式教育影响的人数占的比例并不大，但滚雪球似的社会效应却是明显的，相当数量的学生在这种西式教育环境熏陶下成长为新一代的知识青年、社会精英。他们有理想、有抱负、有文化，既受到传统文化的教育，又接受了西方教育和西方文化的洗礼和熏陶，对印度教的一些传统、保守腐朽的思想和陈规陋习深恶痛绝，改革的欲望十分强烈。在他们身上不仅有印度传统文化的影子，血管里同样流淌着西方文化的理念和思想。就是这些接受西方教育的新型知识分子在印度近代的复兴民族运动中起到了推波助澜的作用，并成为这场运动的中坚力量，这是殖民统治者所始料未及的。

以罗姆·摩罕·罗易为代表的印度新型知识分子目睹了殖民机器怎样压榨印度人民，以及印度人民面临殖民统治和封建传统双重压迫的深重苦难，激发了这些有良知的知识分子革弊除旧、改造社会的热情。他们希望吸取西方文化的长处，革除传统文化中的弊端，使印度跟上时代潮流，重新获得新生。罗易身体力行，从宗教改革入手，于1828年创立梵社，不论种姓、信仰、肤色，只要崇尚一神都可加入。这场改革运动的声势越来越大，形成了全国性的运动。由罗易发起的印度教改革运动唤醒了大批印度民众，提高了民众的民族意识和国家意识，为以后资产阶级政党走上政治舞台奠定了民众基础。

（二）英语成为印度官方语言之一

英语伴随着英国殖民统治在印度的扩张以及政治和教育制度的推行占据了政府高层和教育届的话语权，也成为印度上层高官和精英知识分子显示自己身分和地位的象征。1947年印度获得独立之后，印度政府意识到要去殖民化，语言是一个关键问题，废除英语官方语言的地位、提高本民族语言在官方层面和教育层面的地位势在必行。随后在颁布的第一部宪法中明确规定，印地语做为印度国语和印联邦的官方语言，英语做为前官方语言只能保留到1965年。但英语作为前殖民政府的遗产并没有随着新政府的一纸法律而消失，反而凭借其强大的生命力在印度生根发芽，其影响力不仅没有削弱，反而迎合了非印地语邦的政治需求，成为事实上联系印度南北双方共同的官方语言。

1965年1月26日，印地语正式生效成为印度国语的当天，印度南部各邦爆发激烈的抗议游行，有些地方甚至与警察爆发激烈的冲突，导致一定数量的人员伤亡。鉴于以印地语为唯一官方语言的法令一时难以推行，务实的印中央政府采取了妥协的政策，推出以印地语为国语、地方语和英语长期并存的“三语方案”。这个方案虽然缓和了印度国内因语言问题而引发的矛盾和冲突，但实际上削弱了印地语的法定地位，巩固了英语官方语言的地位。

21 世纪的今天，全球化趋势日益明显，英语在全球的作用和地位愈加显著，在印度也不例外。印地语在印度要获得实至名归的国语地位，还有很长的路要走。

（三）催生了英语文坛上的一朵奇葩——印度英语文学

西方文化的介入和英语在印度的逐渐普及，一部分印度知识分子开始用英语进行文学创作，由此产生了印度英语文学。作为一种外来语，英语在文学创作上被赋予了许多印度文化的内涵，使得印度英语文学成为独立于英美文学的一个重要分支，在印度文学发展的道路上起着独特的历史作用。印度英语文学可以说是英语与印度现实生活和思想感情相结全的产物，是西方思想语言文化和印度文化碰撞融合的结果。

著名的启蒙思想家拉姆·摩罕·罗易（1774—1833 年）是印度英语文学的第一个散文作家，他的英语作品明快流畅，极富煽动性和宣传性。印度英语文学的第一个诗人是亨利·狄罗吉奥（1807—1831 年），他用英语创作十四行诗、叙事诗和讽刺诗，代表作是散文诗《献给印度——我的祖国》和叙事诗《琼基拉的托钵僧》。此外，拉姆希·金德尔·德特（1848—1909 年）改写的《摩诃婆罗多》和《罗摩衍那》被认为是这两部史诗最好的英文缩写版。这些印度早期的英语文学作家和诗人大都受过西方文化的熏陶，融贯东西文化，因此，他们创作的文学作品往往独树一帜，给人以耳目一新的感觉。

20 世纪初期是印度民族运动高涨时期，印度英语文学也反映了这一时代潮流。印度一代文学巨匠罗宾德拉纳特·泰戈尔主要用孟加拉语创作，但也用英语写作散文和论文，并将自己的诗歌、戏剧作品译成英语。1912 年泰戈尔英文版的诗集《吉檀迦利》在伦敦出版发行，立刻引起轰动。1947 年印度独立后，印度英语文学获得进一步的发展，并在世界文坛上崭露头角。在小说领域，老作家的新作不断问世，拉伽·安纳德的长篇小说《甘地生活中的小事》与《伽里班和甘地》是其中的佼佼者。中青代作家则更是青出于蓝而胜于蓝，他们创作的英语文学作品开始在国际文坛上屡屡获奖，使印度英语文学走出国门，对西方文学产生广泛而深远的影响。阿兰达蒂·洛伊就是这批中青代作家杰出代表，她的处女作《微物之神》1997 年一出版就引起轰动，荣登英文畅销书的排行榜，更为她赢得 1997 年英国布克奖，使她成为有史以来第一位获得布克奖的印度女作家。

结束语

英国对印度 200 多年的殖民统治，使得西方文明借助于制度和政策的推行深入印度这片辽阔的东方大地。在西方的殖民统治下，印度遭受了空前的劫难和文化摧残。但西方文化在印度的传播和发展是一把双刃剑，在西方文化的影响之下，摧生了印度近现代的文化启蒙运动。东西两种文化的碰撞与融合塑造了具有印度特色的南亚次大陆文明和政治文化体制，也成就了英语成为印度的官方语言之一和别具一格的印度英语文学。

参考文献

[1] 林承节. 印度近现代史. 北京：北京大学出版社，1995.

［2］石海峻．20 世纪印度文学史．青岛：青岛出版社，1998.

［3］马加力、尚会鹏．一应俱全印度人．北京：时事出版社，1998.

［4］巴沙姆．印度文化史．北京：商务印书馆，1997.

［5］郁龙余，孟昭毅．东方文学史．北京：北京大学出版社，2001.

［6］斯塔夫里阿诺斯．全球通史．上海：上海社会科学出版社，2002.

［7］邓兵．印度研究．北京：军事谊文出版社，2009.

（作者系解放军国防科技大学国际关系学院讲师）

浅析西方文学对加尼觉玛玛礼文学的影响

——基于对《她的沉沦》的分析

王禹力

【摘　要】缅甸女作家加尼觉玛玛礼的小说《她的沉沦》讲述了女主角“妙”面对生活的磨难与痛苦无法承受，最终堕落为娼妓的悲剧故事。基于女性视角，从作者加尼觉玛玛礼自身出发，以《她的沉沦》为切入点，探索在英国殖民缅甸的大背景之下，多元文化中特别是西方文学对加尼觉玛玛礼产生的影响。

【关键词】加尼觉玛玛礼　西方文学　女性

进入20世纪之后，正逢东西方文化碰撞、交融最激烈的时期，东方社会结构发生重大变革，缅甸文坛上涌现出一批不可忽视的女作家。她们通过描写当代女性的人生和命运，表现社会现实生活。她们生活在封建枷锁的禁锢之下，一心想要挣脱各种枷锁，深厚的民族文化折射出浓烈的东方社会理想光芒。加尼觉玛玛礼就是20世纪的第一代女作家中的佼佼者，《她的沉沦》是她的代表作之一。加尼觉玛玛礼用其独特的女性视角和细腻的表达方式，通过《她的沉沦》传达她女性的自主意识和个人立场。本文基于女性特有的视觉感受，力求捕捉最细腻的情感因子，感受作者加尼觉玛玛礼的所思所感，探索西方文明在当时的缅甸所产生的影响。

一、加尼觉玛玛礼与《她的沉沦》

加尼觉玛玛礼（1917—1982）出生于缅甸伊洛瓦底省，自幼接受良好的教育，受到 20 世纪初世界范围的妇女解放运动的影响，成为了一名缅甸新知识女性，投入到如火如荼的反英国殖民统治、争取民族独立的斗争中。她与丈夫创办了《加尼觉》杂志，该杂志在缅甸具有不可忽视的地位，对于缅甸争取民族独立的反帝斗争起到了建设性的积极作用。

加尼觉玛玛礼作为一名女性作家，一直都关注着女性的生活和命运，她的思想深受当时的时代背景影响。

缅甸在 19 世纪后期沦为英国的殖民地，伴随着西方近现代文艺思潮和文学作品不断涌入，缅甸从 20 世纪开始走出了一条与传统文学截然不同的路，受到了来自世界各地多方位的影响：俄国十月革命、中国的五四新文化运动、越南义静苏维埃运动以及日本、朝鲜文学社团组织的一系列文学活动等等。在这些思潮的影响下，铸就了缅甸实验文学、进步文学、“红龙书社”的辉煌。跨入 20 世纪的东方文学，进入了一个崭新的、繁荣的时期。文学主流是反帝反封建，伴随着追求自由、积极向上的格调，反映了长期沦为帝国主义殖民地或半殖民地的东方国家，在受尽战乱洗礼和残酷剥削而积极斗争寻求独立解放的伟大行为。毫无疑问，缅甸文学甚至东方文学的发展是与国家的历史进程、人民命运息息相关的。20 世纪对于缅甸文学来说，是对于近千年来传统模式的打破，是真正开启了通向世界怀抱的大门，也是真正同国内外民族文学展开了交流、融合与互补的关键时期。

加尼觉玛玛礼是“我缅人协会”的一员，受到“缅甸是我们的国家，缅文是我们的文字，缅语是我们的语言。热爱我们的国家，提高我们的文字，尊重我们的语言”的口号感染，热血沸腾，积极用作品来表达心中的满腔热血。由于身处动荡不安的环境之下，受到俄国十月革命的社会主义、共产主义思潮、欧洲启蒙思想家的人道主义和个性主义等思想的影响，加尼觉玛玛礼心系祖国的前途命运，关注妇女的生命意义。

《她的沉沦》是一个悲剧故事。小说主人公“妙”在遭受到母亲的暗算下，被迫嫁给了丑陋、年长的“局长”。尽管有钱，但没有爱的婚姻是孤寂的，不幸福的。在每天与官小姐打牌、与男人调情的生活中，她愈发堕落，在最后一丝希望破灭之后，最终沦为了娼妓。加尼觉玛玛礼的《她的沉沦》是民族之间复杂的相互关系的表现，它呈现出有关“影响”的多样化形式。加尼觉玛玛礼用其独特的女性视角和细腻的表达方式，通过《她的沉沦》传达她女性的自主意识和个人立场。文中有对“妙”洋化派头的着装描写，自然也穿插了对缅甸传统服饰文化的描写。妙身着乳黄色波纹筒裙，带着飘带的曼德勒白色绸衣衫里搭配着乳黄色护胸衣，嵌金丝的披肩一直拖到脚跟。作者通过对女主角“妙”着装的描写，将缅甸女性的特色筒裙展现给了世人，让外国读者见识到了与开放性时尚截然不同的传统、保守的着装魅力，把真正的缅甸美传达给世人。作者多次描绘妙的穿着，必定也是想让外国读者了解对他们来说显露缅甸女性魅力的、充满异国风情的文化。

除此之外，在妙还没嫁给局长之前，“哥丹貌”向“妙”提出与他私奔，这不禁令人费解，为何保守的缅甸人在面对婚姻时也会有如此奔放的想法。这就与缅甸传统文化息息相关了。其实，有着“亚洲第一女权国”之称的缅甸，妇女的社会地位是比较高的，婚恋也都较为自由。父母如果干涉子女的婚事，子女则能够与自己的恋人相约私奔，满 7 天之后，即可双双回家，父母也就只好承认婚事。

与“妙”形成鲜明对比的“拉”，作者赋予了她对缅甸女性自由婚姻的期盼。在“拉”看来，美满的婚姻要建立在父母与子女都满意的情况下，要找自己喜欢的，当然也得让父母喜欢，做父母的不应该强迫子女嫁娶，而做子女的也不该自行其是，不在乎父母意见。这样一来读者都不会羡慕能嫁给有物质保障的“妙”，反而都更青睐享受到独立自由的“拉”。

二、西方文学对加尼觉玛玛礼文学的正面影响

“影响”是两个民族文学之间通过作品呈现出一种思想上的渗透，是沿着翻译—改编—模仿—影响这样的路径来实现的。可以说，在文学发展中“影响”是不可或缺的形式，它是文学现象中“创造性的变形”。美国学者约瑟夫·T. 肖认为：“一位作家和他的艺术作品，如果显示出某种外来的效果，而这种效果又是他的本国文学传统和他本人发展无法解释的，那么，我们可以说这位作家受到外国作家的影响。”[①] 从广义上讲，作家从外国文学的阅读中汲取到了新兴的因子，刺激着自己的作品乃至思想，但这种汲取只是模仿、翻版、借用、改编等等，这并不会使作家本人丧失独创性，本质上来说作品还是属于他自己的。从狭义上讲，“影响”就是通过间接或无形的方式，以至于通过人或事的行为、思想或性质得以改变。因为作者的作品是其思想情感的反映，通过阅读其他作家甚至是不同国籍作家的作品而受其思想上的激励，故而在自己的作品中加以呈现。

---

① ［美］约瑟夫·T. 肖著，盛宁译，文学借鉴与比较文学研究，北京：北京大学出版社，1982. 38.

正面影响是积极、互益的，是发生在先进文化与后进文化之间的影响。一个民族在政治、经济、文化、社会等各方面都处于领先地位，故而其文化内蕴有能力远播至其他民族，并给予其他民族以广泛而深刻的影响。

在小说《她的沉沦》中，女主人公从小到大的玩伴“拉”的角度出发，以“拉”的口吻看待“妙”的悲惨、堕落的人生遭遇。

“妙”结婚之后，随着局长丈夫“吴德仓”搬到了直通，写了一封长长的信，讲述了自己的婚后生活。局长对她占有欲的爱，即使呵护，也感觉不到幸福，因为不爱，她对母亲在局长面前谄媚的嘴脸感到无比厌恶，支撑她活下去的动力便是“拉”的信，她希望每天都能收到来信，并且信越长越好，希望通过好朋友的劝慰把一切都忘掉。

其中，“拉”给“妙”回写过一篇韵味深长的信，一篇体现了新时代气息的信，她告诉妙，要做一个掌控自己命运的新时代女性，世界纷繁复杂，想的不一定能实现，不想的反而会出现。要培养自己的勇气，做一个自主的女人，经受事态的磨炼。生活道路上的艰难险阻要勇敢面对，要吸取世上的经验，不依赖任何人，成为生活上自主、品德高尚的人。还要把自己的生活看得神圣而崇高，成为自己占有自己的妇女。[①] 她的一席劝说中透露着即使身处悲境，也要有勇气为自己而争取改变，在逆境中克服重重磨难，追求属于自己的自由，要做到生活自主、道德高尚，成为独立的、坚强的、自己占有自己的人。

加尼觉玛玛礼在把“人生有价值的东西毁灭给人看”的同时，又给人以无限的希望，在设置了悲剧性的“妙”角色的同时，又塑造了浑身散发积极活力、勇往直前、自主独立的“拉”，正是这点将

---

① ［缅］加尼觉玛玛礼著．姚秉彦译．她的沉沦．国外文学，1991. 192.

加尼觉玛玛礼的非凡之处体现得淋漓尽致。她要表达的就是因为有着像“拉”这样的缅甸青年，缅甸的未来才充满了光明与希望。

三、西方文学对加尼觉玛玛礼文学的间接影响

间接影响，顾名思义就是通过媒介，而非直接对其作用。也就是说，一国或民族的文学影响到另一国或民族的文学，中间有其他作家或作品作为媒介连接两个作品或者是两种思想，这便是间接影响。

缅甸沦为英国殖民地后，由于西方文学思潮不断涌入，来势汹汹的文学作品对缅甸的传统小说产生刺激，模仿或吸收了外国文学作品精华的缅甸新小说出现在大众的视野里。而加尼觉玛玛礼又深受本国作家的思想影响，这样一来，西方、缅甸、作者本人形成了一串链条式的关系。

加尼觉玛玛礼在《她的沉沦》中有一个片段，是“拉”让“妙”也多读读比莫宁的小说，不要总是去找官小姐打牌或者看电影，这样堕落的生活方式是她不愿意看到的。文章是作者思想的折射，比莫宁对于加尼觉玛玛礼是存在一定影响的。

说到比莫宁，他是第一位在缅甸传统小说与现代短篇小说之间架设桥梁的“小说革命”作家，他的很多小说都是根据英国小说改编而来，自然深受西方文化的影响。他的小说特别在婚姻爱情观、道德观等方面都有明显的反封建意识，而作者加尼觉玛玛礼受其影响，本身自带着女性独有的、纯然的意识，贴近缅甸女性的人生和生活，通过对她们生存状态和人生际遇的描绘，来控诉千百年来“嫁夫如纹身，一错难改”的状态。加尼觉玛玛礼通过朴实而犀利的笔触，将这个世界的苦与乐、悲与欢、光明与黑暗展现在读者面前，

她将自己对世间百态、人情冷暖的理性认识和审美评价融入其作品的字里行间，给人以道德的启示和深沉的现实感。

由于受到“实验文学”和“新文学运动”的影响，加尼觉玛玛礼的小说充满着时代的气息。

“实验文学”的骨干分子们基本都是仰光大学的青年教师或高年级学生，他们还都对缅甸的古典文学有过研习，具有深刻、扎实的文学功底，不仅如此，他们都到英国留学过，自然接受到西方先进文学思想的熏陶，与西方的多元文化有着最直接的接触。在他们的作品中，民族主义、爱国主义、浪漫主义、现实主义等思想意识相互交织，包含了西方近现代文学、无产阶级文学以及民族传统等多元文化的融合，他们的作品一经问世，便燃起了人民争取民族独立和自由的强烈愿望。

而“新文学运动”与上述“实验文学”有着异曲同工之处。“新文学”这一概念是德贡达亚提出的，他深受欧洲浪漫主义思潮和中国、印度诗歌风格影响，浏览了欧洲乃至世界文学，也曾接触过巴尔扎克、狄更斯、雨果、莫泊桑等文学造诣颇深的大家，这些非凡的经历令他的视野豁然开朗。在新兴思想的滋养下，他真实描绘现实，批判资本主义制度，揭示生活本质与社会发展趋势，鼓励人民大众怀有积极向上的理念，追求理想的生活。

西方的浪漫主义、现实主义，俄国马克思列宁主义，别林斯基的美学理论，毛泽东的文艺思想，印度诗歌风格等世界民族文化之林中的精髓，被缅甸优秀的学者们吸收、传播、再创作，才将具有本国传统文化与融合多元文化的作品展现在世人的面前，而加尼觉玛玛礼在此媒介的助力下，以其独特的女性视角，探索缅甸女性的人生与追求。

四、西方文学对加尼觉玛玛礼文学的负面影响

一国文学在外来影响刺激下所产生的新的文学流派与思潮，往往被用来反对本国的固有传统或当时占统治地位的理论和文风，这就是对文学的负面影响。[①]

因此，在对作品给予肯定评价的同时，还是应当用辩证的眼光来看待它。若从表面来看《她的沉沦》，其实这只是一个关于情感、家庭话题的问题，是有关女主角“妙”由于不幸的婚姻、得不到爱、丧失儿子而遭受的难以承受的痛苦，以至于堕落为娼妓的故事。但仔细想想，“妙”天性软弱，不敢反对母亲的逼迫，被迫嫁给一个有钱、丑陋的老头儿，难道只是她个人性格上的原因造成她在婚姻的道路上一错再错，最终堕入深渊的吗？其实不然，真正造成这出悲剧的始作俑者是深重的社会和文化。

英国在1824年、1852年、1885年通过了三次侵缅战争一步步占领了缅甸，将其作为自己的殖民地，开始了长达一个多世纪的殖民统治。殖民地国家最大的悲哀不仅仅是国土和主权的沦丧，还有民族传统文化的失语和消亡。英国人借助统治机器的力量，逐步将所谓的“西方文明”渗透进入缅甸的传统文化中，侵害了缅甸人民的思想，令一部分人身上带有鲜明的殖民主义文化劣根性，令他们对于祖国和民族的命运漠不关心，这样的后果使国家和民族的前途令人堪忧。

作者加尼觉玛玛礼在描述“拉”见到结婚后的“妙”，看到她穿着天蓝色的、脖颈都袒露在外的低领上衣，胸前悬吊着一串珍

---

① 罗春霞．论文学影响的类型．时代文学（下半月），2009. 18.

珠项链，筒裙像西洋人似的扎得短短的，穿着尖头皮鞋，俨然是一副西洋人的打扮。过去的她是传统的缅甸女人的装扮，而眼下的“妙”变得她都不认识了，判若两人。从中可见对西方文化的崇拜和与本民族传统文化毫不相容的行为方式影响着当时的缅甸上层人士。

还比如，税务官准备用红丝巾替妙扎蓬散的头发，“妙”却与他打闹抢回红丝巾。如此不矜持的行为举止在当时都被比喻为时髦的洋化派头。显然，这其中便透露出了加尼觉玛玛礼个人的情感，有着对西方文化侵蚀缅甸的不满，有着对缅甸上层人士自以为是西方式时髦的鄙夷。

说到“妙”最终悲惨的结局，其实“拉”都预测到了，当“妙”的儿子“阿笃”死亡，收到“哥丹貌”的来信说已经结婚，“妙”的丈夫“吴德仓”因心脏病突然去世，这所有的一切滚滚袭来的时候，“拉”想到了“妙”定会一味悲怆地哀叹过去，痛苦地沉浸在令她生厌的悲惨遭遇里。她可能永远都对那些令她伤心欲绝的往事难以忘怀，在希望已经彻底破灭的时候，她最终只能以泪洗面，痛苦后地度过半生。可是，她猜中了“妙”的痛苦，却万万没有想到最后是“妙”自己放弃了自己，沦为了娼妓。

“西方文明”没有让“妙”受益，反而她自始至终都没有意识到悲剧的缘由。尽管“妙”“在道德品质和正义上并不是好到极点，但是她的遭遇并不是由于罪恶，而是由于某种过失和弱点”。[①]“妙”有着崇尚外物的虚荣心，好穿衣打扮、媚洋、缺乏缅甸妇女的贤惠良德，却沾染上西方人的轻浮，俨然成为了丢弃传统文化而徘徊在殖民地文化中的代表。

---

① 朱光潜．西方美学史．北京：人民文学出版社，1963. 69.

作者加尼觉玛玛礼想要突出强调的是，缅甸女性已经是本土封建夫权专制下的牺牲品，但外来的殖民主义更加让缅甸女性的命运雪上加霜。她不仅仅是在讲“妙”的故事，她在讲述的是关于一个民族女性命运的故事。她在呼吁，在殖民地国家女性的解放必须建立在国家独立的前提之下，只有这样才能真正改变和战胜命运。加尼觉玛玛礼的女性视角就是基于妇女解放和人类解放的前提下，希望消除性别歧视乃至所有形式的剥削和压迫都能彻底消除的追求。

五、结语

两个民族文学之间相互影响、相互借鉴、取长补短的现象就称为双向影响。文学作为文化的范畴，本身是不会只在一国范围内独立发展的，它发展传播的轨道是双向，甚至是多向的。西方文化在缅甸的思想制度、文学艺术、语言文字、物质生活等各个方面都留下了深深的烙印，融入到了缅甸的文学作品中。而缅甸回报以社会、甚至世界文学的，就是一份份优秀的文学作品，集外国文学与民族文学之精华，屹立于世界民族之林中。

加尼觉玛玛礼从女性的视角出发，怀揣着满腔热血的女性意识，讲述着关于女主角，关于缅甸女性，关于无数女性同胞的故事。她将自己置身其中，倾注更多的关心，注入更深层次的发掘，感受她们所感，描绘她们的抗争与追求，让本国甚至国外读者能更加真切、自然地领略到有着细腻的内心世界的缅甸妇女，有着无法被殖民抹去的传统文化。悲剧故事最容易让人动容，让人反思，加尼觉玛玛礼道出了女性生活的艰难与不易，她把希望女性独立自主、起来抗争的心愿融入到字里行间，字字句句都透露着或是外国文学、外国作家，或是本国文学、本国作家对其思想的影响，然而这些“影响”深深扎根在了处于整个世界大背景之下的本民族文学的土壤中，并且显示出强大的生命力，并放射出迷人的艺术魅力。

（作者系云南民族大学亚非语言文学专业研究生）

论爪哇文化的兼容性与独立性

邵文文

【摘　要】爪哇岛作为一个地理隔绝的岛屿，却是现代印度尼西亚重要的政治文化地带之一，岛上人口众多，历史悠久，具有自己独立的爪哇文化，它是印尼文化重要的一个分支；另一方面，爪哇文化在和外部文化不断交流中，形成了一种包含多文化特征的兼容文化。这种独立而兼容的爪哇文化的形成离不开岛上居民的继承发展和吸收创造，而爪哇地区的主要居民是爪哇族，该民族也是印尼的主体民族，占印尼人口一半左右，历史上有很多爪哇族人在印尼的国家政治中扮演了重要角色。鉴于此，探究爪哇文化的独特性和兼容性具有重要意义，对于我们理解爪哇文化乃至印尼文化具有借鉴参考作用。因此，本文尝试阐明爪哇文化独立性和兼容性的形成和原因。

【关键词】爪哇　兼容　文化　交流

引　言

爪哇族是生活在印度尼西亚爪哇岛上的一个民族。他们主要分布在岛的中部和东部，占印度尼西亚全国人口总数的47%，约1亿人，是爪哇岛上最大的族群，也是印度尼西亚的最大族群。除此之外，他们还居住在印度尼西亚的大部分省份、马来西亚、新加坡和南美洲苏里南。作为印度尼西亚最大的种群，爪哇族人其实属于南岛语系种群，最早可能发源自台湾地区，并经过菲律宾迁移过来[①]，在公元前1500年至公元前1000年之间到达爪哇，在爪哇生活的南岛语系族群形成了自己的原始文化并在此基础上融合了其他文化。其中，印度文化的影响较早，在海上贸易的影响下，以宗教文化为主要代表的印度文化逐渐渗入爪哇社会。事实上，印度文化影响的主要体现是印度教和佛教的影响。印度教和佛教是在爪哇与印度次大陆的贸易往来中传播而来的[②]，大概在公元5世纪传入。印度教、佛教和爪哇原始文化相融合形成了爪哇本地化的文化。爪哇文化的发源地被认为是克杜平原。公元8世纪，印度两大史诗《摩诃婆罗多》和《罗摩衍那》传入爪哇，丰富了爪哇文学。随着印度文化一起传入的皮影戏，多以两大史诗中的故事为体裁，至今深受爪哇人的喜好。到了10世纪，可能由于火山爆发等原因，爪哇的文化中心移到了爪哇东部。到了13世纪，爪哇文化已经形成相对成型稳定的文化。到了15—16世纪，伊斯兰文化开始传入到东南亚海岛地区并逐渐影响了爪哇文化，爪哇文化在此时也经历了一些变化，但和周边海岛地区相比，爪哇对伊斯兰文化的接受程度较低，接受形式上更兼容，在各种文化的影响下最终形成了自己独特的文化特性。这种多元的兼容文化特性最终反映在印尼的国家政治上，并影响着该地区生活的方方面面。

---

① Spiller, Henry. *Focus: Gamelan music of Indonesia*. Taylor & Francis Group. 2008. p. 10.

② Miksic, John. *Borobudur: Golden Tales of the Buddhas*. Tuttle Publishing. 1996: p. 20.

一、爪哇文化概述

（一）爪哇文化的界定

爪哇文化按地域来说是指爪哇岛地区形成的文化，按使用群体来说是爪哇族人使用的文化。本文所指的文化主要倾向于爪哇族人的文化。

爪哇族人大多生活在爪哇岛上，但是爪哇岛上的人并不都是爪哇族人。事实上，按照印度尼西亚现行的行政区划来看，爪哇岛分为三个省、两个特别区。即：东爪哇省、中爪哇省和西爪哇省；日惹特别区和雅加达特别区。生活在东爪哇省、中爪哇省和日惹特别区的土著人称为爪哇人。生活在西爪哇省的人称之为巽他人，即巽他族人，属巽他文化圈。而雅加达人则属于巴达斐亚马来文化圈。①

综上，本文所指的爪哇文化限定为爪哇岛上爪哇族人的文化。

（二）爪哇文化的特点

从爪哇文化和各外部文化的交流史来看，到了 17 世纪，爪哇已经形成了一个相对稳定的文化体系，通过分析这种文化体系，我们可以一窥爪哇文化的兼容性和独立性。

一个方面是爪哇文化的兼容性。爪哇文化在形成的过程中受到了多种文化的影响，这些影响在爪哇的文学、语言和建筑等方面都有深刻的体现。例如在宗教方面，爪哇人最早信仰拜物教，认为自

---

① 蔡金城．论爪哇文化的兼容性．东南亚研究，1997（3）：59.

然界的万物都有灵魂。他们还崇拜祖先灵魂及祖传圣物，王宫的器物、格利斯短剑、皮影戏傀儡和木偶等也成为顶礼膜拜的对象。爪哇人把最初信仰的“万物有灵论”等原始宗教与后来传入的印度教、佛教糅合在一起，成为爪哇印度教，至今在爪哇各地人们还能看到许多遗留的湿婆雕像。多种宗教在爪哇这片区域同时存在，却又没有发生大的冲突，这正是爪哇文化兼容性的体现。

另一方面，笔者认为爪哇文化的另一个重要特征就是它的独立性。爪哇文化的独立性是指爪哇文化的相对稳定，它虽然经历了众多文化的影响，包括印度文化、中国文化、伊斯兰文化和西方文化等，但爪哇文化在不同程度上吸收这些文化后仍能保持自身文化的相对独立，这不仅仅是由于其岛屿环境的相对独立性，还因为爪哇在政治上的集权、经济上的排外等因素，这些具体原因后文将着重分析。

因此，在笔者看来，爪哇文化的兼容性和独立性构成了爪哇现有的独特文化，有必要对这两种特征进行探讨分析。

二、爪哇文化的兼容性

虽然爪哇岛是一个海上孤岛，与外部世界天然隔绝，但是爪哇岛与其他地区的联系很早就已经存在，这些地区的文化对于爪哇文化的形成与定型有着很大的影响。其中影响爪哇文化最为深远的外来文化是印度文化和伊斯兰文化。当然，爪哇文化并不是一味地接受外来文化，而是在保持自己文化特性的同时吸收、同化外来文化。所以，爪哇文化的兼容性与外部文化有着很大的关系，笔者通过外部文化和爪哇文化的联系来探讨爪哇文化兼容性的形成。

（一）爪哇文化和印度文化

爪哇文化很早就与印度文化有着交流。据爪哇编年史记录，公元7世纪初，印度古吉特拉国王子带领一支船队，包括种植者、工匠在内的5000人前来爪哇定居。① 古代泰米尔文献中提到，印度注辇商船已到达苏门答腊或爪哇等地。公元75年，印度水手子羯陵伽出发，渡过印度洋到达爪哇。② 这些陆陆续续来到爪哇地区的印度人渐渐将印度文化传入爪哇地区，而且从资料上看，印度文化是最早传入的外来文化之一。印度文化传入爪哇后与爪哇文化相融合，形成了早期的爪哇文化，这也是爪哇文化特性中印度文化因素更为明显的原因。

印度文化传入爪哇，主要是以宗教文化为代表的文化传入爪哇的一个过程。其中印度教和佛教的影响最为明显，但两种宗教文化在爪哇并行不悖。事实上，佛教和印度教原本就存在着许多相互借鉴之处，特别是印度教和佛教传到爪哇岛之后，它们与当地的原始宗教结合在一起，形成了独具特色的宗教信仰，③ 这种独具特色的宗教信仰可以从爪哇众多的印度教神庙上得以印证。在东南亚海岛地区后来接受伊斯兰教的时候，爪哇还很好地保持了一些印度式宗教，这在东南亚海岛地区是个特例。所以，不得不说印度文化在爪哇的内化程度最高，对爪哇文化影响最深。例如，印尼建国后提出了“潘查希拉”，这个词语是两个梵语词汇构成，意为“五项原则”，主要精神就是和平共处。究其原因，印度式宗教的和谐性对爪哇文

---

① Radha Kumud Mookerji, Indian Shipping: A History of the Sea-borne Trade Maritime Activity of the Indians From the Earliest Time, Longmans, Green and co. 1912 ; p. 151.

② 陈希育．古代印度帆船对东南亚的航海与贸易．南洋问题研究，1990（2）：37.

③ 吴杰伟、王妍．印尼爪哇岛印度教神庙研究．东南亚研究，2007（1）：81.

化的影响深入到建国思想中。因此，宗教尤其是早期的印度式宗教对于爪哇独特文化的形成具有奠基作用。

（二）爪哇文化和伊斯兰文化

印尼是世界上穆斯林最多的国家，但是大部分爪哇人信奉的伊斯兰教有别于其他国家或地区，即带有浓厚爪哇特色的伊斯兰教，是伊斯兰教与爪哇原始文化以及印度文化相结合的爪哇伊斯兰教。而伊斯兰文化什么时候传入爪哇，在印尼国内外学界至今还没有一个确定的说法。据称最早的伊斯兰传教者被称为“九位使节”（Wali Songo），他们中的几位来自中国，并被认为与当时郑和远洋贸易在马六甲海峡的影响力有很大关系，其中很多传教者的墓葬至今保存完好。在伊斯兰教被接受的同时，其教义也被融入了当地人长久以来的一些信仰之中，所以爪哇岛的伊斯兰教带有明显的本地特色。伊斯兰文化的传入爪哇后，给当地的政治、经济和文化都造成了影响。

爪哇伊斯兰教强调的是内心或精神和谐以及社会和谐的价值观。另外，与其他地区和国家的伊斯兰教徒不同，爪哇穆斯林没有完全按照伊斯兰教规履行义务，或者说他们虽然履行伊斯兰教规，但并不注重形式。[①] 虽然目前绝大多数爪哇人信奉伊斯兰教，但在部分仪式上尚能见到原始宗教的影子，而巫术在爪哇农村还相当流行，存在着神汉和巫师。

---

① 朱刚琴．试析爪哇伊斯兰教的和谐价值观．东南亚研究，2006（6）：88.

（三）爪哇文化和中国文化

除了印度文化和伊斯兰文化，爪哇文化与中国文化很早就有了交流。据史料记载，早在 131 年，当时的东汉皇帝就曾遣使前往叶调。叶调就是古代爪哇岛的梵文名 Yavadvipa 的对音。叶调也曾遣使东汉，据《后汉书·顺帝纪》载：“永建六年十二月，日南徼外叶调国、掸国遣使贡献。”5 世纪，东晋义熙八年（412 年）高僧法显登陆耶婆提。耶婆提就是 Yavadvipa，就是古代爪哇。后汉到隋朝称为呵罗单。唐朝称为诃陵、阇婆。宋朝时爪哇岛上有三个国家：塔鲁纳国在西部，马打兰在中部，谏义里在东部。元史称满者伯夷为“麻偌巴歇”，是爪哇国的国都。明朝称为爪哇。在第 6—7 世纪，很多海洋势力王国在苏门答腊和爪哇崛起，控制了马六甲海峡水域。同时，伴随着与中国和印度兴盛的海上贸易往来，这些王国繁荣一时。在此期间，不少来自中国和印度的学者翻译了很多文学和宗教典籍。

综上所述，中国文化和爪哇文化很早就有交流，而且交流不曾间断，从中国史籍对爪哇的记载就可见一斑，然而，中国文化在爪哇文化中的印记并不明显，对爪哇文化的影响也不深。但这并不意味中国文化对爪哇文化没有影响，从一些小侧面我们仍然能够看到中国文化和爪哇文化交流的影响，例如爪哇语的“sutra”就是中国“丝绸”的读音，爪哇日惹王宫中还摆放着不少中国明清时期的瓷器等。

（四）爪哇文化与西方文化

到了 17—18 世纪，西方文化开始进入东南亚海岛地区并对爪哇文化产生了影响。西方殖民者在此展开了激烈的争夺，在与葡萄牙的战争中，荷兰逐渐掌握了爪哇地区的控制权，成立了“荷兰东印度公司”并在巴达维亚（今天的雅加达）建立了“贸易和行政管理总部”。在殖民统治时期，荷兰人将注意力集中在雅加达和其他一些海滨城市，例如三宝垄和泗水。荷兰殖民者还通过一些归顺的本土势力，间接对这个多山的岛屿进行统治，例如爪哇岛中部的马打兰王国。19 世纪，荷兰政府从荷兰东印度公司手上接管了东印度群岛，1830 年荷兰统治者开始实行所谓“耕种制”的变相奴役制度，导致了大范围的饥荒和贫困。

除了直接的殖民统治，西方国家也在爪哇推行西方文化。20 世纪初，荷兰人在爪哇建起了一座座基督教堂，开始进行传教活动，传播西方文化。

因此，由于西方列强在爪哇长时间的殖民统治，在强迫性政策、经济劫掠和传教活动的影响下，爪哇文化也在一定程度上融合了西方文化的因素。

三、爪哇文化的独立性

通过上述的讨论，笔者概述了爪哇文化在形成过程中与外部文化形成的历史脉络以及爪哇兼容文化的形成，那么爪哇文化独立性的形成又是基于哪些方面的原因呢？笔者认为主要有以下的几点原因。

（一）政治原因

在 16 世纪的前 10 年内，爪哇北海岸地区的权力中心转移到了中爪哇，政治权力远离海岸意味着爪哇的统治者们与外部的接触减少，这种减少在一定程度上维持了爪哇自身的政治经济特点，保持了爪哇人原有的生活方式。除此之外，在所有接受伊斯兰教的国家中，爪哇的印度文化发展得最完美。爪哇在16世纪就形成了自己稳定的宫廷文化，这种宫廷文化的主要来源是早先来到爪哇岛的印度文化，其核心是王权崇拜。王权崇拜有利于爪哇统治者们建立一个集权统一的国家，这种单一的体制有其弊端，但是另一方面它又维护了爪哇政治文化的稳定和抵御外来文化侵蚀的能力。相比之下，其他的东南亚海岛地区没有相对集中的政治体制，导致了这些地区文化更迭的不断发生。

（二）经济原因

爪哇独特文化的形成还与其经济有关。主要是因为爪哇在17世纪退出了东南亚的海上贸易，造成文化往来的减少，这也是爪哇能够保持其文化特性的原因。16世纪时，爪哇北部沿海的繁荣港口一直向整个海岛地区出口爪哇大米和其他食物，以便换取亚齐和马六甲的印度布匹和马鲁古的材料。特别是在荷兰人于1618年彻底摧毁了扎把拉港口之后，荷兰东印度公司经常直接攻击这些爪哇人的航运。更为重要的是，为了加强他们在马鲁古的垄断，封锁葡属马六甲，荷兰人努力有效地割断沿海地区港口的贸易动脉，这就导致了北部沿海地区港口的赤贫化。在17世纪20年代，望加锡取代锦石和泗水成为印尼东部的主要供应和贸易中心。事实上，爪哇这些沿海城镇的主要威胁来自内部。当荷兰东印度公司逐渐对北部沿海港口取得控制权时，在经历了几十年的毁灭性战争和压制后，人们对爪哇形成了这样的看法：爪哇人厌恶海事、商人阶层软弱以及社会等级森严。[①] 事实上，这都是爪哇经济退出东南亚海上贸易的结果，虽然这种结果不利于爪哇经济的成长，但却保证了爪哇文化的相对独立。

（三）战争原因

根据《爪哇纪年》和葡萄牙人的记载证实，整个16世纪爪哇各伊斯兰国家和印度教国家之间战争不断。当时淡目的领导地位随着特棱加纳于1546年被杀而结束。在此后的战争中，泗水代替了淡目的位置，作为强大的伊斯兰教港市逐渐崛起，而中爪哇的权力则向内地转移。[②] 战争使得爪哇政治混乱，人民疲于战事，权力中心不断发生改变。在这样一个大的背景下，爪哇本土文化受到了很大的影响。但是另一方面，文化的传播需要一个相对稳定的环境和适当的时机，然而这一时期的爪哇处在动荡之中，并不适合于外部文化的传入。因此17世纪的爪哇也没有接受外来文化，保持了文化的相对独立。

四、总结

一个地区文化的产生有着多种多样的原因，这种文化随着与外部文化的接触也会发生一些变化。爪哇文化也不例外，它在产生的过程中与各种文化存在漫长而激烈的交流史，在这种交流过程中，

① 安东尼·瑞德著．孙来臣、李塔娜、吴小安译．东南亚的贸易时代：1450—1680年（第二卷扩张与危机）．北京：商务印书馆，2013. 393.

② 安东尼·瑞德著．孙来臣、李塔娜、吴小安译．东南亚的贸易时代：1450—1680年（第二卷扩张与危机）．北京：商务印书馆，2013. 246.

爪哇文化渐渐和其他文化发生交融，形成了自身文化的和谐包容性。从早期与印度文化的相融合到与伊斯兰文化的和平相处，再到与其他文化接触时保持着相对独立，爪哇文化以一种内在的平和气质展示着它在印尼文化中的独特位置。印尼建国后提出的“潘查希拉”（来自梵语，主要精神就是和平共处），也是这种兼容和谐的爪哇文化深入到建国思想文化当中的体现。

当然，爪哇也在很大程度上保持了自己独特的文化。如前文所述，它有着深层次的内涵：爪哇宗教的多样性虽然造成了其文化多样性，但政治结构的稳定又保证了文化的稳定，经济往来的减少促成了相对独立的经济社会环境，而接连不断的战事又使爪哇无暇接触和吸收外来文化，最终在 17 世纪左右形成了自己独立的文化特性。

参考文献

[1] 蔡金城．论爪哇文化的兼容性．东南亚研究，1997（3）．

[2] 安东尼·瑞德．东南亚的贸易时代：1450—1680 年．北京：商务印书馆，2010.

[3] 尼古拉斯·塔林．剑桥东南亚史．昆明：云南人民出版社，2003.

[4] 朱刚琴．试析爪哇伊斯兰教的和谐价值观．东南亚研究，2006（6）．

[5] 吴杰伟、王妍．印尼爪哇岛印度教神庙研究．东南亚研究，2007（1）．

（作者系解放军国防科技大学国际关系学院助教）

泰国民间歌谣船歌初探

赵 佳

【摘 要】无论在泰国各府或是乡下，泰国的音乐和字母、数字一样，都代表着泰国显著的文化特征，歌曲和音乐作为泰国人生活方式的一部分，潜移默化地渗入到泰国人的日常生活中，包括工作、各类仪式及各类民间游艺节目。本文从泰国的民间歌谣概况、船歌概况、船歌曲调类型及规律、船歌表演几个方面来论述泰国中部民间歌谣——船歌，旨在使更多人了解泰国中部民间歌谣的基本概况和文化特征，从而能认识到泰国民歌的价值所在，将这种有价值的文化遗产发扬传承。

【关键词】泰国 民歌 船歌

“歌谣”是由人民口头创作的最贴近日常生活且直接表达民众思想感情和愿望意志的民间文学体裁之一，“民间歌谣”是民间文学中可以吟唱的韵文体式部分，合乐而唱的是歌，只有词的是谣。提到歌谣，必然涉及到与歌谣相关的歌词、曲调、节奏、音质以及演唱者的心情和感受，民间歌谣也不例外。民间歌谣的产生和流传都源自民间，是乡下劳动的人们集体为生活创作的智慧结晶，通过口头传唱的形式流传。歌谣文本大多为韵文体式，但并不局限于某种特定的创作方式，节奏和韵律较灵活自由，有时还和舞蹈等其他文艺形式结合后进行表演。通俗地说，民间歌谣产生自民间，其歌词内容大多是关于村民自己村社群体的独特生活方式、家族历史、血缘血亲、各类活动、宗教、仪式及信仰等内容，其歌曲的创作和吟唱大多是为了表达内心情感或抒发内心的苦闷感受，旨在娱乐生活、排忧解难及消除痛苦。

一、泰国民间歌谣

“民间歌谣是从远古诗、乐、舞三位一体的原始文化形态中分化出来的，但仍保留有乐、舞特征的一种韵文样式。作为一种综合性的整体艺术，它同时兼有文学（词句）、音乐（曲调）和表演（表情动作）三种形态。”[①] 泰国民间歌谣是劳动人民集体创作的智慧结晶，主要以口头流传的方式传唱，字句间较为整齐，歌词内容与劳动生活或日常生活紧密结合，反映不同时代的社会风貌、风俗习惯、民众的思想感情和审美情趣及社会现象。

泰族是一个能歌善舞的民族，而泰语具有 5 个声调并有长短音的区分，本身就是一种极富音律的语言，非常适合诗歌和民谣的吟唱。[②] 泰国人几乎都是天生的诗人，一些目不识丁的农民在传统集会上都可以即席演唱自编自创的歌曲，这些歌词的韵律有诗歌格律版的脚韵和头韵。[③] 泰国的民间歌谣不仅种类繁多，样式也多样，泰国人一生都少不了各种民谣的陪伴，可以说歌谣是泰国人生活中必不可少的一剂调味品。泰国中部的民间歌谣大多都是对答形式的，是年轻男女之间互相谈情说爱的载体媒介，与我国的山歌对唱或情歌对唱类似，是劳动人民对爱情生活的真实反映。

---

① 吴超．中国民歌．杭州：浙江教育出版社，1995. 2.

② 金勇．泰国民间文学．银川：宁夏人民教育出版社，2011. 148.

③ 田禾、周方治．列国志・泰国．北京：社会科学文献出版，2003. 289.

在泰国，老百姓们利用自己的生活智慧创造出了60多种类型的民间歌谣，曲调风格也根据不同的词曲内容而不同，泰国民间歌谣大致可分为以下类型：

1. 根据地理位置分类。这是一种较普遍的分类法，根据歌谣的起源地来分类，例如：中部民间歌谣、北部民间歌谣、东北部民间歌谣及南部民间歌谣，再往下可以根据府名、县名等来细分，如：那空沙旺府民歌、北碧府民歌等。

2. 根据种群文化分类。根据各地居住人群或是血统特征来划分，如：棉苗文化族群、泰老文化族群、泰穆斯林文化族群等。根据各族群与当地文化巧妙融合的特点，创作属于自己族群且符合当时社会现状的民歌。

3. 根据演唱时期分类。演唱者根据不同的季节、从事不同的农活，演唱对应时期的民歌，如：在农忙时，人民会忙着收割稻作，做好下一季度粮食作物的储备，相互间加油鼓气吟唱小调；在稻米收割期，村民间相互帮助收割稻子，为鼓舞振作会吟唱娱乐性曲子等；为求得安康与丰收举行求神保佑和酬神的祭祀仪式中涉及的仪式歌；还有一些是在日常生活中说学逗唱，朗朗上口，不受时间限制的曲子，如：เพลงฉ่อย（乔歌）、หมอลำ（摩兰）等。

4. 根据演唱的目的分类。演唱目的不同，歌词内容也不同，如：催眠曲是一种哄婴儿睡觉的歌，是一个人来到世界上最早接受的富有童话性质的歌声，虽然婴儿尚难以理解歌词内容，但对幼儿的听觉培养、乐感培养及想象思想的建立是有益处的；孩童游戏歌是儿时游戏时配套的顺口溜、儿歌或表演节目时统一合唱的曲子，可增加游戏的趣味性；表白歌是羞于直接表达情意而采用间接表达互诉衷肠的情歌对唱，当自己郁郁寡欢或得到满足时哼唱的个人抒情小调等。

4. 根据演唱人数分类。根据演唱人数可分为独唱和合唱，人数的多少决定规模的大小及适宜的群体，如：催眠曲是独唱的，一般由母亲或女性长辈演唱，营造的是温馨祥和的气氛；稻米收割歌、船歌一般由多人一同演唱，相互表达情意，相互逗笑或相互鼓励，营造的是和谐友爱的氛围。

除此之外，关于民间歌谣的分类还有很多种，如：根据歌曲长短、演唱者性别、演唱者年龄来分类，但相比之下，因为文化客观存在的地域性，根据地区来分类的方法更受到学者的广泛认知。笔者从搜集的资料中发现，泰国中部地区歌谣语言的使用比其他地区的更通俗易懂，因而流传也更为广泛，文献资料也比其他地区的丰富，故笔者从泰国中部的民间歌谣中选取船歌作为代表来进行研究，希望能梳理出歌曲的特点。

二、泰国船歌

（一）船歌概况

船歌在泰国已有 200 多年的传承历史，有证据表明在阿育陀耶时期船歌就已经产生了，有文献提到“中部民间歌谣船歌，老一辈人创作传承下来，人们乘船放水灯，长久以来厌倦了船上放灯，……最老的船歌便由此在阿育陀耶时期产生了……”。[①] 船歌是以对唱为主的一种民间歌谣，是民众用自己的聪明才智在农忙时、聊家常时、谈情说爱时、诉说苦闷烦恼时及庆祝时从自身经历和生活中创作出的一种歌谣。船歌演唱时男女两队分别坐在各自的船中，泛舟河中央，根据现场状况即兴创作编排歌词内容，并以对歌的形式

---

① 泰国文化部．文化智慧遗产资料的收集报告：中部民间歌谣，2014. 117.

依次演唱。

船歌是唯一一种泛舟河中对唱的民间歌谣，但因为地域和工具的限制，表演者和主办方将表演形式随着时代的发展做了相应的调整变化。笔者收集到的资料显示，现在的船歌有三种表演形式，第一种是传统的对唱形式，即：男女双方分别坐于各自队的船只上，泛舟河中以游艺的形式进行对唱，一般情况下男女双方坐真船划真桨，在河中进行对唱表演。当船歌被大众所熟知后，便会有观众前来“观战”，当“观战”的人数场地装不下时，为了方便观众更清楚地了解“对战”状况，主办方会提供扬声器或麦克风，以便能大范围地服务听众；第二种方式是在舞台上站着吟唱，男女双方会按安排好的队列顺序排列，类似于坐在船上，或是像其他民歌演唱时以站两排的方式演唱，除此之外，演唱过程中还会配以演唱道具，如：纸船、纸浆等，目的在于符合传统船歌的仪式形式，虽然将场地改为舞台表演，但道具场景的设计都需要模拟泛舟河中的表演方式；第三种方式则是在站在舞台上的船里对唱，这相当于结合了前两种演唱形式，将泛舟河中的船只移至舞台中央，同样的场景设计与道具准备仍需与第一种表演方式一致，便于更多的观众能够身临其境感受这些民众用自己的聪明才智创造的文化遗产。

船歌的对歌形式多种多样，一般分为双人对唱和集体对唱，男领唱称为“พ่อเพลง”（爸爸），女领唱称为“แม่เพลง”（妈妈），至于其他伴唱的则称为“ลูกคู่”（孩子），一般男女领唱先唱，随后伴唱跟着合，不规定哪一方先开始，类似于一家三口一问一答，是一种和谐友好的团队协调方式。在演唱过程中，领唱需要运用自己的聪明才智即兴创作出紧扣主题的内容，对于歌词的字数、押韵韵母、节奏及曲调没有过多严格的要求。演唱过程中不用太复杂的乐器来伴奏，会选用像拍板、镲之类的简易乐器来伴奏，增加对唱时的节奏感和代入感，给观众简单易懂、过耳不忘的听觉效果。

泰国中部民众在不同时期或是各类聚会来演绎这类对答歌，旨在丰富闲暇生活，营造欢快的活动气氛。中部的船歌是生活在湄南河流域的民众所创作的，如：素攀、安通、阿育陀耶等中部地区。活动时间一般选在雨季，即每年 11—12 月期间，各船队间会组织起来，泛舟河上，相互对唱，诉说爱意。对唱前需要男女双方各自准备一艘船、拍板、节奏板和镲等道具，如果活动在傍晚举行，还需要提前准备好蜡烛置于船头。当男女两方在河中“相遇”时，男方需要先礼貌地邀请女方，看女方是否接受男方的“搭讪”，若女方同意，对唱才能开始。在两方开始对歌前，两边需要先吟唱“拜师词”——拜船精灵歌（类似拜神，希望能够有好结果），在对唱过程中，需要男女双方发挥自己的聪明才智、临场反应及演唱特长，对演唱内容进行即兴创作，最后以告辞歌结尾，互诉依依惜别之情。

（二）船歌曲调类型及规律

泰国的民间歌谣因产生的地域不同而有着不同特点。民间歌谣作为各个地方民众的智慧结晶，经过了较长时间的传唱与发展。我们可以从船歌中发现，民间歌谣与各地的文化风俗有着密切关系，所处地区不同，不仅所创作的的民间歌谣不同，甚至连名称都会有所区别，即使属于一个类型的歌谣，但源于不同地区，歌词内容、作曲形式、风格表达等都大不相同。民歌在泰国中部叫“普联”(Phuleng)，在泰北则叫“索” (So)，而在泰东北则叫“兰”(Lam)。[①] 对于想要了解泰国人民日常生活的人来说，去乡间倾听他们的歌谣，有助于我们“体会人们是如何生活的，为什么会这样？起什么作用？会发生什么效果”。

---

① 金勇．泰国民间文学．银川：宁夏人民教育出版社，2011. 167.

听一首歌谣，歌词内容及韵文体式往往是最重要的。船歌歌词以文本的形式存在，又使用最常见的韵文体式，歌词文本与节奏感、格律简洁的韵文体式一起会给人一种愉快的感觉，能更好地让你身临其境体会民众表达情感的“别致方式”。因此，这些通俗易懂有节奏感的歌词文本及韵文体式值得我们好好“解读”其中蕴含的歌词内容，以及反映的社会现象、社会价值、生活方式等，因为每个地方特有的歌谣都是根据民众所处地理位置，或自己的生活方式，亦或是与民众生活息息相关的日常事件来创作的，属于民众自己“小众”的歌曲。通过歌曲演唱来表达内心的想法，抒发自己敢唱而不敢说的情歌或民众间嬉笑逗唱的言词，因为歌谣不仅可以作为民众表达快乐情绪和谈情说爱的媒介，还是帮助民众抒发内心情感、排忧解难的工具。

船歌最为常见的一种作曲形式即“格伦”诗体，这种诗体节奏感强、带入感强、节拍活泼自由且格律简单易懂，不像其他类型的诗体需要对长短音、音调、开闭音节等有关文字拼读作死板的规定制约，船歌的创作对韵文体式的韵律和音节数没有硬性要求，便于民众即兴创作和吟唱。“格伦”最早也是在民间兴起，约在阿育陀耶末期波隆摩谷王时才引入宫廷被作家文学吸收和改造，在阿育陀耶中期纳莱王时期的泰语教科书《金达玛尼》中还尚无格伦体的记载，直到波隆摩谷王时期宫廷文学中才出现几篇格伦体诗，如探马提贝王子的《长歌》，以及两位公主的《达郎》和《伊瑙》等。[①]

船歌分为水船和旱船[②]两种表演形式，但所采用的韵文体式都是一致的，歌词内容简单上口。最初演唱方式为即兴演唱，也就是在表演当中想到什么或是想表达什么，就唱什么，对歌词内容没有死板的硬性规定，是一种自然的即兴表演，不用刻意编排歌词，只要所吟唱

---

① 金勇．泰国民间文学．银川：宁夏人民教育出版社，2011.168.

② 水船：是一种坐在船内，船只泊在河内的一种形式；旱船：是一种“升级”版的船歌形式，不再在河内举行，而是选择在陆地上举行，但演唱者仍坐或站在船内演唱。

得内容能抓住民众的耳朵、生动有趣、衔接自然就可以。但是伴唱部分的歌词内容则是固定不变的，有一定的规律及标准，通常主唱唱完伴唱便需要紧接伴唱部分，需衔接自然。若某一首歌谣吟唱的深入人心，让人难以忘却，民众便会相互邀约一同前往河边聆听欣赏。

在用韵上，泰国民间歌谣使用最多的是“格伦莱”、“格伦拉”和“格伦立”，即分别为押“ai”韵、“a”韵和“i”韵的格伦。[①] 四言格律是民间较为流行的船歌韵文体式，该种韵文体式节奏感强、格律简单且配合歌词会更加朗朗上口。但除了四言格律外，还可按音节数大于 4 的分为六言、七言、八言和九言等几种，采用的韵文体式根据自己当时想要表达内容字数的多少来决定，不局限于单一的形式，因为船歌创作的最初目的就是娱乐和放松心情，刻意追求歌曲的韵文体式反而达不到效果。以下为民间较为流行的四言格律船歌歌词，以四言格伦为例。

แล้วเรียกลูกเรือมารวม**กลุ่ม**	**ชุมนุม**เทวดา
ขอเชิญลง**มา**	รัก**ษา**แม่ย่านาง
ข้าวของเตรียมมาวาง	เครื่องแซ่นมากมี
มีทั้งข้าวตอกดอก**ไม้**	ข้าว**ไข่**บายศรี
ขนมต้มขาววับ	หมูแถบเนื้อมัน
จัดเอาไว้**เข้าขั้น**	พร้อมทั้งกล้วยหนึ่งหวี
แป้งหอมน้ำมัน**หอม**	**พร้อม**ทั้งธูปเสียบหัว
ผ้าแพรต่อตัว	ยังมีด้ายเจ็ดสี
เอาพวงมาลัยมาสอด**คล้อง**	เจิมด้วย**ทอง**อย่างดี
ธงทิวปลิวไสว	หัวท้ายก็มี
ขอเชิญแม่**นี้**	เข้า**พิธี**เสวย
อิ่มแล้วแม่ก็เลย	ล่องลอยวารี
เมื่อได้เวลาฤกษ์**ดี**	ตรงไป**ที่**นัดหมาย
แม่แล่นลิ่วปลิว**ไป**	ดั่งแรง**ใจ**ของคน
	(เพลงคณะศิษย์วัดขลุบ)

① ［泰］素甘雅・素查雅．民间歌谣研究（泰文）．曼谷：朱拉隆功大学出版社，2002. 16.

从这个例子中可以看出，这首船歌分为一行两句，每句一般 4 个音节，也有多于 4 个音节的句子，通常情况下，第一句的音节数量要比其他句子的数量多。每一行的任意两句都有押韵词，且每句之间押韵的韵母相同，例如：第一行第一句最后一个音节的韵母是“um”，第一行第二句的韵母也必须是“um”，以此类推，押韵部分也已标黑注明。其中即兴创作出的歌词内容大部分选用的都是词义相近、声调相同的词汇，使演唱文本唱起来有韵律感，方便记忆且能直观地表达歌词内容。由于歌词翻译较难传递原文的韵文体式及特点，读者也难以看出歌词押韵特点，故截选泰文版歌词方便读者从形式和内容上理解。

随着社会的发展和时代的变迁，船歌的演唱方式也有所改变，由最初漂流在河中相互对唱形式逐渐变为将船搬到了舞台上的形式，也就是我们上面提到的旱船。水船一开始因娱乐大众、嬉戏打闹、谈情说爱而产生，歌词内容即兴创作，没有特别的作词规定，随心所想随心而作，目的上在于放松心情，民众听完能有感同身受的感觉，只是在创作歌词时前后两句需押韵就可以了，可以说是一种“随性”的创作方式。这种放松心情、调动气氛的娱乐方式渐渐被大众熟知且推崇后，船歌的演唱方式便有所变化，从最初双方坐在船中漂流在河内演唱形式，变成了双方或坐或站在船中在舞台上表演的方式。过去船歌的演唱需要泛舟河中进行，感兴趣的民众会坐在岸边听通过扬声器传播出的对唱内容，有时观看的民众较多时，后面的观众会听不到对唱的内容，或观看不到两边相互倾诉的情景。由于这些原因，便将船只搬到地面上演唱，方便了更多观众观看。只是对于歌词部分的创作，不能再像水船一般即兴创作，有了规定和限制，歌词需由专业人士专门创作编写出旋律优美、节奏感强及富有押韵感的歌词。

（三）船歌表演

过去居住在湄南河流域的村民大部分都有鬼神信仰，这对村民的生活方式、思想观念和文化习俗都产生了直接影响，虽然当时佛教已盛行，但民众信仰鬼神的观念并未消亡。泰国的鬼神信仰是民众原始信仰中的一部分，很普遍，例如：和船有关的信仰。当一切就绪后便是船歌表演的过程、使用的乐器、服装等。

1. 建船

在古代，泰国作为一个以农耕经济为主体的国家，由于生产需要而产生的对自然环境和自然界力量的依赖，造就了泰国人民丰富的自然神信仰文化。[①] 而这种信仰文化产生于生产力低下的原始社会，那时的泰人认为万物有灵，自然界中的一切都有神灵在默默支配着，进而影响着泰人的做事风格和思想观念，做事前需要拜神，以祈求健康、平安、顺利。

关于建船，特别是比赛时用到的船几乎是用一整根树木制成，木材可选用铁木、柚木或其他木质较硬的木材，其中民众较喜欢选用铁木来制作，因为铁木体积较大，树干较直，木材颜色鲜亮，漂流在河中相较其他类别更适合用来做船。对于这种铁木，泰国人民相信有铁木神在其中。泰国地处热带，树木植物生长较旺盛，再加上鬼神信仰的普遍性，使得民众相信树木上居住着树神，砍伐前、雕刻时，都需要举办祈求仪式，以求得铁木神的允许和原谅，同时希望比赛或活动能取得好成绩；相反，如果对树神不敬，树神会惩罚民众，会制造各类灵异事端，有时甚至会危及生命，但若按信仰诚心完成仪式，树神将会保佑他们得到好结果。

---

① 熊韬、杨杰．泰国的鬼神信仰初探．亚非研究，2016（2）：32.

当船只制作好后，守护船只的女精灵也就出现了，人们在使用前需要按仪式诚心拜船精灵，以求得船精灵的保护和庇佑。船精灵存在于每只船的船头，河流水域一带的村民普遍信奉船精灵，不论是乘船外出、搬运货物亦或是修缮船只，只要使用到船只，每次使用前都会进行拜船精灵仪式，因为每次使用船只都需要移动船只，人们认为会打扰到船精灵的休憩，所以使用前的仪式不能少。仪式步骤不复杂，只需要准备花朵、蜡烛、水果并念诵祈求船精灵原谅的话语既可；船歌活动前的准备工作也需如此，先准备好供奉的物品，念诵祈求精灵原谅的话语，以求船精灵的庇护及得到好结果。

拜船精灵仪式从很早时期就一直存在，因为泰国人民认为，船信仰在他们的生活中极其重要，是祖祖辈辈流传下来的经验，对船只的信仰不仅能保护自己乘船外出不出意外，还能助力自己在重要比赛场合中获得好名次；若不虔诚或无诚心信仰，面临的将是生命意外。

2. 船歌演唱过程

在最初，船歌演唱是泛舟河中进行的，随后逐渐演变为在陆地上进行，称之为旱船表演。在旱船表演中，男女领唱一般站在船头旁，伴唱则站在船内（将船模型挂于身上），当人数不够时，男女领唱也会和伴唱一起站到船内演唱。一般会挑选长相较好的女子站船头，充当船精灵，至于船尾男女都可以站，没有特殊规定。伴唱的人除了伴唱外，双手还需拿桨做划船动作，双脚也会跟着前后移动。在整个表演过程中，乐器演奏者站在船外，使用拍板、镲这类简易的乐器伴奏。旱船演唱者大部分都是女性，因为在整个过程中对美感要求比水船的高，所以除了词曲的韵律、舞步动作优美外，对演唱者的容貌也有一定要求。但无论是旱船表演还是水船表演，表演过程的步骤大致相同。

第一步，拜师阶段。

这里的拜师指的是拜船精灵，将保佑船只的精灵当作是拜师礼中“老师、师傅”，拜师礼中的师傅会传授知识和经验给弟子，在弟子的求学或求职道路上给予一定帮助；而船歌演唱前行“拜师礼”，就是拜船精灵礼，求它保佑船主或船上人的平安，并在比赛中获得好成绩。

男女双方分为两队按演唱顺序就坐于各队的船只中，把提前准备好的贡品置于船头，然后开始“拜师”，男女双方按之前分配好的词曲来进行演唱；或整个团队各自选出一名有资历的男女领唱来演唱拜师词，并按一定顺序将保护船只的女精灵、恒河女神等贡品置于船头。

当船歌演唱逐渐有了竞争性后，拜师礼显得更加重要，一方面，拜师过程可以为队员鼓舞打气，另一方面，还可以增加队员获得胜利的信心。一般来说，在比赛开始前，会由主办方先进行拜船精灵礼，然后一同唱拜师礼歌。

第二步，演唱阶段。

船歌的节奏一直都是欢快型的，所以选用的乐器都是简便、容易操作、声音清晰的敲击乐器，例如：镲、拍板和拨，有时还会加上拍手来配合节奏。

拜船精灵歌唱完之后，接下来是整个活动的高潮，开始精彩的对唱环节，歌词内容不限，可以是谈情说爱的小曲，也可以是拉家常的调子，甚至是所见所闻，对词曲、曲调、节奏等都没有严格的要求，全凭领唱的聪明才智及临场反应能力来完成。但今天的旱船歌大多都是由专人提前创作好的词曲，内容较之前的更官方正式，这部分词曲全由写词人负责，男女双方的词也由各自队伍中的写词人负责。相较过去随性的创作方法，旱船歌词的创作有更多的限制，对领唱的现场反应能力要求也更高，但现今的现场美感较过去要更吸引人。

第三步，感谢告别阶段。

当演唱结束后，船队还有表达感谢的环节，感谢主办方给船队表演演唱的机会，感谢工作人员及观众等，最后表达惜别之情后离场。

3. 服饰着装

最初，坐在船中唱时服饰大多是泰国本土的传统服饰：女方下身穿幔服（用布裹住双腿，布头再从裆下穿过系到腰间）或是筒裙，上身穿圆领上衣，肩上斜披着披带，头上戴平顶斗笠，防止被太阳晒伤；男方下身穿幔服或是长裤，带花朵图案的圆领浅色上衣；衣服颜色根据自己的爱好来选择，没有严格要求。但当水船演变为旱船时，衣服着装的颜色有了特别要求，整个团队衣服颜色必须一致，不能随心地选择。

三、总结

从古至今，人类文化可分为两个部分，即上层文化和下层文化。上层文化俗称为高雅文化、高层文化，下层文化俗称为基础文化、民间文化。一方面，民间文化凝聚着人民群众的聪明才智，是人民群众智慧的结晶，也是人民群众创造出的最古老的文化，另一方面，民间文化也是年轻文化的代表，因为它栩栩如生地“生活”在人民群众的日常生活和口头话语中。民间文化是整个社会文化的基础，并且具有极强的生命力，上层文化则是对民间文化的选择、改造和精致化的结果。①

自古以来，泰国的民间文化通过民歌、舞蹈、戏剧等文化艺术形

① 柯杨．民间歌谣——中国民俗文化丛书．北京：中国社会出版社，2011. 1.

式来体现，因此可以说，泰国艺术方面的成就大多都融合了泰国本土社会的民间信仰和风俗，都是在民间文化的基础上形成的。船歌作为泰国民间文化中的“活化石”，是属于泰国人自己的民间文化，是泰国人民智慧的体现，是从过去发展传承至今的民间文化，是值得泰国人民引以为豪，值得国外民众欣赏了解的非物质文化遗产。

参考文献

[1] 吴超．中国民歌．杭州：浙江教育出版社，1995.

[2] 柯杨．民间歌谣——中国民俗文化丛书．北京：中国社会出版社，2011.

[3] 金勇．泰国民间文学．银川：宁夏人民教育出版社，2011.

[4] 戚盛中．泰国．北京：世界知识出版社，1996.

[5] ［泰］素甘雅·素查雅．民间歌谣研究（泰文．曼谷：朱拉隆功大学出版社，2002.

[6] ［泰］素甘雅·素查雅．仪式、神话、故事、歌谣：民俗学在泰国社会的作用（泰文．曼谷：朱拉隆功大学出版社，2006.

[7] 泰国文化部．文化智慧遗产资料的收集报告：中部民间歌谣，2014.

[8] 熊韬、杨杰．泰国的鬼神信仰初探．亚非研究，2016（2）．

[9] ［泰］诶诺·那威勐、暖差·比咖．民间歌谣．曼谷：学习乐园出版社，2007.

（作者系云南民族大学亚非语言文学专业研究生）

学科建设与教学研究

具有军队特色的“东南亚地区研究”课程实践与创新*

虞　群

【摘　要】本文简要回顾了国防科技大学国际关系学院东南亚语学科“东南亚地区研究”课程自2013年开设以来的摸索与实践，重点介绍了2016年以来课程的改革与创新，包括全面更新教学内容、部署编写配套教材、注重转化科研成果、改革传统授课模式，并对该课程未来发展设想进行了阐述。

【关键词】东南亚地区研究　课程建设　创新

国防科技大学国际关系学院东南亚语本科专业“东南亚地区研究”课程开设至今已有5年，其间无论是教学团队、教学理念、教学模式、教学内容都经历了数番尝试和较大变化。2015年，该课程被确定为原国际关系学院教学改革项目，在项目组全体成员的共同努力下，目前课程建设稳步推进，配套教材《东南亚军政调研基础》（暂定名）也即将成型。本文拟就“东南亚地区研究”课程的开设与摸索进行回顾，对其改革创新实践进行总结，并就下一步的发展

* 本文系虞群主持的国际关系学院2015年教学改革研究项目“具有鲜明军队特色的‘东南亚地区研究’课程建设与改革”的阶段性研究成果。

设想作一简要阐述。

一、“东南亚地区研究”课程的开设与摸索（2013—2015）

国防科技大学国际关系学院（原国际关系学院）是全国最早开设东南亚语种专业的高等院校，东南亚语种各专业的历史可追溯至 20 世纪 50 年代军委外国语文学校时期。最初仅开设泰语和缅甸语专业，20 世纪 80 年代增设越南语专业，至 2010 年左右增设老挝语专业，形成了目前 4 个东南亚语种专业的格局。20 世纪 90 年代，经国务院学位委员会批准，该学科获得亚非语言文学专业硕士学位授予权。2001 年被确定为“国家非通用语本科人才培养基地”。经过几代人的努力和数十年的教学科研实践，东南亚语学科为军队各条战线培养输送了大量外语人才，为军队建设作出了突出贡献。

然而，在漫长的教学实践过程中，侧重于语言文学的教学科研传统制约了专业间融合发展。各语种在教学实践中，均采用“内向”思维，即仅考虑本语种的课程设置，而从未考虑过集智合力，联合开设东南亚地区研究类课程，促进学科转型升级。可以说，条块分割长期以来一直困扰着学科的总体发展。

自 2012 年起，原解放军国际关系学院亚非教研室决定集东南亚各语种（泰、缅、越、老）教员之合力，成立“东南亚地区研究”课程教学团队，为各东南亚语专业本科学员及南亚东南亚研修班（短期轮训班）开设“东南亚地区研究”课程，旨在打破原有的语种方向条块分割，使学员在熟练掌握本专业外语的基础上，加强对东南亚地区的系统了解和总体认知，培养其战略思维和区域意识，从而能够更好地适应岗位任职需求，为胜任第一任职奠定基础。

该课程首次付诸实践是 2009 级泰语专业本科组四年级下学期

(2013.3—2013.6)。由于2009级仅泰语一个东南亚语专业，因此当时将该课程定名为“东南亚地区研究（双语）”，共30个学时。主要由泰语教学组担纲（共承担20个学时），其他语种教师辅助（10个学时）。课程设置方面不够系统，可以用“大杂烩”来形容。大致原则是以泰语讲授东南亚概况、泰国国情、军情与文化，缅甸语、越南语和老挝语教师分别就各对象国国情讲授2学时。另外，请当时刚从上海财经大学金融学博士毕业的越南语王志刚老师讲授2学时的“东南亚经济”，以及南海问题专家、越南语成汉平教授讲授2学时的“南海问题历史与现状”。

这样的教学安排明显存在着随意性较大、系统性不强的问题，事实上是将泰国国情、军情研究与东南亚研究合二为一，依然没有打破语种专业条块分割的痼癖。于是，在2011级泰语和老挝语专业的教学实践中（2015.3—2015.6），便对课程教学安排进行了修正。

由于同时有两个东南亚语种方向，所谓的“双语课程”难以为继，于是将课程名称中的“双语”删去，且课时减少为20个学时，定名为“东南亚地区研究”。而且，教学对象和教学时间都发生了变化，在进行教学内容安排时，团队决定突出地区与国别概况的教学，包括东南亚地区概况4学时和东南亚国别概况16个学时（除泰国、老挝外，其余东盟8国各2学时）。

这种安排确实做到了系统全面地介绍东南亚地区情况。然而，实际上却存在很大问题。其一，本学科点仅有4个东南亚语种，而除泰国和老挝以外的东盟8国国别概况教学中，除越南和缅甸概况专业对口以外，印尼、马来西亚、菲律宾、新加坡、柬埔寨、文莱各国概况均需要教员重起炉灶，甚至是“现学现卖”。其二，每个国家概况仅安排2个学时，对于文莱这样的小国尚可接受，而对于其他国家尤其是印尼等较大国家确实显得捉襟见肘，最后只得浅尝辄止。

二、“东南亚地区研究”课程的改革与创新（2016年至今）

针对2009级和2011级教学实践中存在的问题，教学团队及时进行了反思与总结，并在2015年成功申报院级教学改革项目。根据教学改革基本方案，团队成员赴毕业学员用人单位进行问卷调查，全面了解东南亚语专业毕业生任职岗位对其东南亚地区知识的具体要求。在此基础上，召开教学团队内部小型教改研讨会，理清思路，统一认识，重新规划部署了“东南亚地区研究”课程建设，并在2012级越南语、缅甸语专业及2013级泰语、老挝语专业进行教学实践。

课程的总体建设思路是：姓军为战，凝练特色，紧紧扭住军事安全问题推进教学内容改革创新，地区概况介绍与前沿安全问题并重，区域研究与国别研究结合。改革创新举措主要包括以下方面。

第一，全面更新教学内容。改革后的“东南亚地区研究”课程真正做到将东南亚区域作为一个整体进行全方位研究，而不再将国别概况置于课程教学内容之中。新的教学模块设置分为两部分，第一部分以东南亚概况为主，包括东南亚简史与地理、东南亚国家政治制度、东南亚国家外交政策与对外关系、东南亚国家国防政策与军事力量、东南亚政治发展及东盟的历程；第二部分以当前东南亚地区重大安全热点问题为主，包括南海问题、缅甸“民地武”问题、缅甸“罗兴亚人”问题、地区恐怖主义与极端主义问题、东南亚国家间领土争端问题。

第二，部署编写配套教材。在对课程教学内容进行全面更新的同时，团队对教材建设也进行了部署，责任明确，分工到人。尽管目前国内有一些东南亚概况类专著或教材，但均与我院人才培养目标不能完全匹配，因而非常有必要自行编写一部适用于本院专业教学的东南亚地区研究课程配套教材。教材编写基本上体现了教学模块设置，分为上下两编，上编为东南亚地区概况（涵盖历史、地理、政治、外交、军事等），下编为东南亚地区重大安全热点问题（包括上文提及的南海问题等安全问题），重在介绍这些问题的历史由来及当前现状，尽量不做趋势性预判。在每一章节之前均提出教学目标和教学要求，文后则提出若干供学生深入研讨的问题，及推荐阅读书目、相关互联网网站等。目前教材编写进程顺利，拟于 2018 年底完稿。由于教材的军事安全特色突出，拟定名为《东南亚军政调研基础》。届时该教材将成为国内首部军事安全类东南亚地区概况课程配套教材。

第三，注重转化科研成果。军事科学是指导军事实践、引领军事变革的重要力量。科研理论创新是教学改革和课程建设的重要支撑。教学团队十分注重科研引领，从 2011 年起，不断在东南亚军事安全领域加强研究探索，取得一系列成绩，为本课程开展提供理论支撑。很多科研成果在教学内容中都得到了具体体现。比如，笔者于 2011 年获得的国家社科基金项目“东盟国家海上军事安全合作研究”与成汉平教授 2012 年国家社科基金项目“美国战略调整背景下越、菲战略互动对我影响及我对策思考”，都是围绕南海问题的高级别科研立项，并已顺利结项。这两个项目的研究成果对于“南海问题”这一教学模块发挥着重要的支撑作用。张跃老师获得的全军十二五科研规划课题“缅甸‘民地武’问题对我能源安全影响”以及成汉平教授获得的“民盟执政后缅甸‘民地武’问题发展趋势研究”，可以作为“缅甸‘民地武’问题”教学模块的理论支撑。再如，笔者主持的全军十二五科研规划课题“东盟国家战略思维研究”可以对“东南亚国家外交政策及对外关系”发挥一定的支撑作用。

第四，改革传统授课模式。由于从事本课程教学的教师全部都是外语教师，所教授的学员都是专业外语零基础，多年以来教学团队成员一直善于用外语授课，课堂内容主要强调语言技能点滴传授。本课程要求以全中文对教学内容进行讲授，这就需要对传统外语授课模式进行改革创新。我们建议要在授课过程中，充分发挥学生的主观能动性，体现新时代军校学员的自主学习能力。教师可以提前布置任务，由学生课前预习教材及相关辅助材料，以分组形式向同学介绍基础知识，然后由教员进行点评并就一些动态情况进行讲授。这样的课堂安排可以锻炼学生公开资料搜集分析能力、制作演示课件能力和公众演讲表达能力。比如：东南亚区域内领土争端问题教学模块，教师可以将学生分为三组，分别就泰柬柏威夏寺领土争端、马菲沙巴争端以及泰、越、柬泰国湾海域权益争端等基本情况进行预先准备，在课堂上进行报告，教师点评后就当前区域内领土争端最新情况进行讲授。

三、“东南亚地区研究”课程未来发展设想

党的十八大以来，以习近平总书记为核心的党中央提出“一带一路”伟大战略构想，以合作共赢、开放包容的理念，继续高举改革开放大旗，深度参与全球治理。随着“一带一路”建设稳步推进，中国特色大国外交也进入了新时代。构建新型国际关系和人类命运共同体的重要精神正日益成为国际共识，国际关系面临着数百年未遇之变局，中华民族正前所未有地接近世界舞台的中央。在如此宏大的时代背景下，我国国际人才培养和区域与国别研究重要性前所未有的凸显。

中央和国家有关部委高度重视在高校层面推动区域与国别研究工作。2017 年，教育部出台文件，将区域与国别研究列入部工作要

点。文件指出，高等院校开展区域和国别研究工作，对于服务国家战略和外交大局，全面推进“一带一路”建设，具有十分重要的意义。

随着全军院校新一轮改革调整的深入推进，各学科更深层次的教学改革势在必行。就外语学科而言，在继续教授对象国语言文化的基础上，加强区域与国别研究类课程的建设是实现专业转型升级的重要途径。从这个角度而言，“东南亚地区研究”课程的改革创新符合时代潮流，深具时代意义。

因此，在未来的学科发展规划中，我们应当继续将“东南亚地区研究”课程做大做强，充分发挥该课程对于教师教学科研能力和学生知识素质提升的重要引领作用，充分发挥该课程对于其他区域与国别研究类课程的示范作用。具体来说，应该做到以下几点。

第一，进一步明确该课程的专业课程定位。目前该课程定位尚属于选修课范畴，在整个课程设置中的重要性不够明确，不利于学生的思想重视和精力投入。因此，建议在新的课程设置中明确该课程为专业必修课。

第二，进一步增加该课程的开设学期与授课学时。目前该课程开设于大学四年级下学期，仅 20 个学时。就教学实际情况来看，仍无法满足教学需求。如有可能，应将本课程扩展为 40 个学时，分为三个部分，分别为“东南亚史地文概况”（8 个学时）、“东南亚军政外交概况”（16 个学时）及“东南亚安全前沿问题”（16 个学时）。

第三，进一步扩大该课程的辐射面。应为亚非语言文学专业及其他相关专业硕士研究生开设“东南亚地区研究”课程。在有可能的情况下，将“东南亚地区研究”课程中的安全热点模块辐射至学院乃至大学相关轮训班次，根据东南亚地区形势变化，选取热点问题进行讲授。

第四，进一步加强教学团队的打造。一流课程需要一流师资，应以学院转型和学科重塑为依托，通过出国培训、学术交流、岗前培训等方式，不断改善师资队伍与结构，向一流教学团队迈进。

参考文献

[1] 钟智翔、何朝荣、唐慧．中国外语非通用语教学研究（第四辑）．广州：世界图书出版公司，2015.

[2] 束定芳、华维芬．中国外语教学理论研究：1949—2009. 上海：上海外语教育出版社，2009.

（作者系解放军国防科技大学国际关系学院副教授）

“一带一路”背景下缅甸语本科人才培养过程新模式初探*

——以广西民族大学为例

欧江玲　朱　君　林诗婷

【摘　要】“一带一路”倡议带来的世界局势的变化，对缅甸语本科人才的培养提出了更新更高的要求。如何通过对缅甸语本科人才培养模式的改革，培养出符合时代要求的新型缅甸语人才，是高校缅甸语专业教师都需面对的课题。本文拟从基础课、口语课和视听说三门核心课程的改革，来探索缅甸语本科人才培养的新模式。

【关键词】缅甸语本科　改革　基础课　口语课　视听说

国家主席习近平在2013年9月和10月分别提出建设“丝绸之路经济带”和“21世纪海上丝绸之路”的合作倡议，简称“一带一路”倡议。缅甸是“一带一路”的重要节点，在倡议提出后，得到了缅甸政府的积极响应。无论是在吴登盛政府时期，抑或是民盟政府时期，主要政府官员都对“一带一路”倡议表示赞扬与肯定，希望能带来有利各方的成果。根据《推动共建丝绸之路经济带和21世

* 本文为广西民族大学2016年度高等教育教学改革工程一般项目资助课题。

纪海上丝绸之路的愿景与行动》，“一带一路”倡议的合作重点以政策沟通、设施联通、贸易畅通、资金融通、民心相通为主要内容。由此可见，中缅两国之间的合作领域将会进一步加深、拓宽。在此背景下，我国目前的缅甸语本科人才储备在数量和质量上都无法满足新时代的要求。因此，我们必须认清建设“一带一路”对缅甸语人才有何新要求，才能在此基础上对缅甸语本科人才培养过程作出相应的改革，为“一带一路”提供更优质的人才服务。

一、“一带一路”对缅甸语本科人才培养提出新的要求

在传统的缅甸语本科人才培养过程中，国内大部分院校都是以培养语言型人才为目标。然而，单一的语言型人才无法满足“一带一路”倡议背景下的人才需求。在新的背景下，缅甸语本科人才培养目标应体现多元化。在掌握缅甸语听、说、读、写、译等基本语言技能的基础上，培养语言能力更强、知识面更广的复合型人才。同样，培养目标的升级也对缅甸语本科人才培养模式提出新的要求。

（一）“一带一路”要求培养语言能力更强的人才

在共建“一带一路”的背景下，中缅两国之间日渐扩大和频繁的商贸、文化、政治等方面的往来交流，对缅甸语本科人才提出了更高的要求。要求缅甸语人才不仅要掌握日常的交际用语，还需有较强的语言运用能力、涉及到专业领域的翻译能力，能在本科毕业后迅速投入到工作当中，在短期内胜任较高强度的专业性翻译工作。

对于本科语言人才培养来说，特别是缅甸语这类须从字母、发音学起的零起点语言来说，本科四年时间略显短促。在缅甸语本科

人才培养模式中，我校采取“3 + 1”的人才培养模式，即 3 年国内院校的学习 + 1 年对象国院校学习。对于这类人才培养模式，通常是大学一年级、二年级在国内院校进行基础性语言知识的学习和基本语言技能的训练。大学三年级去到对象国的学习期间，由于对象国相关院校的开设的课程、教学方式、师资等方面的缘故，学生在课堂上学习到的内容较具局限性，能得到提升的只是日常用语、文学与文化方面的基本知识。即便在校外的学习、生活体验等，也是零散的知识积累，没有形成系统性。另一方面，在国外学习期间，学生的翻译能力基本得不到训练。而这一项技能又是作为语言型人才的重要技能，如果仅仅靠大学四年级一年甚至更短的时间进行强化，效果差强人意。因此，对传统缅甸语本科人才培养模式进行改革势在必行。

（二）“一带一路”需要知识面更广的复合型人才

建设“一带一路”需要的不仅是单一的语言型人才，更需要知识面更广、专业性更强的复合型人才。在传统的语言教学当中，教师与学生都容易走进一个误区，即仅注重语言技能的培养与学习，往往忽略或不重视与对象国相关的政治、经济、社会、文化等知识的学习。实际上，语言与对对象国相关知识的熟悉程度是两项相辅相成的技能。学好对象国语言，有助于我们更有效地积累与学习该国的相关知识，更广的知识面能使翻译工作更顺畅地开展，分析问题也更有深度，更具广阔的视野。因此，对传统的缅甸语本科人才培养模式进行改革势在必行，为中缅两国共建“一带一路”提供更优质的语言支持和更高素质的人才服务。

（三）教学改革要求传统教学向翻转课堂教学转变

如今随着教育改革的深入，学生自主学习和翻转课堂已经成为了高等教育的主流趋势。越来越多的课程通过慕课实现了翻转课堂，让学生自主学习，教师监督辅导成为课堂常态。

传统的缅甸语授课过程中，基本是以教师为中心。教师设计和实施整个教学过程，而学生大多只能被动接受。长此以往，大大削弱了学生自主学习的积极性。而在整个大学生涯中，学生自主学习的能力才是最应该被培养的能力之一。此外，学生不能自主规划学习进程，不能自主根据自身情况调整学习进度，也会使得学习效果大打折扣。而翻转教学和传统教学相比，教学六要素，即环境、教师、学生、目标、内容、方法均发生了很多的变化。① 教师从一成不变的传统课堂教学转变成为创造性教学，学生学习的地点和时间也变得更为灵活和开放。每一次教学的内容都被专题化，使得教学目的更为清晰和明确。这种种变化，都能为缅甸语教学增添新的活力，提升学习效率。因此，在缅甸语本科教学中引入翻转课堂势在必行。

综上所述，为了适应“一带一路”下不断变化的新形势，我们在对缅甸语本科人才的培养模式上做了以下改革的探索。

二、基础课改革教材和教学方法

缅甸语教学中跨文化交际能力的培养，基础课无疑是所有课程

① 段双全．知与行：“语文课程与教学论”的翻转教学改革探索．浙江海洋大学学报（人文科学版），2017，34（4）：86.

的基础。广西民族大学缅甸语基础课的改革主要从两个方面展开：教材改革与教学方法改革。

（一）教材改革

教材是外语学习者学习外语的重要资源和主要依赖的学习工具。与母语的习得不同，中国人学习缅甸语通常都是在一个缺乏缅甸语使用环境的情况下进行，因此，教材便成为了学习者获得缅甸语输入的一个重要渠道。中国学生学习缅甸语有自己独特的规律，学习环境的独特性要求我们立足于国内，开发适合中国学生实际的缅甸语教材。因此，基础缅甸语系列教材不仅要提供缅甸语相关的语言素材，而且还要考虑到中国人学习缅甸语的特殊规律，系统地将缅甸语的语言知识呈现给学习者，使学习者在较短的时间内掌握缅甸语的基本使用规律，为缅甸语相关跨文化交际能力的培养打牢基础。

基于以上考虑，广西民族大学自主编写的《实用缅甸语基础教程》（1—3 册）系列内部教材主要从以下三方面进行革新。

1. 改革教材框架结构

语言学习者大都渴望在真实的交际环境中学习语言并锻炼自己的跨文化交际能力，他们希望语言输入的模式是多种多样的。鉴于此，广西民族大学自主编写的《实用缅甸语基础教程》（1—3 册）系列内部教材设计了多个环节：课文、情景会话、词汇、语法点、课后练习、成语俗语赏析、课外阅读等，这些环节环环相扣，相辅相成。课文中的重要语法点通过情景对话反复操练进行巩固；语法点进一步对课文的词法、句法进行解析，并配以经典例句；课后练习则是针对本课所学内容，以跨文化交际能力提高为中心进行设计；成语俗语赏析为每课两条，所选皆与本课主题有所关联，旨在增强学习者文化差异意识；课外阅读选材与本课主题相关，侧重于文化类内容，在跨文化知识获取的同时拓展词汇与巩固语法。

2. 贴近时代主题，重选教材内容

由于语言是一个民族文化的重要组成部分，因此包含了深刻的人文属性，充满了民族的文化精神和文化心理，体现着民族的世界观。因此在跨文化教育中，不论及语言的文化背景、知识，就无法解释语言。[①] 正因为如此，广西民族大学自主编写的《实用缅甸语基础教程》（1—3 册）系列内部教材始终坚持以培养学生跨文化交际能力为最终目标，将培养跨文化意识贯穿教学始终，在课文内容的选择上遵循“既不失经典又贴近时代主题”的原则。

第一册（1—16 课，口语体篇章）：国家与民族；我的家庭；我的一天；我们的家；我们的学校；打招呼用语；出行；青秀山；电话邀约；大学生活；购物；长大了要成为什么；缅甸服饰；缅甸饮食；乘坐公交车；南宁市五彩斑斓的花儿。该册教材课文选题的关键词是“贴近生活”，这样的选题让学习者可以现学现用，快速提高跨文化交际能力，除了能给初学者成就感之外，也极大地提高了他们继续深入学习的兴趣与积极性。

第二册（1—16 课，1—4 课口语体篇章，第 4—16 课书面语篇章）：缅语系；旅游采访；缅甸传统拳击；书信；缅甸国旗；民族节；敏贡大钟；缅甸珠宝；缅甸柚木；仰光大金塔；缅甸的三个季节；刨根问底；缅历 11 月糯米糕节；生命如登山；缅甸传统特纳卡涂抹习俗；辛美暖与闵南达。该册教材的关键词为“文化”，重在介绍缅甸文化，使学习者在学习语言的过程中学习到文化。

第三册（1—16 课，书面语体篇章）：感谢；直面人生；茶文化；缅甸弯琴；民族领袖昂山将军；大金河伊洛瓦底江；德班貌瓦与失业问题；东盟简介；联合国简介；癌症可怕须防范；警惕手机

① 林娟娟．跨文化教学策略研究．外语与外语教学，2006（4）：31.

危害；我们的地球与环境污染；魅力广西；铜鼓考察之旅；缅甸简史——从蒲甘王朝到贡榜王朝；缅甸总统吴登盛在第九届中国—东盟博览会上的致辞。该册教材课文选题难度明显增大，关键词是“经典与时代主题”。《德班貌瓦与失业问题》一课，既让学习者学习到了缅甸“实验文学运动”领军人物之一的德班貌瓦的文学，又巧妙地结合了当今时代日益严峻的失业问题进行评论，可谓经典与热点的完美结合；《癌症可怕须防范》《警惕手机危害》《我们的地球与环境污染》等课文则是以时下最热门的话题作为主题；《东盟简介》《魅力广西》《缅甸总统吴登盛在第九届中国—东盟博览会上的致辞》等课文更是顺应时代潮流，为“一带一路”倡议背景下的缅甸语人才培养服务。

教材中的情景会话则是以学生喜闻乐见的内容为话题展开，语法点解析中所举的例子都尽量取贴近生活的句子。课后练习也以交际活动类为主，通过课外阅读来拓展词汇以及巩固语法知识。成语、俗语赏析则更能增加学习者的文化差异意识。

3. 革新书面语体与口语体的衔接内容

以中文为母语的学习者在学习缅甸语时最大的困扰之一就是口语体与书面语体的混淆不清。因此，在学生通过我们出版的《缅甸语语音快速入门》教材学习完语音之后，大一下学期开始使用《实用缅甸语基础教程》第一册。第一册教材从语言学习的规律出发，全部选择简短的口语体篇章进行学习，口语体篇章之后更是提供了4个左右的情景会话练习，并且考虑到低年级学习者的语音掌握情况，该册教材在情景会话练习中附上了用罗马字母转写的注音。

大二上学期开始进入《实用缅甸语基础教程》第二册的学习。该册教材有一个重要的任务，那就是完成学习者从口语体到书面语体学习的过渡。第二册前3课选择难度稍大的复杂情景会话进行学习，第4课为两个篇章，分别以口语体与书面语体展示了缅甸语书信的写法，以此开始过渡到书面语体的学习。进入书面语学习之后，每一课继续在课文之后保留与本课语言点相关的4个左右的情景会话练习，以保证书面语体与口语体的同步学习。鉴于中国学习者对缅甸语口语体与书面语体容易混淆的情况，该教材总结罗列出常见的书面语体和口语体对照表，并增设书面语体向口语体转换的课后练习。这一改革可以让学习者在跨文化交际的各种场合恰当地使用符合时宜的语言形式。

大二下学期使用的是《实用缅甸语基础教程》第三册。鉴于学生已经初步掌握缅甸语书面语体的相关知识，该册教材选择相对复杂的长篇书面语体篇章进行学习，侧重通过篇章结构与修辞风格展示相关文化内涵。情景会话以及书面语体口语体对照环节继续保留，保证学生在掌握书面语表达的同时，也不会忘了如何使用口语体进行日常对话。

如此一来，《实用缅甸语基础教程》兼备知识性、可思性的同时还具备了趣味性，实际使用过程中可大大提高学习者参与的积极性。

（二）遵循构建主义学习理论改革教学过程

传统的缅甸语基础课教学的课堂一般如此安排：布置学生预习；课堂上由老师就新单词进行讲解，其次是课文讲解，在翻译课文的同时讲解课文中出现的语言点或者语法；课后则是做作业，教师评讲作业。“填鸭式”的传统课堂教学以教师为中心，重视学生的应试技能，而在真实的跨文化交际场合，学生却连开口的勇气都没有。建构主义学习理论强调学习者学习的过程是主动构建的过程，知识不是通过教师传授得到的，而是学习者在一定的情境下，借助他人的帮助利用一定的学习资料，通过意义构建的方法而获得的。[①] 因此，以学生为中心的"翻转课堂"被广泛尝试。

广西民族大学的基础缅甸语课程主要从以下5个环节对基础课教学改革进行探索。

1. 导入：教师一般采用背景知识介绍或者文化对比等方式将学生带入主题情境，侧重跨文化意识的培养和思维能力的训练。

2. 课文理解：通过任务驱动，以学生学习小组为单位，展示小组预习课文的成果，其他小组点评或质疑，分歧之处由老师答疑。课文理解结束后，由学生总结本课难点、自己的收获和不足。整个过程以学生讨论分析为主，教师点评总结为辅。以学生为中心，让其成为学习的主角，通过自主探究解决问题，从而形成了解决问题的技能和自主学习的能力，课堂重心从知识向能力转变，发挥了学生的主观能动性。

3. 情景模仿：结合教材中的情景会话练习，教师引导学生通过角色扮演或情景模仿，运用所学的跨文化交际知识、技巧和策略，完成特定情景下的跨文化任务。侧重培养学生跨文化调适能力和灵活应变能力。

4. 探索文化内涵：发掘词汇、语法点、篇章、对话、成语、俗语等多个语言层面的文化内涵，进一步认识语言与文化的密切关系，提高学生的跨文化意识。

5. 第二课堂活动：分阶段设计的第二课堂活动是对课堂知识的补充，旨在培养学生创造性思维，提升学生跨文化交际能力。

---

① 陈妩．现代教育技术．北京：北京师范大学出版社，2017.10.

三、口语课程引入翻转课堂教学模式

目前在国内的缅甸语口语课程教学中，尚未有采用慕课教学的先例。但缅甸语口语课程却恰恰是极其适合采用翻转课堂慕课授课的一门课程。传统的缅甸语口语课程，大部分是教师主导，选择一个话题，让学生组织对话训练。这样的课堂，比较枯燥乏味，且训练过的内容，学生常常来不及记录，容易遗忘。造成课上内容课下忘，无法实际运用的尴尬局面。其次，口语中所训练的内容是否实用还有待考量。随着“一带一路”推进的加速，实用型缅语人才需求愈盛。用人单位更希望聘用一名毕业后就能应对政治、经贸、文化等各种领域翻译的人才。再次，没有语言环境，即使在口语课上，仍有许多学生不愿开口说缅语。

针对上述形势，我们在对缅甸语本科人才的培养上，进一步改革了口语课的授课模式，采用翻转课堂授课，并与超星公司合作，联合拍摄了《实用缅甸语口语》慕课，应用于缅甸语口语教学。在口语课的改革上，主要革新以下几点。

（一）构建突出实用口语能力训练和贯穿缅甸国情文化的慕课平台

《实用缅甸语口语》慕课在设计伊始，就有了明确清楚的定位，即通过设计具有缅甸特色的动画，构建仿真场景，给学习者以身临其境的感觉，从而营造浓厚的缅语氛围，提升学生开口说缅语的积极性。其次，全程由缅甸语言专家录音，保证语音的纯正和地道。再次，口语慕课中设计的内容均为实用型极强的场景，如见面打招呼、就医、商务会谈、出入境、就餐等等。内容涵盖了这些场景中最常用的话语和句式，能让学生在观看和练习之后，对慕课中出现过的场景游刃有余地把握。最后，在每一节慕课的最后，增加了缅甸文化的相关内容。如在“登机”一课的最后，由缅甸专家用缅语介绍缅甸机场和缅甸航班的情况；在“就医”一课的最后介绍缅甸仰光市最大的医药批发市场等等，为学习者进一步了解缅甸实际情况和相关文化做好拓展。这门慕课，将口语训练和缅甸国情文化有机地结合在一起，学习者在进行口语训练的同时，文化知识也再次得到强化，能够更好地在日常生活时做到入乡随俗。

（二）注重教师角色的转变

人才培养模式的改变，伴随的也是教师授课方式的改变。在翻转课堂上，无论是传统授课时的照本宣科；抑或不按实际情况安排进度和练习，一昧讲授等授课方式，都难以为继。翻转课堂更多地要求教师成为教学的引导者和监督者，而不是绝对主导者。在引入了翻转课堂之后，缅语口语课的主导者转变为学生。学生课下根据慕课内容自主预习，自主训练；课堂上提出疑问，教师答疑和补充相关知识点；课后学生自主根据慕课课后练习进行训练。

但进行翻转课堂，并不是要取消传统的授课课堂。教师仍要把握好线上线下课堂的关系，有机结合，利用课堂时间创造更多有效的学习方式和学习环节，还要在课堂上及时评价学生线下学习的情况，针对学习中出现的问题做出相应调整。学生在线下预习和训练了本次课相关内容后，教师可根据学生课堂上提出的疑问，有针对性地进行训练。也可设计涵盖文化知识的对话场景，在考查学生口语的同时，考查相关的文化知识。甚至教师可以参与到学生设计的场景中，成为该场景对话中的“不确定因素”，随时考验学生对知识的掌握和应变能力。

（三）拓展课后练习方式

传统的缅甸语口语课程中，课后的作业布置和口语训练一直是一个难以制定和监督的教学难题。结合慕课教学之后，这个问题的解决变得轻松很多。在《实用缅甸语口语》慕课每一节课程内容结束的时候，我们会留下一个口语作业。学习者可以通过上传录音的方式，交由教师评分修改。由于慕课具有开放性和大规模性，针对一些自学的，或是没有外教的学习者，我们也在作业环节录制了一个口语作业视频，涵盖大部分本章节所学习的对话场景中可能出现的句式，供学习者参考。而教师可以在慕课平台上选择是否开放这一个参考内容。此外，教师还可以在慕课平台上组织学习讨论群，或是交由学生来为他人口语作业打分等等。教师可以多方式多角度进行课后训练和监督，提升学习者学习效果。

四、视听说课程改革课程内容和评价体系

视听说课程是整个缅甸语教学系统中不可或缺的组成部分，与其他核心课程相辅相成，串联着整个缅甸语本科人才的培养过程。在“一带一路”的背景下，新型外语人才培养的目标要求作为核心课程之一的视听说课程设计更加具有专业性和针对性，视听说课程改革应顺势而为。在传统的视听说课程教学中，常常面临着教学材料单一、对学生思辨能力训练不足、学生口语表达能力较弱、学生缺乏自主学习意识等问题。针对这些问题，对视听说课程做出以下改革：

（一）调整视听说课程的授课时间以提高教学效率

在原有的缅甸语本科人才培养方案中，视听说课程共分为初级、中级和高级三个阶段，授课时段是大一第二学期至大二第二学期，每一学期完成一个阶段的视听说课程。在原来的方案中，初级段视听说课程起到的作用是对语音和基础课的辅助教学，夯实学生的语音基础的主要任务由语音课和基础课来承担。此外，这一阶段也已经开始缅甸语口语课程的教学，简易的日常交流在口语课程上已将得到足够的训练，如果仍将大量的视听说课程的课时比例放在这一阶段，必会影响教学效率。

到中级阶段主要是训练日常的交际型会话，视听说课程在这一方面也是对口语课的一个补充，这一领域的技能也将会在学生到对象国的期间得到进一步的加强。到高级阶段，涉及到的内容往往是专业性较强、难度较高的部分。而且，在国外院校学习期间对该项内容的训练极少，甚至可以忽略不计。此外，将高级阶段放在大二第二学期，由于语言水平的限制，专业性较强、难度较高的视听说材料会使学生们学习起来较为吃力。为了解决这一困难，我们在培养过程中，将视听说课程的授课计划向后调整了一个学期，即大二第一学期才开始教授视听说。另外，由于缅甸各大院校的开学时间设置在每年的12月，国内实行“3+1”培养模式的学校的缅甸语专业学生赴缅学习时间必须配合对方院校的开学时间，与其他专业相比，缅甸语专业的仍然要开设大学三年级第一学期的课程，这也使调整视听说课程的授课时间具有可行性，学生在该学期的学习任务也相对较轻，有更多的时间来实行高强度的视听说训练。

（二）灵活运用网络材料进行教学

教材是实现教学活动的重要载体，一门课程配备有相应的教材应是教学的基本要求。但由于种种原因，我国缅甸语的视听说课程仍然缺乏一套适当的、可用性较强的教材。因此，教师在教学过程中应灵活运用网络材料进行教学。"在教学当中使用互联网的视听资源，不但能给学生营造一个真实的缅甸语环境，减少教师个体发音不准对学生的影响；而且还能突破教学的时空限制，把学生的学习的训练延伸到课外。"① 在视听说课程的高级阶段，运用网络材料进行教学十分有必要。网络材料时效性强，学生对时事也更为贴近，运用这一类材料使学生较容易接受，也更容易组织课堂讨论，激发学生的表达欲望。

（三）采用专题式教学

从20世纪90年代开始，外语学生的思辨能力一直都是国内外语教学界讨论的一个热点问题，如何在教学中培养学生的思辨能力也是外语教师面临的一大难题。"外语专业学生缺乏的不是思辨能力而是系统知识。唯有借助系统知识，思辨才可能深入。"② 对于视听说课程而言，要在课堂上能够完整地向学生传递某一领域的系统知识是难以实现的，但这并不意味着我们要完全舍弃学生获得系统知识的可能性。例如在该课程的高级阶段教学当中，我们可以采取专题式教学。将教学内容设计为政治专题、经济专题、文化专题、热

---

① 寸雪涛．论互联网资源对缅甸语教学的重要性．南宁职业技术学院学报，2011（4）：36.

② 曲卫国．缺乏的到底是思辨能力还是系统知识？——也谈外语专业学生的思辨问题．中国外语，2015，12（1）：60.

点问题专题等等，就每一个专题设置相应的预习环节，采取小组学习方式，在课前完成相关常识性、背景性知识的学习，在课上教师再以简单汇报的形式对预习效果进行检查，对学生遇到的问题组织讨论，使每一名学生对表达自己的观点形成习惯。这将大大地提高课堂效率，也使学生在课堂以外就能实现非外语部分的系统知识的积累。此外，还能以外语辩论课等形式加以辅助教学，这可以增加课堂的趣味性，训练学生的思辨能力和外语表达能力。

（四）建立多元的教学评价体系

传统的教学评价模式一般是由30%平时成绩+70%期末考试卷面成绩组成。从视听说这一门课程的性质来看，这是一门实践性较强的课程。这样的评价模式不利于讨论式，若仍是以期末考试分数占据绝大部分成绩比例的话，很容易导致学生不愿在平时多努力，而在期末采取"死记硬背"的方式获取高分。教学评价中应降低期末考试成绩所占比例，提高平时成绩所占的比例。在平时成绩的构成中，应该加入学生的自评与互评，促使每一名学生形成自主学习意识，主动参与到各种小组讨论当中。因此，必须改变单一的传统评价模式，建立多元化的教学评价体系。

五、结语

在缅甸语本科人才培养的过程中，需要改革的地方仍然很多。我们目前仅仅从基础课、口语课和视听说课三门核心课程着手改革。虽然初见成效，但改革的内容和方式仍在进一步探索和完善中。人才培养是一个任重而道远的巨大工程，再理想的教学方式也难免会有缺陷所在。我们身为高校教师，应不断根据时代需求，更新教学理念，改革教学模式，为社会培养符合时代要求的人才。

（作者：欧江玲系广西民族大学东南亚语言文化学院讲师；
朱君系广西民族大学东南亚语言文化学院讲师；
林诗婷系广西民族大学东南亚语言文化学院助教）

泰语写作课之重新设计

潘远洋

【摘　要】泰语写作课作为泰语专业学生的必修课，对于进一步增强泰语学生的语言实际运用能力和提高泰语教学质量意义重大。如何坚持“既要打好泰语写作的知识和语言基础，更要侧重培养学生观察分析问题的能力和逻辑思维能力”这一宗旨，是我们泰语教师必须认真思考的问题。我们可以通过泰语写作课的重新设计来达到设定的目标。

【关键词】历史回顾　指导思想　课堂设计

一、泰语写作课的历史回顾

泰语写作课是泰语专业学生的必修课，对于进一步增强泰语学生的语言实际运用能力和提高泰语教学质量意义重大。在我院泰语专业多年来的教学实践中，泰语写作课主要经历了以下三个阶段。

第一阶段，没有正式开设泰语写作课。教师为了训练和提高学生的写作能力，往往只是依托精读课，每星期布置一篇作文，之后在课堂上对学生作文进行讲评。天长日久，学生的写作能力或多或少有所提高。但是，学生们所受的写作训练毫无疑问缺乏系统性，因为没有专门的课时和专用的教材。

第二阶段，为了完善泰语本科课程，我院泰语专业于2003级开始正式开设泰语写作课并采用院自编教材《泰语写作》，从此实现了泰语写作课“从无到有”的跨越。但是，通过对一届学生的教学实践后发现，泰语写作课的效果并不尽如人意。究其原因，笔者认为，问题主要出在教材上。首先，教材定位不准确，导致在教材编写过程中难易程度把握不当。教材难度过大不仅使教师在授课中倍感吃力，学生也“消化不良”。其次，教材内容脱离实际。原封不动照搬泰国原版教材的内容多，而切合中国学生实际的内容少；传统的写作内容多，而贴近时代的内容少，致使教师“教”和学生“学”都兴致索然。泰语写作教材存在的缺陷，主观上与当时学院为了参加申报国家非通用语本科人才基地而仓促编写、缺乏深思熟虑有关，而当时整个泰语教学界又没有一本现成的写作教材作为参考也是客观原因之一。到了2006级时，《泰语写作》教材已基本搁置不用，写作课模式无奈又重新回到了起点上。

第三阶段，从2013级开始，泰语写作课把实用性和时代性兼具作为选用教材的重要标准，采用世图版《泰语写作教程》，在教学实践中遵循本科教学侧重的是语言实际运用能力培养的宗旨，把握“理论与实践兼具，深浅适中；练习充分，难易适度”的原则，收到了较好的教学效果。

二、泰语写作课的定位

综观我院泰语写作课所经历的上述初始、尝试和改进三个阶段，其中既有深刻的教训，也有可借鉴的经验。作为一名泰语教师，笔者深刻地体会到，要想上好泰语写作课，必须在明确指导思想方面做足功课。

首先，必须清楚地认识到，对于学习泰语的中国学生而言，写作绝不是简单的词语堆砌和单纯形式上的模仿，而是通过写作，培养、锻炼和提高学生用泰语思考分析问题并以书面形式比较自如地表达个人观点的能力。具体说来就是：教师把写作的基本方法和技巧教给学生，学生运用所学知识进行写作实践，对身边发生的事情和社会热点问题“有感而发”。例如，随着我国人民生活水平的提高，汽车已经走进了千家万户。然而，汽车在给人们的出行提供便利的同时，也带来了诸如环境污染、交通拥堵和停车难等许多问题。针对这一客观存在，可以通过“汽车好还是不好”这样一篇议论文的写作，让学生提出自己的观点、意见及解决办法。反过来，如果我们在泰语写作课中把过多的精力集中于泰语写作理论、规则和文章类型的介绍，在学生的泰语水平还有待提高的时候就过早地让他们练习写实用性很强的应用文诸如商务信函、公务信函和广告、小说等等，学生就不可能得到充分的写作训练，到头来纵然对文章体裁格式滚瓜烂熟，倒背如流，却只会“照着葫芦画瓢”，离开条条框框便束手无策。有鉴于此，我们必须在泰语写作课中始终贯穿这样一种理念，即：在培养学生观察问题和分析问题能力的同时，达到增强学生动笔能力，提高泰语写作水平，并最终达到提高泰语语言运用水平的目的。

其次，避免全盘照搬或盲目模仿。泰语写作课一般情况下开设于三年级下学期或四年级，因为此时的泰语学生已对泰语语言知识包括词法和语法等进行了较系统全面的学习并掌握了一定的词汇量，具备了通过泰语写作来表达思想情感的条件。根据上述实际情况，通过开设泰语写作课，学习泰语写作基本知识并开展写作实践，晓以时日，学生的写作能力必定进步明显。这就要求写作教材必须符合泰语学生的客观实际，决不能全盘照搬和盲目模仿泰国原版教材。因为一方面，教材的对象不同。泰国原版教材是为泰国学生编写的，对于泰国学生来说不存在任何语言方面的障碍，而对于母语是汉语的中国学生而言则难度太大。试想，如果让一个学习泰语才两年多的学生通过一两个学期的写作课就学会用泰语写专业性很强的广告、商务信函、合同乃至毕业论文，那是非常不现实的，就连泰语教师恐怕也力所难及。另一方面，教学目的有区别。对于泰国学生来说，通过写作课系统学习泰语写作理论知识，为毕业后的就业做准备是必要的、合理的；但对于学习泰语的中国学生而言，写作课的主要目的是学习泰语写作的方法和技巧，增强语言实际运用能力并最终提高泰语水平。很显然，如果脱离实际，全盘照搬泰国原版教材的内容，非但无助于提高学生的写作能力，反而局限了学生独立思考和自由发挥的空间。

三、泰语写作课的课堂设计

当对泰语写作课有了准确的定位，摆在我们泰语教师面前的工作就是如何做好课堂设计了。合理、科学的课堂设计必须依托好的教材。因为它是教师授课，学生学习的依据。我们甚至可以说，一门课成功与否，很大程度上取决于教材。为此，笔者于 2011 年参加泰语教学研究会北京小汤山会议时曾递交并宣读了题为《泰语写作课及教材的回顾与思考》的论文，对泰语写作课教材提出了自己的设想与计划，并与世界图书出版公司合作，于 2012 年 2 月正式出版了《泰语写作教程》。

由于本科教学侧重的是语言实际运用能力的培养，《泰语写作教程》把握住了“理论与实践兼具，深浅适中，练习充分，难易适度”的原则，以语言实际运用为切入点，由词到句，由句到段，由段到章逐一进行论述，深入浅出地将泰语写作的方法和技巧传授给学生，并通过写作实践使学生消化和吸收写作知识，避免了过早、过多地强调写作的形式和样式而忽略语言运用本身，不让学生的思维始终被“范文”所局限。

与此同时，为了始终贯彻“在培养学生观察问题和分析问题的能力的同时达到增强学生动笔能力和提高写作水平的目的”这一理念，《泰语写作教程》以议论文为载体，也就是说，从理论论述、实例到练习基本都以议论文为主。因为在各种文体中，议论文对于指导学生如何写作，并在开展泰语写作实践的同时培养学生观察、分析和解决问题的能力无疑是最具针对性的，况且，以单一文体作为辐射平台可以集中精力，减少相互干扰，有利于课程内容的延续性和连贯性。或许有人担忧“形式单一会影响学生的接触面”。但事实上，只有抓住语言基本功这一主要矛盾，其他文体的写作方可“水到渠成”；反之则亦然。

此外，《泰语写作教程》在教材内容的选择上坚持实事求是和与时俱进，避免脱离实际和因循守旧。进入21世纪的今天，网络和资讯的飞速发展缩短了时间和空间的距离。与此同时，一些传统的行为方式也发生了变化。快节奏的生活使简单、便捷、高效成为大众的普遍追求。例如，写信作为彼此间相互联络和沟通的传统方式已经逐渐淡出人们的日常生活（求职信除外），代之以电子邮件和手机短信。况且，进入互联网时代的今天，各种信息信手可得。如果我们的写作教材仍然以各种信函的写作为主要内容，把过多的精力花在教授学生如何写邀请函、感谢信、介绍信等等，诸如此类，势必严重脱离实际，结果不但费时费事，而且学而少用，甚至不用。有鉴于此，《泰语写作教程》摆脱了原版泰国写作教材的束缚，一切从中国学生的实际情况出发。具体说来就是，《泰语写作教程》借鉴了其他成熟的写作教材比如英语写作教材，侧重教授议论文和文章概要的写作，以培养学生的观察思考能力和概括能力，也根据学生毕业就业的需要，适当教授学生求职信等相关应用文的写作，但绝不是重点。

总之，泰语写作是综合能力很强的语言技能，涉及对语言知识的掌握程度和语言知识运用的熟练程度以及基本写作技巧、个人阅历和知识面等。开设泰语写作课的目的正是为了培养学生的上述能力，与之配套的教材只有紧密围绕这一目标来设计、选材和编写，才能收到良好的教学效果。否则，写作教材内容与写作课目的偏离甚至脱节，到头来学生只会为写作而写作，谈不上能力的培养。

泰语写作课（按照一学期共 40 学时，平均每周 2 学时计）先期采取理论与实践交叉进行的方法，即每次上课（以 2 学时计）先教授泰语写作方法和技巧，然后布置课后作文练习，待下一次上课时讲评完前一次的练习后再教授新内容。随着学习的不断深入和学生写作能力的逐步提高，泰语写作课由讲练结合过渡到以练习为主，也就是让学生运用所学的泰语写作方法和技巧去指导自己的写作实践。到期末和课终考试时，学生能够在 2 小时内就某一命题写出一篇结构严谨，内容丰富，思想清晰，逻辑性强，字数在 250—300 之间的议论文。

四、结语

我院泰语专业的泰语写作课通过 2009 级、2011 级和 2013 级的教学实践，取得了较好的教学效果，达到了预期的目的。《泰语写作教程》也得到了同行们的广泛认可，从 2012 年 2 月出版以来至 2016 年 3 月，已印刷 3 次。当然，笔者也了解到《泰语写作教程》在使用中存在一些问题。例如，有的院校并没有按照教材的定位而在学生还处于低年级阶段时就超前使用，不仅教师教起来费劲，学生也

“消化不良”，或多或少地影响了教学效果。泰语写作课是我院泰语专业课程建设和教材改革的一次尝试。既然是尝试，说明它并非完美，仍需不断地修改、完善。尽管如此，泰语写作课无论是从指导思想、内容结构，或是从教材选材来看，较之以往无疑向前迈进了一大步。笔者坚信，写作可教，关键在于制定正确的目标和采用科学的教学方法。只要我们始终坚持泰语写作课“既要打好泰语写作的知识和语言基础，更要侧重培养学生观察分析问题的能力和逻辑思维能力，最终达到提高学生的泰语实际应用水平”这一宗旨并为之不懈努力，通过一两个学期的训练，学生的泰语写作水平有明显提升是可望也可及的。

参考文献

[1] 房英、覃秀红．泰语应用文写作．南宁：广西民族出版社，2002.
[2] 陈胜良、陈锡尔．大学泰语写作教程．重庆：重庆大学出版社，2010.

（作者系解放军国防科技大学国际关系学院教授）